中国共产党精神谱系研究

脱贫攻坚精神

基于对濮阳、内黄两县的访谈

岳奎 著

上海三联书店

目　录

前　言

　　贫困与人类相伴而生,作为人类社会的顽疾,一直为人类所诟病。消除贫困,自古以来就是人类梦寐以求的理想,一部人类发展史也是一部反贫困斗争史。人类与贫困的斗争是建立在发展的基础上,而进入现代资本主义社会,正如马克思所说:"资产阶级在它的不到一百年的阶级统治中所创造的生产力,比过去一切世代创造的全部生产力还要多,还要大。"①由于西方发达国家发展的时间先导性,抢占了反贫困理论的高地。在西方主流的反贫困理论中,经济发展与消除贫困之间具有很强的相关关系,形成了"贫困自然消解论"。然而,世界反贫困的事实一再证明了西方反贫困理论的不足。"由于种种原因,贫富悬殊和南北差距扩大问题依然严重存在,贫困及其衍生出来的饥饿、疾病、社会冲突等一系列难题依然困扰着许多发展中国家。"②以至于"消除贫困依然是当今世界面临的最大全球性挑战"。③

　　在世界正"迷茫"于如何推动减贫的时候,"我国脱贫攻坚战取得

① 《马克思恩格斯选集》(第1卷),北京:人民出版社2012年版,第405页。
② 《十八大以来重要文献选编》(中卷),北京:中央文献出版社2016年版,第718页。
③ 《十八大以来重要文献选编》(中卷),北京:中央文献出版社2016年版,第721页。

了全面胜利,现行标准下9899万农村贫困人口全部脱贫,832个贫困县全部摘帽,12.8万个贫困村全部出列,区域性整体贫困得到解决,完成了消除绝对贫困的艰巨任务,创造了又一个彪炳史册的人间奇迹!"①这一奇迹的取得意味着我国提前十年实现联合国2030年可持续发展议程确定的减贫目标,走在全球减贫事业的前列。这一伟大成就的取得,不是一蹴而就的,而是一代又一代中国共产党人以马克思主义理论为指导前仆后继、接续奋斗的结果,更是以习近平同志为核心的党中央带领全国各族人民开展脱贫攻坚伟大斗争的结果。

与西方反贫困理论建基于"人是理性的"这一假设不同,马克思从"人的自由而全面发展"视角出发来消除贫困。马克思在《经济学手稿》中指出,在新的社会制度当中,"社会生产力的发展将如此迅速,以致尽管生产将以所有的人富裕为目的"②。它将"把生产发展到能够满足所有人的需要的规模;结束牺牲一些人的利益来满足另一些人的需要的状况"③。马克思还指出,异化是工人贫困的根源,正是劳动异化导致了工人沦为机器和资本的奴隶。恩格斯在《英国工人阶级状况》一文中也强调,"贫困是现代社会制度的必然结果,离开这一点,只能找到贫困的某种表现形式的原因,但是找不到贫困本身的原因"④。他强调,如果要消灭贫困,就必须要消灭资本主义制度。列宁在《卡尔·马克思》中强调,"资本积累加速机器对工人的排挤,在一极造成富有,在另一极造成贫困"⑤。列宁认为,要消灭贫困,必须消灭资本,消灭资本赖以生存的社会基础和生存关系。可见,马克思主义理论的创始人从一开始就鲜明地把消灭贫困、实现共同富裕的

① 习近平:《在全国脱贫攻坚总结表彰大会上的讲话》,人民日报,2021-02-26。
② 《马克思恩格斯选集》(第2卷),北京:人民出版社2012年版,第786—787页。
③ 《马克思恩格斯选集》(第1卷),北京:人民出版社2012年版,第308页。
④ 《马克思恩格斯全集》(第2卷),北京:人民出版社1957年版,第561页。
⑤ 《列宁全集》(第26卷),北京:人民出版社2017年版,第67页。

理念写在了自己的旗帜上，并把消灭贫困、摆脱贫困，上升到消灭资本、消灭资本主义和消灭资本主义制度的层面加以认识。既探索了无产阶级贫困问题得以解决的路径问题，也成为科学社会主义实践的重要指南。"马克思主义贫困理论深刻影响了早期中国共产党的反贫困思想和实践"①，中国共产党从诞生起，就把推翻"三座大山"作为自己的奋斗目标。毛泽东后来就指出中国的贫困问题主要是由已经被推翻的半殖民地半封建社会制度造成的，"只有进到社会主义时代才是真正幸福的时代"②。消除贫困、改善民生、逐步实现共同富裕，是社会主义的本质要求，是我们党的重要使命。

中华人民共和国成立后，党便领导人民群众开展了大规模的扶贫行动，并把扶贫作为实现共同富裕的基本路径进行了初步探索。自20世纪70年代末实行改革开放以来，中国的扶贫开发事业取得了举世瞩目的成就，按照国际扶贫标准测算，共减少了6.6亿贫困人口，基本解决了农村居民的温饱问题。根据世界银行统计，1981—2010年，全球贫困人口减少7.23亿，其中94.2%的贡献来自中国的减贫成就。③ 2005年以来，如果不包括中国，全球的贫困人口几乎没有减少。中国扶贫开发有力促进了贫困地区经济社会发展，有效减缓了区域发展差距，改善了贫困群众生产生活条件，成功走出了一条中国特色扶贫开发道路，为人类减贫事业做出了巨大贡献。但是，由于历史和自然的原因，中国各地区之间和地区内部的经济发展很不平衡，东部和中、西部经济技术水平有很大差别，特别是贫困地区的生产力发展十分缓慢，中国扶贫工作仍然面临贫困人口多、贫困程度深、解决难度大等突出问题。一是贫困人口多，截至2012年底，现行扶贫标准下尚有9899万农村贫困人口，贫困发生率为10.2%，比全

---

① 黄承伟、刘欣：《新中国扶贫思想的形成与发展》，《国家行政学院学报》2016年第3期。

② 《毛泽东选集》（第2卷），北京：人民出版社1991年版，第683页。

③ 黄承伟编著：《中国扶贫行动》，北京：五洲传媒出版社2014年版，第6页。

球90％以上国家的人口都多，而国际经验表明，当一国贫困人口数占总人口的10％以下时，减贫就进入"最艰难阶段"；二是贫困程度深，贫困人口不仅收入水平低，而且面临着吃水难、行路难、用电难、上学难、就医难、贷款难等诸多问题；三是扶贫难度大，贫困人口集中分布在生产生活条件恶劣、自然灾害频发、基层设施缺乏的14个连片特困地区、832个贫困县和12.8万个贫困村，当时的投入和支持力度难以从根本上解决问题。① 整体来讲，当时中国的贫困状况依然十分严峻。

　　党的十八大以来，习近平总书记把脱贫攻坚摆在治国理政的突出位置，把脱贫攻坚作为全面建成小康社会的底线任务，组织开展了声势浩大的脱贫攻坚人民战争。2012年11月，党的十八大提出到2020年实现全面建成小康社会宏伟目标，中国自此拉开了脱贫攻坚的伟大序幕。习近平总书记先后7次主持召开中央扶贫工作座谈会，50多次调研扶贫工作，走遍14个集中连片特困地区。2013年11月3日，习近平总书记来到湖南省湘西自治州花垣县十八洞村，在这个武陵山腹地的偏僻苗寨里，习近平首次提出精准扶贫重要思想，为脱贫攻坚提供了一把"金钥匙"。全党全国各族人民积极响应习近平总书记号召，认真贯彻落实党中央、国务院关于脱贫攻坚决策部署，踊跃投身脱贫攻坚战。各地区各部门尽锐出战、攻坚克难，东部西部守望相助、鼎力协作，社会各界协同发力、合力攻坚，广大党员、干部和人民群众吃苦耐劳、自强不息，为决胜全面小康、决战脱贫攻坚作出了重大贡献。经过全党全国各族人民8年来的持续奋战，在2020年底，我国已全面建成小康社会。现行标准下9899万农村贫困人口全部脱贫，832个贫困县全部摘帽，12.8万个贫困村全部出列。中国

---

① 黄承伟著：《一诺千金——新时代中国脱贫攻坚的理论思考》，广西：广西人民出版社2019年版，第76页。

告别了绝对贫困,实现了区域性整体脱贫,创造了世界减贫史上的伟大奇迹。中国也因此成为首个完成联合国千年发展目标中减贫目标的发展中国家,为全球减贫事业作出了中国贡献,提供了中国经验、中国智慧和中国方案。

伟大斗争淬炼伟大精神,伟大精神激励伟大斗争。2021年2月25日,在全国脱贫攻坚总结表彰大会上,习近平总书记庄严宣告了我国脱贫攻坚战取得全面胜利,总结宣示了"上下同心、尽锐出战、精准务实、开拓创新、攻坚克难、不负人民"的脱贫攻坚精神。六个词、二十四个字,凝结了亿万中国人民咬定青山不放松、久久为功战贫困的精气神,让脱贫攻坚伟业不仅具有了人类史诗般的厚重高远,更有了彪炳千秋、烛照万年的精神伟力。

脱贫攻坚精神内涵深、神韵美、品格高、力量强,既有着深厚的历史文化渊源,又具有鲜明的时代特色,是我们驾驭复杂局面、战胜困难挑战、迎接中华民族伟大复兴的宝贵精神财富。中国人民从困境中走出,不仅在于困境所激发出的精神认同,而且在于把伟大的脱贫攻坚精神转化为推动历史进步的强大动力,深深熔铸在民族的生命力、凝聚力和创造力之中。脱贫攻坚精神是由为脱贫攻坚作出贡献的各级党政军机关和企事业单位,农村广大基层组织和党员、干部、群众,驻村第一书记和工作队员、志愿者等,在脱贫攻坚战中书写锻造而成的。在这场同贫困作斗争的艰苦较量中,全党全国各族人民共同锤炼和培育出的脱贫攻坚精神,创造了人类同贫困斗争史上的英勇壮举。

习近平总书记说:"人无精神则不立,国无精神则不强,唯有精神上站得住、站得稳,一个民族才能在历史洪流中屹立不倒、挺立潮头。同困难作斗争,是物质的角力,也是精神的对垒。"①回顾8年来脱贫

---

① 《习近平在全国抗击新冠肺炎疫情表彰大会上的讲话》,人民日报,2020-09-09。

攻坚的光辉历程,是我们党团结带领全国各族人民,为实现消除贫困的目标所进行的一场艰苦卓绝的战斗。全国累计选派 25.5 万个驻村工作队、300 多万名第一书记和驻村干部,同近 200 万名乡镇干部和数百万村干部一道奋战在扶贫一线。[①] 他们历经艰难险阻,跨越挫折挑战,创造了举世瞩目的中国脱贫奇迹。他们让鲜红的党旗始终在脱贫攻坚主战场上高高飘扬,让伟大的精神始终在祖国大地上熠熠生辉。

为了更好传承和发扬脱贫攻坚精神,更好透析"上下同心、尽锐出战、精准务实、开拓创新、攻坚克难、不负人民"的精神体现,本书特选取河南濮阳县与内黄县为分析案例,深入两县脱贫攻坚一线战场,与攻坚战士们面对面,深刻记录了一线战士们脱贫攻坚的苦辣酸甜,试图以访谈的视角为大家呈现一线战士们拼搏奋进中所彰显的脱贫攻坚精神。

---

① 《习近平在全国脱贫攻坚表彰大会上的讲话》,人民日报 2021 年 2 月 26 日。

第一章

濮阳内黄两县脱贫攻坚概况

一、濮阳县脱贫攻坚概况

（一）基本县情

濮阳县位于河南省东北部、豫鲁两省交界处,县域面积 1382 平方公里,辖 12 镇 8 乡 2 个省级产业集聚区(不含城东办事处),995 个行政村,农村人口 112 万人,耕地面积 135 万亩。濮阳县历史文化源远流长,上古文化、龙文化、姓氏文化、宋元明清文化交相辉映,历史文化遗址星罗棋布。战国时,因城址位于濮水之北,始称濮阳。境内有彰显 6400 年文明的中华第一龙所在地——西水坡,有中华张姓始祖——挥公墓祠,有记载宋代"澶渊之盟"的契丹出境碑,有中国历史文化名街之一的"明清古十字街"等古文化遗址。

（二）贫困状况

濮阳县是省级贫困县,黄河流经县境 61 公里,黄河滩区有 7 个乡镇 132 个行政村 13.6 万人,是河南省"三山一滩"扶贫开发的重点区域。2014 年,全县共有建档立卡贫困村 174 个、有贫困人口的非贫困村 804 个,确认建档立卡贫困户 27251 户 109484 人,贫困发生率 9.77%,60%的贫困人口集中在沿黄滩区乡镇。

(三) 取得成效

脱贫攻坚战打响以来,濮阳坚持以习近平新时代中国特色社会主义思想为指导,紧紧围绕建设中原地区重要的天然气能源综合利用基地、豫鲁冀三省交界地区商贸流通中心、享有盛誉的历史文化名城、农村改革发展及脱贫攻坚先行区、黄河之畔宜居宜业美丽龙乡"五大发展定位",强力实施工业强县、城建靓县、金融活县、商贸富县、文化兴县战略,大力弘扬诞生于河南的焦裕禄精神、红旗渠精神、愚公移山精神,团结带领广大党员干部群众艰苦创业、苦干实干,脱贫攻坚取得明显成效,经济社会发展保持了良好势头。

经济实力显著增强。脱贫攻坚战打响以来,全县 GDP 年均增长 8.0%以上,一般公共预算收入年均增长 16.7%,农民人均可支配收入年均增长 9%,相继被评为全国超级产粮大县、全国农田水利建设先进县、河南省文明县城。荣获濮阳市高质量发展综合考评一等奖、开放招商工作第一名等诸多荣誉。

脱贫攻坚成效显著。截至 2018 年底,全县贫困人口累计脱贫 23439 户 98816 人,未脱贫人口降至 3812 户 10668 人,贫困发生率降至 0.95%,未出列贫困村降至 5 个,贫困村退出比例为 97%,"三率一度"全部达标,教育、文化、卫生医疗等基本公共服务指标均达到或超过全省平均水平,顺利通过县级自评和市级初审,具备贫困县退出条件。

乡村面貌焕然一新。通过精准扶贫,农村的道路、学校、电网、卫生室、安全饮水、文化活动中心等基础设施和公共服务设施日益健全,乡镇垃圾处理厂及 19 个垃圾中转站建成投用,17 个乡镇污水处理厂加快建设。农村人居环境明显改善,家庭卫生、村子干净、乡风文明，涌现出了一批整洁优美的美丽乡村。通过精准扶贫，村子里酒友、牌友、懒汉、不孝子女少了，勤劳致富、干事创业、孝老爱亲的多了；婚丧嫁娶大操大办的少了，崇尚节俭践行文明的多了；搞封建迷信的少了，靠科技致富的多了。广大农民群众对生活充满了信心，幸福感、获得感显著增强。

农村发展活力明显提升。在河南省率先推动农村"两权"（农村承包土地经营权和农民住房财产权）抵押贷款，广大农民包括贫困户的承包土地、流转土地、宅基地和坑塘树林、机井等集体资产，都可以抵押贷款，为农村经济发展注入源头活水。通过精准扶贫，土地流转在黄河滩区大面积展开，农业结构调整如火如荼，组建了一批农民专业合作社，催生了一批新经济组织和带头人，农村经济呈现出勃勃生机。

党群干群关系更加密切。书记、县长、县委常委带头，带动各级领导和广大干部职工沉到一线，走百村、串百户、吃百家饭，帮助群众解决生产生活中的困难和问题，密切了党群关系，增进了干群感情。广大人民群众发自内心地感到，共产党的好作风又回来了，由衷地感谢共产党、感谢习近平总书记。在这个过程中形成的"上下同心、尽锐出战、精准务实、开拓创新、攻坚克难、不负人民"的脱贫攻坚精神更值得我们珍惜和发扬。

二、内黄县脱贫攻坚概况

（一）基本县情

内黄县位于河南省北部、安阳市东部，冀豫鲁三省交界处，县域面积 1161 平方公里，辖 10 镇 7 乡 1 个街道办事处、532 个行政村（社区），总人口 85 万人，其中农业人口 75.4 万人。

内黄古称"黄池"，因地处黄河故道而得名，黄河以北为内，以南为外,故名内黄。汉高祖九年(公元前198年)置县,距今已有2200多年历史。"三皇五帝"中的颛顼、帝喾和商中宗太戊均建都、建业、建陵于此,是华夏儿女寻根祭祖的圣地。境内的三杨庄汉代遗址,被誉为"中国的庞贝古城"。内黄是革命老区,1927年就建立了中共党组织,被誉为"红色沙区"。内黄是民间艺术之乡,农民画被外交部指定为外事礼品。内黄先后荣获中国红枣之乡、中国花生之乡、中国尖椒之乡、中国蔬菜之乡、全国绿化模范县、国家农产品质量安全县、中国果蔬标准化建设十强县,以及全省"十快""十先"产业集聚区、全市"两快""一先"产业集聚区等荣誉称号。2018年,全县生产总值完成232亿元,较2015年增长28.3%;公共财政预算收入完成8.78亿元,较2015年增长55.3%;规模以上工业增加值完成82.8亿元,较2015年增长41.8%;固定资产投资完成175.4亿元,较2015年增长60.3%;社会消费品零售总额达到75.6亿元,较2015年增长36.4%;居民人均可支配收入达到14935元,较2015年增长29.9%;农村居民人均可支配收入达到12200元,较2015年增长30.1%。2018年,全县固定资产投资、社会零售品消费总额、农村居民人均可支配收入三项指标增速位居全市各县(市)第一。

(二)贫困情况

2012年,内黄县被确定为省级扶贫开发工作重点县。经过精准识别,全县有90个贫困村,建档立卡贫困户13325户、40486人。截至2019年3月,90个贫困村通过扶持已全部退出,已脱贫9288户、32147人,未脱贫4157户、8514人,贫困发生率下降到1.13%。2018年,全县农村居民人均可支配收入达到12200元,同比增长9%,高于全省平均增速0.3个百分点;教育、文化、卫生、民政、交通、电力等公共服务领域13项主要指标全部达到或超过全省标准,其中6项超过省级标准。2018年12月,顺利通过市级初审,符合贫困县退出条件。

（三）主要做法

近年来,内黄县认真学习贯彻习近平总书记扶贫开发重要论述,全面落实中央和省、市决策部署,坚持以脱贫攻坚统揽经济社会发展全局,始终把脱贫攻坚作为全县第一政治责任、第一民生工程、第一职责使命,建立干部责任、精准识别、精准施策、精准帮扶、督导问责"五位一体"机制,统筹抓好责任、政策、工作"三个落实",努力把强县和富民统一起来,把改革和发展结合起来,把城镇和乡村贯通起来,高质量打赢打好脱贫攻坚战。

狠抓责任落实,组织保障坚强有力。树牢"四个意识",坚持全域动员、全员参与,拿出最精干的力量,集中最优势的兵力,整合最优势的资源,为脱贫攻坚工作开展提供坚强有力的保障。一是尽锐出战强担当。认真落实省委书记王国生同志要求,把脱贫攻坚作为锤炼"四个意识"的大熔炉、转变工作作风的突破口、检验干部能力的新标杆、推进发展的好机遇,全县上下全力以赴,压实领导责任、直接责任、具体责任、分包责任、帮扶责任、督导责任"六个责任",形成各司其职、各负其责的责任体系。全县所有部门、干部下沉扶贫一线,114个单位包村,141家企业帮村,111名第一书记、421名脱贫指导员驻村,4200名干部包户,尽锐出战,合力攻坚。召开3000人的誓师大会,全县上下思想统一、步调一致、誓师出征、决战决胜,确保顺利实现脱贫摘帽目标。二是统筹部署抓推进。成立转移就业、产业扶贫、项目资金、兜底保障等14个工作专班,专班专责推进脱贫攻坚工作。建立常态化运行机制,2016年以来,先后召开了脱贫攻坚推进会、联席会、现场会等一系列会议40余次,县委常委会、县政府常务会坚持定期专题研究部署脱贫攻坚工作。县乡村三级一周一例会、一周一汇报、一周一推进,督导进度,解决问题。严格落实党政领导干部蹲点调研制度,扎实开展贫困对象遍访,一线掌握情况,一线解决难题,一线推动工作。三是党建引领夯基础。认真落实大抓基层、大抓支部的政治责任,坚持抓基层、夯基础、促提升,全面加强党的基层组织建设。结合村"两委"换届,围绕脱贫攻坚、农村发展,选优配强农村"两委"班子,狠抓软弱涣散班子整顿,夯实农村工作基础。对县乡干部、脱贫责任组长、第一书记、脱贫指导员和村"两委"干部、帮扶责任人进行分层次、多频次的教育培训。2016年以来,县级层面共培训扶贫干部29次、7535人次,不断提升其政治素养、业务水平和群众工作能力。加强农村阵地建设,投资6000余万元,新建村组活动场所234个,532个行政村活动场所全部达标。开展农村集体经济收入空白村"清零"行动,通过规范农村"三资"管理、规范租赁合同、发展特色产业等多种渠道,90个贫困村集体经济收入达到5万元以上。制定《关于在脱贫攻坚一线加强干部选拔任用工作的意见》,开展"红旗党支部"、脱贫攻坚先进集体、先进个人评选活动,强化正向激励,树立正确导向,鼓励广大干部投身扶贫第一线、建功扶贫第一线。四是转变作风促落实。将防范和化解扶贫领域的腐败和作风问题贯穿脱贫攻坚工作全过程,对各类违规违纪现象零容忍。组建4个督导巡察组,强化督导,匡正作风。2016年以来,先后开展87轮督导检查,通报批评576人,责令书面检查260人,提醒谈话31人,约谈帮扶单位一把手20人次,免职1人,党纪处分7人。

抓政策落实,贫困群众精准受益。始终将扶贫政策落实放在突出位置,围绕"两不愁三保障"标准,对教育、医疗、住建、民政、金融等行业部门扶贫政策进行再细化、再具体、再明确,全县各类帮扶政策达到53项,其中自主出台政策20项,使所有贫困户均能够享受到2项以上的扶贫政策。一是发展产业促增收。始终把产业扶贫作为稳定脱贫的根本之策,坚持长短结合,既注重贫困群众稳定增收,又注重扶持产业发展,使脱贫更有底气。立足全省第一蔬菜生产大县的产业优势,加快农业供给侧结构性改革,推进农产品销售平台、科技推广平台、产品质量检测平台、规模化种植基地"三平台一基地"建设,拉长产业链条,使贫困群众就业有出路、增收有渠道、脱贫有途径。大力实施到户增收、产业扶贫、金融扶贫,鼓励群众发展温棚瓜菜、畜牧养殖、优质尖椒等高效农业,全县蔬菜面积达到60万亩。围绕优势产业和主导产业,建设产业扶贫基地138个,吸纳111名建档立卡贫困群众就近就业;在全县16个乡镇、54个贫困村建成3.56兆瓦光伏发电项目,带动1158户贫困群众稳定受益;投入资金4614.5万元,实施企业(合作社)带动项目,使929户贫困家庭稳定受益。实施"金融+合作社(公司)+贫困户"等模式,2016年以来,累计投放金融扶贫贷款金额6亿元,助力脱贫攻坚。严格落实扶贫小额信贷政策,对符合条件的贫困群众免抵押、免担保,并进行全额贴息。2016年以来,共发放"户贷户用"贷款191笔807.7万元,为贫困群众发展产业提供坚实保障。二是惠民政策全覆盖。全面落实扶贫政策,坚持六路并进,扎实开展专项保障行动,确保精准帮扶到人,措施落实到户。第一,实施教育保障行动,在严格落实九年义务教育普惠政策的基础上,出台学前教育、义务教育、高等教育三项补助政策,包括:新入学困难大学生每人发放2000元生活补助;义务教育阶段非寄宿生按照每生每年小学300元、初中1000元资助标准发放生活补助;对幼儿园就读的建档立卡贫困家庭幼儿,按照每生每年600元的标准补助学前教育保教费,按照每生每年400元的标准发放生活补助。2016年以来,累计资助39600人次共1724.6万元,不让孩子因贫辍学。第二,实施医疗保障行动。建立健全城乡居民基本医疗保险、大病保险、大病补充医疗保险、医疗保障补助专项资金、困难群体民政医疗救助"五道防线",特别是通过第四道防线,使贫困群众在前"三道防线"报销救助后,剩余需要个人支付合规部分,在县内外定点医疗机构就医再补助90%,让贫困群众看得上病、看得起病,最大限度减少因病致贫、因病返贫现象发生。2016年以来,累计为全县建档立卡贫困人口补助医疗费用10.3万人次合计1.1亿元。开辟贫困人口门诊慢性病鉴定"绿色通道",对所有贫困群众进行全面排查，5985名贫困群众通过慢性病鉴定,切实减轻贫困群众看病压力。第三,实施住房安全保障行动。投入4007.9万元,对通过鉴定、符合条件的2937户四类重点对象进行危房改造,其中修1366户、重建1571户;对排查出的2144户非贫困户的危房,县财政以奖代补,鼓励群众进行修缮或重建,确保危房不住人、住人无危房。第四,实施就业保障行动。围绕种植、养殖及其他实用技能,强化贫困劳动力技能培训。充分发挥陶瓷、新能源电动车、装备制造等主导产业用工量大的特点,通过吸纳就业、介绍外出务工等方式,带动8361名贫困群众就业,贫困劳动力就业率达到100%。围绕电子、服装、箱包等劳动密集型产业,加快扶贫就业点建设,吸纳贫困劳动力就近务工。开发5300多个公益岗位,增加贫困户和其他低收入群众的工资收入。第五,实施助残保障行动。全面落实残疾人政策,对残疾人逐户逐人上门鉴定,对符合条件的21755人全部办证,残疾人持证率达到46.7%,高于全省6.2个百分点。2016年以来,发放残疾人两项补贴2015.6万元;安排资金267.5万元,对700户困难残疾家庭实施无障碍化改造,确保困难残疾人生活有保障。第六,实施兜底保障行动。推进农村低保政策与扶贫开发政策有效衔接,将贫困户中符合条件的4197户、6715人纳入低保,2192人纳入特困供养,做到应保尽保。三是严管资金促规范。持续加大资金投入力度,2016年以来,统筹整合涉农资金6.4亿元,其中:中央、省专项扶贫资金1.6亿元、市级专项资金3768万元、县本级专项资金7235万元,整合各类涉农资金3.7亿元。强化扶贫资金监管,健全公告公示制度,接受群众和社会监督,做到阳光扶贫、廉洁扶贫。

抓工作落实,帮扶成效全面深化。坚持对症下药、精准滴灌、靶向治疗,全面深化帮扶效果,达到村村有变化、户户有收益、人人得实惠的目的。一是精准确定扶持对象。按照"一进二看三算四比五议六定"六步工作法,严格"初选对象、乡镇审核、县级复审"三步走,坚持扶贫对象核定"六签字",摸清贫困底数,精准到村到户定期开展精准识别"回头看",对稳定脱贫的及时标注退出,对漏识、错退、返贫的及时纳入,实现动态管理。在遍访的基础上,对低保五保户、残疾人户、重病户、破房户、无劳动力户和脱贫户等,逐户逐人排查走访,实行签字背书,做到应进则进、应退慎退。二是持续深化结对帮扶。在全县开展"千名干部包千户、百局包百村、百企帮百村"精准帮扶活动,4200 名干部、114 个县直单位、141 家企业与贫困户、贫困村结成帮扶对子。结对帮扶工作开展以来,各级党员干部付出了超出常人的艰辛和劳动,无论是党员领导干部,还是一般干部职工,无论是烈日当头,还是寒风刺骨,都能够舍小家为大家,用一点一滴的实际行动帮助贫困群众脱贫,成为决战决胜脱贫攻坚最坚实、最可靠的力量。三是全力改善村容户貌。持续加大基础设施投入,扎实推进贫困村道路、电力、卫生室、文化广场、安全饮水、广播电视、信息宽带等"七项重点工程",贫困村面貌发生显著变化。持续做好改造庭院、厨房、厕所、门窗、墙(地)面、照明和增加必要生活用具等"六改一增"工作,改善贫困群众生活居住环境。同时,对非贫困村的基础设施和公共服务设施进行全面改造和提升,着力解决贫困村和非贫困村出现的新的不平衡问题。深入开展改善农村人居环境集中整治行动,按照"净、齐、亮、美、畅"要求,坚持净化、绿化、亮化、美化同步建立干、管、监督工作机制,做到市场化保洁全覆盖,实现了全县农村环境脱胎换骨的变化,达到了以扶贫统揽全局、扶贫成果大家共享的目的。四是全面激发内生动力。坚持志智双扶,既能把各类扶贫政策全部落实到位,增强群众脱贫致富的本领,更注重把志气、信心送到农户心坎上,让贫困群众挺起脱贫的脊梁。深入开展"扶贫政策进万家"活动,让贫困群众懂政策知奋进,提振精气神。评选"脱贫励志户""孝善之家"2158 户,表彰县级文明村 121 个,学习先进典型,倡树文明新风。

第二章

上下同心

　　"民齐者强,上下同欲者胜",面对摆脱贫困这个千年梦想,党中央和习近平总书记亲自指挥、亲自部署,省委自觉当好"总前委",市委书记自觉当好"纵队司令",县委书记自觉当好一线总指挥,乡镇党委书记自觉当好主攻队长,村支部书记自觉当好"尖刀排长",形成了"五级书记抓脱贫、全党动员促攻坚"的生动局面。一场史无前例、绝无仅有的脱贫攻坚战在中华大地持续数年之久,全党上下不畏难、不退缩、不松劲,全国人民肩并肩、心连心、齐努力,绘就了团结就是力量的时代画卷,创造了人类减贫史上的伟大奇迹。

一、各级政府齐心协力

　　习近平总书记在中央扶贫开发工作会议上强调,各级党委和政府必须坚定信心、勇于担当,把脱贫职责扛在肩上,把脱贫任务抓在手上,拿出"敢教日月换新天"的气概,鼓起"不破楼兰终不还"的势

头,攻坚克难,乘势前进。① 从两县的访谈情况看,各级领导干部认真
贯彻落实习近平总书记关于脱贫攻坚的指示精神,以高度的政治责
任感,撸起袖子加油干,坚决打赢脱贫攻坚战。脱贫攻坚工作推进过
程中,各级政府单位按照以总书记为核心的党中央扶贫战略部署要
求,因地制宜,采取相应扶贫手段,深入一线、深入贫困群众。可以
说,在这场战役当中,各级政府职能部门是攻坚的战略基础。在各级
政府单位同志的齐心协力下,脱贫攻坚工作形成了完备的作战体系,
为顺利打赢脱贫攻坚战提供了坚强保障。

(一) 各级政府职能部门是战略基础

自脱贫攻坚战打响以来,在以习近平同志为核心的党中央坚强
领导下,从中央到地方的各级政府职能部门齐心协力,合力攻坚,为
脱贫攻坚战提供了坚强的战略基础。调研发现,濮阳与内黄两县的
各级政府职能部门全部参与到了脱贫攻坚战当中,以其部门职责的
发挥为战斗基本,以部门间协同作战来持续发力,为攻坚战的胜利提
供了强劲支撑,组成了打赢脱贫攻坚战最坚实的战略基础。脱贫攻
坚实践中,两县的各级政府职能部门在战略支撑方面差异性不强,在
此,着重以濮阳县各级政府职能部门在脱贫攻坚战中提供的坚实战
略基础为个案展现,探寻县域各级政府职能部门在脱贫攻坚战中的
实践表现。

1. 县处级领导干部

脱贫攻坚实践中,两县各处级领导干部对所联系乡(镇)和贫困
村的脱贫攻坚工作负领导责任,对帮扶对象如期脱贫负首要责任。
具体来讲,分别包括:负责所联系乡(镇)和村脱贫攻坚工作的总体
统筹、协调和调度,与所联系乡镇和贫困村实行同奖同罚;指导所联

---

① 《习近平扶贫论述摘编》,北京:中央文献出版社2018年版,第39页。

系乡(镇)和贫困村理清脱贫攻坚工作的思路、目标、定位,制定脱贫攻坚工作规划和年度计划;指导所联系乡(镇)和贫困村建立并完善脱贫攻坚工作责任落实、考核、奖励机制;每月到所联系乡(镇)召开2次以上工作调度会,获取脱贫攻坚工作及帮扶单位工作落实情况,督促和推动工作落实,及时发现和解决脱贫攻坚工作中存在的困难和问题;指导所联系乡(镇)抓好中央、省、市、县精准脱贫政策的宣传,营造扶贫工作氛围;协调所联系乡(镇)基础设施项目的申报、立项等工作;指导所联系乡(镇)和贫困村做好上级领导调研、检查、考核等准备工作;指导所联系乡(镇)和贫困村精准识别、精准帮扶、精准退出等工作;指导所联系乡(镇)和贫困村完善基层党组织建设,打造一支搬不走的扶贫工作队;带头履行结对帮扶职责,根据帮扶对象的主要致贫原因,指导帮助制定脱贫计划,并抓好落实。定期入户走访,及时解决生产生活中实际困难,激发脱贫内生动力,帮助尽快实现脱贫。

2. 乡镇党政正职

两县乡(镇)党政正职均是本地脱贫攻坚第一责任人,对本乡(镇)脱贫攻坚工作负总责。包括:定期召开党政班子会、脱贫攻坚领导小组会,每周均不得少于1次,学习上级脱贫攻坚政策文件、会议精神、决策部署,做好辖区内脱贫攻坚工作,并做好会议记录。牵头成立本地脱贫攻坚机构和组织,成立本地脱贫攻坚工作领导小组和扶贫办公室,明确分管领导和扶贫办主任,各安排3名以上的工作人员,负责脱贫攻坚日常工作;成立本地产业扶贫领导小组;成立本地区搬迁领导小组;成立本地金融扶贫领导小组;成立本地问题整改领导小组和其他相关组织机构。组织以村为单位制定贫困村脱贫规划、以户为单位制定贫困户帮扶计划,并与各村签订年度脱贫责任书。组织制定转移就业、产业扶贫、金融扶贫、滩区迁建、社会保障、特殊救助等相关政策措施实施方案,并认真抓好落实。负责贫困对象精准识别、精准施策、精准帮扶、精准退出、政策兜底人员审核工作。负责本地贫困村、贫困户档卡建设和动态管理工作,确保档卡建设规范化。组织贫困村确定扶贫项目,并按照有关规定做好扶贫项目的申报、实施和管理工作。全面落实产业扶贫政策,发展壮大村级集体经济,积极培育带贫企业,鼓励贫困户发展个体经济,引导农村新型经营主体扩大规模,确保贫困对象产业全覆盖。制定本乡镇脱贫攻坚工作考评办法、奖惩办法,建立督导通报制度,做好半年和年终考评工作,做到树先奖优,并对相关人员进行责任追究。对本地问题整改工作负总责,对上级反映和本地发现的问题,及时建立台账动态管理,按期整改到位。加强贫困村基层组织建设,选优配齐村两委班子,特别是选好村党支部书记,督促村级组织召开好支部会、村委会、全体党员会、村民代表会,并做好会议记录。加强扶贫政策、资金、项目等方面的宣传,提高群众知晓率,充分利用当地新闻媒体,做好辖区内脱贫攻坚工作宣传报道;做好入户宣传,确保每个贫困户都有 1 份脱贫攻坚政策一览表和贫困户明白卡;定期入村督导脱贫攻坚工作,切实帮助村级解决实际问题;建立涉贫信访工作责任追究制度,并以文件形式向县脱贫攻坚领导小组办公室备案;完成辖区内年度脱贫计划。

3. 村支书和村主任

村支书、村主任对本村脱贫攻坚工作负主体责任。包括:按照要求牵头建立健全本村脱贫攻坚工作相关机构。牵头拟定本村脱贫攻坚规划,报上级党委政府审批后,组织实施。牵头拟定本村年度脱贫计划,报乡(镇)扶贫办批准后,组织落实。定期研究本村脱贫攻坚工作。每月组织召开村支部会、村两委会总计不少于四次,每季度召开村全体党员会、村民代表会不少于四次,并做好会议记录。立足当地资源优势和产业基础,深入开展产业扶贫工作,确保贫困户稳定脱贫。负责本村基础设施项目申报工作,并做好项目的协调、推进和质量监管工作。每周至少要研究一次扶贫工作,并及时解决工作中存在的问题。每月与贫困户帮扶责任人沟通交流一次以上,督促其落实帮扶责任。负责本村脱贫攻坚宣传走访工作,每周在全村范围内走访一次,宣讲扶贫政策,掌握工作进度,了解思想动态,解决实际问题。定期向上级党委政府书面汇报脱贫工作,并就下一步工作提出合理化意见建议。时时关注群众对脱贫攻坚工作的意见建议,定期排查化解因脱贫工作引起的信访苗头,做好重点人群的稳控工作,确保不发生涉贫信访事件。做好贫困户的精准识别、精准脱贫工作。全面落实产业扶贫政策,积极做好本村产业发展,发展村集体经济,其经济收入不少于 5 万元。

4. 县扶贫督查部门

扶贫督查部门在县脱贫攻坚领导小组办公室领导下,履行好乡、村、帮扶单位、帮扶单位责任人、相关职能部门脱贫攻坚工作的督促指导督查考评。包括:部门主要负责人要定期组织业务学习,切实提高脱贫攻坚督查巡查工作能力和业务水平,并做好学习记录。按照"督查、交办、整改、问责"的方式,做好督查整改落实等工作。做好综合督查和专项督查相结合。综合督查原则上每月进行一次;专项督查根据需要不定期开展。开展督查工作,主要程序有:认真学习,要认真学习领会督查工作内容,准确理解把握督查的工作重点;实地督查,要认真开展工作,对督查中发现的问题,要拍摄照片,并做好文字记录;报告情况,要形成书面报告,反映督查情况和问题,提出意见和建议,报县脱贫攻坚工作领导小组。要对督查发现的问题及整改情况建立台账,将整改情况与每月综合督查结果一并计入乡镇年度考核成绩。负责对各乡(镇)党政正职脱贫攻坚履职情况进行季度考核,对各乡镇脱贫攻坚工作进行半年、全年考核。指导各乡(镇)对辖区内行政村脱贫攻坚工作进行半年、全年考核排序,等等。

5. 县直各部门

县直业务主管部门承担本部门行业扶贫职责,制定完善行业扶贫政策,督促政策落实和项目实施。从两县脱贫实践看主要有:县扶贫办负责建档立卡、项目库建设、发展产业、综合协调,贫困人口的精准识别、精准退出、精准到户扶持、档卡资料规范等工作;负责贫困户、贫困村、贫困乡(镇)退出的相关指标监测、统计与分析等工作。县纪委负责资金监督和脱贫攻坚监督,查处脱贫攻坚工作中的失职、渎职及违法、违纪案件,做好扶贫专项巡查等工作。县委组织部负责一线人员奖惩、基层组织建设及驻村第一书记、驻村工作队管理等工作。县委宣传部负责专栏宣传、经验做法总结推广、营造氛围等工作。县委统战部负责建立社会扶贫平台、开展"千企帮千村",制定民间资本参与社会扶贫的评价体系和奖励办法等工作。县发展改革委负责光伏发电实施、滩区搬迁等工作。县审计局负责脱贫攻坚资金使用审计等工作。县交通运输局负责贫困村道路建设规划、设计、监管及实施等工作。县教育局负责制定教育扶贫政策、实施教育扶贫工程等工作。县住房城乡建设规划局负责贫困户住房摸底排查,制定住房保障规划及组织验收等工作。县民政局负责兜底政策和大病医疗救助政策落实,推进农村最低生活保障制度与扶贫政策对接。县财政局负责资金项目评审、扶贫资金预算安排、整合使用、扶贫资金监督管理等工作。县人力资源社会保障局负责贫困人口的医疗保障和技能培训、转移就业等工作。县工信委负责扶贫就业点建设及带贫等工作。县商务局负责全县电子商务服务站点的建立与指导等工作。县国土资源局负责贫困村基础设施建设及产业发展用地的规划报批及调整等工作。县水利局负责贫困村安全饮水工程建设规划、设计、监管及实施和水产养殖带贫等工作。县农牧局负责贫困村种植业、畜牧业摸底排查、制定产业发展规划、指导及培育相关新型农业经营主体等工作。县农机局负责贫困户农机补贴、指导及培育相关新型农业经营主体等工作。县妇联负责贫困妇女培训、就业等工作。县残联负责贫困残疾人识别及发证等工作。县工商质监局负责为贫困户及带贫企业办理证照等工作。县文化广电旅游局负责制定贫困村文化设施建设规划、监管及指导,活跃农村文化生活;负责贫困村有线电视"村村通"建设,开辟专题宣传栏、采访报道典型事迹等工作。县政府金融办负责金融扶贫政策落实,协调扶贫贷款等工作。县卫计委负责落实医疗扶贫政策、实施健康扶贫工程、全县医疗扶贫结对帮扶等工作。县供电公司负责贫困村电网升级改造等工作,组成了一张严密的脱贫分工体系。

(二)各级政府职能部门勇担责齐尽力

脱贫攻坚实践中,各级政府部门勇担责、齐尽力,在共同的战略目标上,一同组成了坚强战斗队伍,合力完成攻坚任务。

以濮阳县为例,该县紧紧围绕贫困户"两不愁,三保障"的总体要求,合理规划、科学推进,从 2015 年起,集中全县人力、物力、财力资源,全力加强脱贫攻坚工作,尤其在完善基础设施建设、提高公共服务水平、增强贫困群众发展能力、加强社会保障等方面形成了有担责部门、有协作团队的奋斗格局。

1. 完善基础设施建设方面

县交通运输局牵头,与县发展改革委、县扶贫办、县财政局等部门共同推进交通建设。按照农村规划确定的目标任务,结合城乡一体化和村镇行政区划调整、美丽乡村建设、搬迁扶贫、特色产业发展、农村物流等工作,加大对贫困地区农村公路建设支持力度,经过五年努力,实现所有的行政村通硬化路通班车,行政村通畅率和行政客运班车通达率位居全省前列。整合各部门资金,有计划分步骤推进贫困村街道路面硬化建设,到 2019 年底,实现所有贫困村主要街道路面硬化。县委农办牵头,与县环保局、县林业局、县水利局等部门共同推进环境卫生治理。行政村有垃圾池,垃圾有专人管理,并能够得到及时有效清理;坑塘得到合理利用;基本解决农村环境脏乱差问题;村庄绿化符合农村实际,逐步改善农村人居环境,农村人居环境行政村达标率进入全省前列。县住房城乡建设局牵头,与县发展改革委、县财政局等部门共同推进危房改造。按照"先急后缓"的原则,优先改造经济最困难、住房最危险的贫困户危房,住危、旧房或危房贫困户年度下降率居全省前列,最终实现农村无危房户。县水利局牵头,与县发展改革委、县卫生局、县环保局等职能部门共同负责饮水安全。全面提高农村供水保障程度,实现农村安全饮水全覆盖,全面解决贫困村群众和学校师生饮水安全问题。集中供水工程覆盖率年度评比全省先进。县农业局牵头,与县林业局、县水利局、县国土资源局、县发展改革委、县财政局等职能部门一同负责基本农田建设。对中低产田进行综合整治,实现贫困村农田有效灌溉面积占耕地面积70%以上,高标准农田占基本农田70%以上。

2. 提高公共服务水平方面

县供电公司同县发展改革委等职能部门一同推进电力建设。积极利用风、光等绿色能源大力发展风电、光电产业。及时与乡村基础设施相衔接,加快农村电网改造升级,农电入户率达到100%。进一步提升贫困地区生产生活电力保障水平,贫困户通电增长率、通生产用电自然村增长率年度评比进入全省先进行列。县文化广电旅游局与县体育局、县发展改革委等职能部门一同负责广电文体。采取有效形式,实现全县广播电视户户通;实现所有贫困村有文体休闲健身场所,有文化活动室和村民图书室,图书室藏书能够满足村民发展生产的知识需求。加强文化信息服务网络建设,文化服务设施网络建设指标评比进入全省先进县区行列。县工业信息化局与县科技局、县教育局、县联通公司等职能部门一同推进信息化建设。强化农村信息队伍建设,每个行政村至少有一名有文化、懂信息、能服务的信息员;实现所有的学校、自然村通宽带。行政村互联网覆盖增长率进入全省先进行列。

3. 增强贫困群众发展能力方面

县农业局牵头,与县林业局、县畜牧局、县科技局、县商务局、县人力资源社会保障局、县扶贫办等职能部门一同推动产业发展。大力扶持适合本地发展、市场前景较好的种植、养殖、小产品加工等主导产业,鼓励引导农村剩余劳动力积极外出务工,实现每个贫困村都有符合本村实际的致富产业,每个贫困户都有切实可行的增收项目。县人力资源社会保障局牵头,与县教育局、县农业局、县扶贫办等职能部门一同做好就业培训工作。积极开展劳动力就业创业技能培训,职业教育专业设置更加适合市场需求,切实提升群众技能素质。加大劳务输出力度,贫困村富余劳动力都有相对固定的务工地点和相对稳定经济收入。保证新就业贫困人口、新成长劳动力全部参加职业技能培训。县统计局与相关乡镇共同推动农民增收。全县农民人均纯收入与全省平均水平的差距缩小到 15% 以内,贫困村农民人均纯收入达到全县农民平均水平的 70% 以上。县委组织部与乡镇一同推进组织建设。村两委班子组织健全,结构合理,团结和谐,制度健全,活动正常,带领群众发展生产、脱贫致富的素质能力较强。县委组织部负责,与县扶贫办、驻村相关单位一同推动健全结对帮扶工作。进一步完善县直单位包村、党员领导干部包户工作,确保每个贫困村都有驻村帮扶单位,每个贫困户都有帮扶责任人。贫困村要全部派驻"第一书记"。结对帮扶村的县直单位,把驻村帮扶工作列入重要议事日程,单位一把手是第一责任人,亲自过问、安排、研究、部署帮扶工作。在单位包村的基础上,动员全县党员干部与贫困户结对帮扶,制定个性化帮扶方案,落实帮扶计划。单位包村与党员包户工作实行一包到底,不脱贫不脱钩。同时,县财政局牵头,与县农行、县扶贫办等职能部门不断加大财政金融支持。县财政每年列支扶贫开发资金5000万元,重点用于贫困地区基础设施建设项目县级配套、贫困村群众生产生活设施建设与贫困户发展致富产业补助。农村土地增减挂钩的净收益,全部用于加强扶贫开发工作。完善金融服务机制,引导金融机构增加对贫困人口的信贷投放,加快推进农村合作金融发展,完善扶贫贴息贷款政策,完善贷款风险分担机制,设立扶贫贷款风险补偿资金,发挥好农村信用社、邮政储蓄银行、县农业发展银行等金融机构的资金优势,支持扶贫产业发展。全县各项贷款增长率和获得贷款的贫困户增长率进入全省较高县区行列。

4. 加强社会保障方面

县民政局牵头,同县财政局一同推进最低生活保障兜底脱贫。一是加强标准衔接,实现农村低保保障标准与扶贫标准的统一。精确测算农村低保标准,加强与扶贫开发政策的有效对接,逐年提高农村低保标准,逐步实现"农村低保标准线"和"扶贫线"两线衔接统一,并且农村居民年人均最低生活保障标准原则上要高于当地扶贫线。二是加强对象衔接,精准识别对接低保对象和扶贫对象。严格按照政策规定复核低保对象,准确认定低保对象。把扶贫人口中有重病、重残、无劳动能力的人员纳入低保范围,把低保人员中有劳动能力、能够通过其他途径脱贫的人员纳入扶贫人口之中,实现低保对象和扶贫对象的精准识别。核查家庭经济状况时,主要核查助款申请、家庭工资性收入、经营性收入、转移性收入。同等条件下,优先保障家庭成员中有重病、重残、老年人、幼童的家庭。三是加强政策衔接,实现应保尽保、应扶尽扶。对于符合低保条件的,及时纳入低保范围,做到应保尽保。积极协调有关部门将符合条件的低保家庭纳入产业扶持、异地搬迁、生态保护、教育扶持、医疗保障、资产收益等政策范围,做到应扶尽扶。四是加强信息衔接,确保统计数据真实、可靠。市、县居民家庭经济状况核对平台和机构,与省级核对平台对接,实现部、省、市、县四级民政部门纵向联通和各相关部门(机构)横向联通,即时将低保申请人家庭收入、财产等情况提请税务、房产、保险、银行、证券、车辆、工商就业等部门(机构)核对,提高低保对象认定精准度,提升工作效能和管理服务水平。同步加强低保信息系统与开发信息系统有效衔接的功能模块和数据项,在县级层面实现农村低保对象和建档立卡贫困人口台账比对和数据共享,实现低保和扶贫开发信息网络互联互通、数据及时更新、信息资源共享、动态实时监测,为低保兜底脱贫提供技术支撑。

县民政局牵头,同县财政局共同实行特困人员救助供养脱贫。对无劳动能力、无生活来源、无法定赡养抚养义务人或者其法定义务人无履行义务能力的老年人、残疾人以及未满16周岁的未成年人予以救助供养。一是提高特困人员供养标准。2016年,农村特困人员集中供养标准不低于年人均4000元,分散供养标准不低于年人均3000元。2017年至2020年,按该县上年度人均消费支出的一定比例适当提高特困人员供养标准。二是加强特困人员供养服务机构建设与管理。进一步巩固全县乡镇敬老院综合提升成果,完善服务规章制度,增强服务保障功能,创新服务体制机制,不断提高集中供养能力,优先保障完全或部分失去生活自理能力的特困供养人员。

县教育局牵头,与县财政局共同推动教育保障脱贫。落实好"两免一补"政策。对城乡义务教育阶段学生免除学杂费,对家庭经济困难寄宿生按不低于年生均小学1000元、初中1250元的标准补助生活费,并逐步提高补助标准。对建档立卡贫困户非寄宿生按年生均小学500元的标准补助生活费。实施职业技能提升计划。鼓励贫困家庭子女就读技工院校,以就业为导向,支持贫困家庭新成长劳动力接受职业教育,对各类中等职业学校全日制正式学籍在校学生全部免除学费。

县卫计委牵头,与县财政局、县民政局共同推进基本医疗保障脱贫。新型农村合作医疗涵盖所有农村贫困人口,贫困人口、特困人员和低保对象,参加新型农村合作医疗个人缴费部分所需资金,按照原渠道解决。对农村最低生活保障对象和建档立卡的贫困家庭的个人缴费部分,按不低于每人每年30元资助。积极探索防止因病致贫、因病返贫的医疗保障机制。对建档立卡的农村贫困人口医疗费用报销予以政策倾斜,降低个人医疗费用支出。推广建立困难群众大病补充医疗保险制度。加强贫困地方医疗卫生服务体系建设。依据国家和省有关标准,按照填平补齐原则,将国家和省规划的医疗服务体系建设项目,优先安排到贫困地方,推进乡镇卫生院、村卫生室标准化建设,完善县村一体化的医疗卫生服务体系。

县人力资源社会保障局牵头,与县财政局共同推进基本养老保障脱贫。确保贫困群众老有所养。完善城乡居民基本养老保险制度,继续扩大参保范围,实现60周岁以上人群应保尽保。建立长期缴费激励补助机制,引导群众早参保、多缴费、不断保。加强城乡居民基本养老保险的精准扶贫功能。积极实施全民参保登记计划,建立城乡居民基础养老金标准正常调整机制,帮助缴费困难群体续保和改善缴费结构。建立社保兜底扶贫机制,探索实行由政府将扶贫对象逐步纳入代缴养老保险费范畴,代缴每人每年100元的基础养老金,确保贫困对象能够享受到养老金保障。提高参保水平。鼓励有经济能力的农村居民以灵活就业人员身份参加保障水平更高的企业职工基本养老保险,确保参保群众在两种养老保险制度间合理有序流动,确保贫困地区参保群众的利益最大化。

县住房城乡建设局牵头,与县扶贫办、县财政局一同推动住房保障脱贫。把贫困家庭作为农村危房改造补助重点。农村危房改造补助重点对象是居住在危房中的分散供养农村特困人员低保户、贫困户和因残人家,确保住房最危险、经济最贫困户有基本安全住房。2020年底前完成全县现存贫困家庭的危房改造。按照"三年完成、一年巩固"的要求,坚持把建档立卡贫困户农村危房改造放在优先位置。明确农村危房改造补助标准。农村危房改造补助标准为户均7500元,依改造方式、建设标准、成本和补助对象自筹资金能力等不同情况,给予不同数额的补助。

县扶贫办牵头,与县民政局、县财政局、县卫计委共同实施保险救助脱贫。探索实行政府出资为建档立卡贫困户、低保对象、特困人员购买大病补充保险、大灾保险、农业保险,防止脱贫人口因病(灾)致贫、因病(灾)返贫,有效帮助贫困人口实现稳定脱贫。

(三) 三级作战体系稳步推动攻坚进程

在各级职能部门和各级领导干部的全力配合下,各乡(镇)区脱贫攻坚战场积极组成了县、乡、村三级作战体系,以坚强的领导力量、扎实的组织团队、聚合的攻坚态势,稳步推进脱贫攻坚进程更好更快发展。

从内黄县推动脱贫攻坚的实践看,三级作战体系成效明显。

围绕脱贫攻坚工作,内黄县建立了县、乡、村三级作战体系,县级成立高规格的脱贫攻坚指挥部,由县委书记任政委、县长任指挥长,全面加强对脱贫攻坚工作的组织领导、统筹协调和督导落实。18个乡办成立脱贫攻坚办公室,90个贫困村设立脱贫攻坚作战室,党政主要领导亲自挂帅出征,积极主动履行主体责任。制定了《关于进一步健全完善脱贫攻坚责任体系和责任网络的意见》,全面压实领导责任、直接责任、具体责任、分包责任、帮扶责任、督导责任"六个责任"。印发了《进一步健全行业部门脱贫攻坚责任的实施意见》,细化扶贫、民政、教育、住建、卫生等行业部门的扶贫责任。召开3000人的誓师大会,全县上下思想统一、步调一致、誓师出征、决战决胜,确保顺利实现脱贫摘帽目标。

从实践进程看,内黄县把认真学习贯彻习近平总书记扶贫开发重要论述与全面落实中央和省、市决策部署相结合,坚持以脱贫攻坚统揽经济社会发展全局,始终把脱贫攻坚作为全县第一政治责任、第一民生工程、第一职责使命,严格落实"六个精准""五个一批"要求,统筹抓好责任、政策、工作"三个落实",高质量打赢打好脱贫攻坚战。该县在每年年初都会制定《内黄县脱贫攻坚年度规划》和《内黄县脱贫攻坚工作要点》,对各项目标任务进行细化明确。每月月初制定本月脱贫攻坚重点工作台账,将重点任务、重点工作逐条逐项进行细化明确。

坚持专班专责推进。为进一步压实责任、传导压力,该县成立了综合协调、转移就业、产业就业扶贫基地、项目资金等 14 个脱贫攻坚工作专班,分别由县委常委、县政府副县长任组长,专职专责抓好分管领域、分管部门的脱贫攻坚工作。14 个专班分别制定翔实的工作方案,进一步明确责任领导,细化职责任务,推动各项目标任务落实。对标 14 个专班台账明确的具体任务,县级干部亲自对标、亲自整改,紧紧抓住分包乡镇、联系口线,领导带头,部门联动,一级带一级,一级抓一级,确保脱贫攻坚成效经得起核查、评估。

建立常态化运行机制。该县建立了会议推进、汇报推进、一线推进、督导推进等机制。比如,建立会议推进制度。县委常委会、县政府常务会每月坚持专题研究脱贫攻坚工作,研判脱贫攻坚形势,指导推动全县脱贫攻坚工作开展。县脱贫攻坚指挥部每月召开一次联席会议,听取各行业部门和乡办工作进展情况汇报,研判工作形势,督促责任落实。县乡村三级坚持一周一例会、一周一汇报、一周一推进,压实工作进度,解决突出问题,确保了各项目标任务有序推进。建立汇报推进制度。各乡办和行业部门按照目标任务和时间节点要求,定期向县脱贫攻坚领导小组书面报送脱贫攻坚工作进展情况,坚持月报、季报、半年报、年报,做到有调研有分析,有措施有结果,有经验有建议,有问题有整改。建立一线推进制度。要求县委书记、县长每月用 5 天以上时间开展脱贫攻坚工作,加强指导督导;县级干部每周到所分包乡(镇)、贫困村实地调研指导脱贫攻坚工作;各乡(镇)党政正职遍访辖区所有贫困户,全力推进各项具体工作;县直各单位负责同志遍访单位干部职工分包的贫困户,解决实际问题。

脱贫攻坚实践中,各级政府单位齐心协力,各级党员干部把脱贫攻坚作为一项神圣事业,把群众当作自己的父母兄弟,把帮助群众脱贫作为义不容辞的职责,以对党忠诚、为民尽责的责任担当,以舍小家、为大家的奉献精神,以早出晚归、披星戴月的工作劲头,实实在在为群众办了一批实事好事,真正把党员干部和贫困群众的心连在了一起。通过脱贫攻坚,党员干部增长了才干,提升了能力,改进了作风,磨炼了意志,树立了正气,巩固了良好政治生态。

二、干部群众同心共进

就扶贫脱贫而言,干部群众之间互动是整个攻坚制胜的桥梁,这一桥梁的坚实与否直接决定着群众是否能真正地脱贫、甘心情愿地致富。在攻坚战场上,广大干部通过扶贫、扶志与扶智相结合,突出志智双扶,由此与贫困群众理念共享、同心共进。同时,在志智双扶基础上,干部群众产业共干,劲往一处使,有力地提高了贫困群众脱贫致富效率,增强了攻坚实效。

(一) 志智双扶,心往一处想

脱贫攻坚开展以来,在党中央的坚强领导下,脱贫一线干部群众上下同心,紧扣"激发内生动力,提高发展能力"要求,扎实推进志智双扶,创新工作思路,以精神文化铸魂,思想道德润心,引导贫困群众摒弃"等、靠、要"的消极思想,使群众坚定脱贫信心,提振脱贫士气,增强脱贫能力,实现物质和精神"双脱贫"。

濮阳县的做法就充分证明了上述结论。

树典型、立标杆,贫困群众自立自强。贫困群众能够积极参与村级评选组织。上级部门通过组织各行政村成立评选表彰委员会,表彰委员会下设卫生监督组、五老帮扶组、党员互助组、道德评议组、巾帼互助组、群众互助组,负责全村勤劳致富户、脱贫光荣户、孝老爱亲户、文明新风户、党员互助先锋、邻里和睦户、好媳妇好公婆、最美公益岗、五老帮扶标兵等系列评选表彰活动,用身边人、身边事示范带动贫困群众,改变少数群众"要、靠、等、怨"等不良习气,引导贫困群众愿脱贫、能脱贫、敢脱贫、会脱贫。常态化开展了系列评选表彰活动。针对不同类型的先进典型,坚持每周、每月、每季等不同时间段常态化开展日常评选,突出利用春节、"五一劳动节""十一国庆节""三八妇女节""九九敬老节"等重要时间节点进行表彰。定期刊发代表性强、事迹突出的典型。乡镇村街设立了光荣墙,村村举办表彰会,先进典型家中户户张贴光荣榜,激励群众致富的热情。县委、县政府还召开隆重的表彰大会,对选出的100户"百佳脱贫示范户"、10户"十佳脱贫标兵"和30名农村"孝老之星"先后进行表彰,依据先进典型事迹编印了新时代动力丛书《幸福花开黄河滩》在媒体广泛宣传,进一步激发贫困群众自主脱贫的积极性、主动性和创造性。

强志气、增能力,贫困群众实现精神物质"双脱贫"。在干部群众的共同努力下,贫困群众有了强大的内生动力,变"要我脱贫"为"我要脱贫"。扶贫干部通过扶贫扶志工作中的宣传教育、奖励激励、榜样引领等活动的扎实推进,极大地改变了部分贫困户存在的"等、靠、要"的依赖思想,把脱贫攻坚的志气、信心送到贫困户的心坎里,变"要我脱贫"为"我要脱贫",形成了你帮扶我奋斗,创业争走小康路的良好局面。走进渠村乡公西集村,街道整洁有序,家家户户窗明几净,谈起现在村容村貌,村民们表示,这都是村里建起动力超市,在卫生庭院评比中开展勤劳获取积分、积分兑换物品活动带来的巨大变化。一张张动力超市的爱心积分卡,就像一点点星星之火,激发了贫困户争先向上的意识，点燃了贫困户勤劳奋斗实现美好生活的愿望。该县习城乡陈寨村村民陈伟星，2014年识别为贫困户。通过扶贫宣传政策、教育引导、学习致富典型，炒热了他的思想，激发了他脱贫的决心，他不但承包了20亩地耕种，而且别人看不上眼的脏活、累活，他不嫌脏、不怕累，承包了6个鸡棚出鸡粪的活儿。农忙的时候，他还给其他缺少劳动力的农户帮工挣钱，打药浇地。2017年陈伟星一家人均收入达6266元，顺利实现脱贫。现今提起陈伟星，村民们称他为"拼命三郎"，网络上亲切地称陈伟星为"掏粪哥"，2018年陈伟星被县委县政府表彰为全县"十佳脱贫标兵"。

增强了脱贫技能，变"脱贫无门"为"致富有方"。管用实效的技能培训、技术指导是帮助贫困群众脱贫最直接最有效的办法。随着乡村振兴讲习所和新时代文明实践站的建立，该县各个乡村，随处可见悬挂统一牌匾的培训场所，田间地头宣讲队在奔波忙碌，一场场脱贫报告会、政策宣讲、农技培训火热开展，让贫困群众在生产实践中增长见识掌握致富本领。比如：刘明权是王称堌镇后许棚村最困难、最特殊的贫困家庭，他本人是二级残疾，曾是脑瘫患者，行走困难，父亲双目失明，也是二级残疾，生活不便，两人相依为命，生活举步维艰，2016年被评定为建档立卡贫困户。针对刘明权的实际情况，镇村干部精准施策，先后让他去市养生馆、县残联、镇卫生院等地学习针灸、理疗按摩技术，他以惊人的毅力和勤奋，学习保健按摩技术，功夫不负有心人，刘明权技术学成后，政府给他提供了创业场地。按摩中心顺利开业，每天可以收入1百多元，收入一天天增加，刘明权不但顺利实现脱贫，更扬起了自主创业的梦想。

贫困群众提升了文明素质，变"默守陋习"为"倡树新风"。在扶贫扶志工作中，通过开展治理农村红白事大操大办、关爱老人行动、卫生庭院评比、制定村规民约等主题活动，在全县农村、农民中间培育起了文明乡风、良好家风、淳朴民风。"70多了挣不了钱，又不愿意张口向孩子要,手里没钱啥都不敢想,啥都不敢买。现在政府出面让孩子给老人交养老钱,还有奖励,真是操心操到点上了!"对县里推行的孝心养老基金,该县习城乡雷楼村的雷同保老人提起来是非常满意,经常和村里的老人聚在一起,聊聊谁家子女表现好,谁家孩子还没有给老人交。该县通过广泛开展孝老之星和不孝子女评选、接老人回家、建设孝心养老基金等活动,广大农村孝老光荣、不孝可耻的氛围是越来越浓,以前子女之间攀比谁沾老人的利益多,现在是互比谁对老人好、村里口碑好;以前子女互相指责推诿老人该对方养,现在争着把老人接回自家住,生怕邻居笑话。该县庆祖镇东辛庄姚伟龙新婚大喜之日。按照村里的规定,6辆婚车便接来了漂亮的新娘,婚宴安排在村内饭店,婚宴简朴,6荤6素加2个汤228元的标准,招待的都是自家亲。村红白理事会等人员忙前忙后,帮忙举办仪式、招呼宾客,却不见街坊邻居参加婚宴。新郎的父亲姚善星表示,村里婚宴规定邻里不随礼、不宴请,事主家拿出500元缴纳村里路灯的电费。这样办喜事,事主家少了麻烦,村民少了负担,村里用电有了保障,一举三得,件件新事新气象折射出了扶贫扶志弘扬文明乡风的巨大成果。

贫困群众满足了精神需求,变"文化洼地"为"文化繁荣"。以前,"晚上闲着没事,不是闲聊就是打麻将","几年看不上一场戏",现在,"不但县里剧团经常来,村里还建起了文化广场,成立了文艺队,给我们送来了音响、锣鼓,乡亲们天天都能凑在一起热闹热闹"。该县王称堌镇漫渡村村民道出了脱贫攻坚以来全村人的心声。受扶贫扶志的惠泽,全县文化广场实现了全覆盖,保障了群众活动有去处,每村配备了文化协管员,保障了村里文化活动有人管,村村建起文艺队,县里拨付活动补贴,保障了周周有活动。如今,走进濮阳县的偏僻乡野,贫困乡村,处处能看到农民学文化、爱文化、搞文化、用文化的场景,形成用文化感召人、用文化影响人、用文化教化人的深厚土壤,补足贫困群众的精神之"钙",增强了他们脱贫增收的志向和决心。

从内黄县的调研情况看,干群同心,智志双扶是其主要特点。

"让村干部、党员和群众真正坐在了一起、想到了一起。"内黄县城关镇党委副书记、真武庙村脱贫责任组长赵卫娟在调研中提到。真武庙村位于内黄县城东 5 公里,紧邻濮阳市清丰县,位于两市两县三乡镇交界处,因村有真武大帝庙而得名。全村共有 121 户 527 人,2014 年 7 月确定为省级贫困村,全村建档立卡贫困户 30 户 112 人。耕地 1600 亩,其中沙荒地 1000 亩,主要是种植大棚西红柿、地膜花生,露地娃娃菜等。以前全村无一条硬化路,村容村貌脏乱差严重,不仅经济上贫穷,而且村内矛盾突出,是有名的落后村、软弱涣散村。该县城关镇党委副书记、真武庙村脱贫责任组长赵卫娟主动作为,努力让村干部和群众真正想到一起。她通过加强基层党组织建设,大力发展大棚产业扶贫基地,延长大棚产业链,不断激发村民内生动力,来持续推动群众们整体脱贫致富,让村民们实现了精神、物质"双丰收"。赵卫娟深知党建是志智双扶的关键,只有加强基层党组织建设,密切联系群众,加强干群之间的默契,疏通干群之间的隔阂,才能筑牢脱贫攻坚的战斗堡垒。真武庙村里的矛盾比较尖锐,历史遗留问题相对突出,20 多年没有发展党员,500 多口人的村只有 4 名党员,平均年龄 65 岁,严重老化弱化,是当地有名的落后村和软弱涣散贫困村党组织。2014 年 11 月,赵卫娟将素质过硬人员选举到村支部中,从带贫能力强、愿奉献的村群众中培养入党积极分子 2 名,培育了 3 名"双带"型村级后备干部。同时,她注重加强村"两委"班子日常建设,结合"两学一做"学习教育、"三会一课"、党员主题活动日等监督扶贫政策落实,对扶贫项目建设、产业发展等村级重大事项进行民主决策,召开群众代表会、党员会征求意见。设立公示栏和扶贫政策"明白墙",定期公开党务、村务、财务,执行好"四议两公开""一事一议"等制度,把"该扶谁""上什么项目"交给群众去决定。队伍建强了,干部心齐了,发展有了凝聚力,村民对村干部的满意度也提高了。农村能人和年轻人政治热情高涨,2014年以来有10余名村民向村党支部递交了入党申请书。

志智双扶的代表人:濮阳县村支部书记何海法

"只有帮助群众打通致富的思想之路,才能上下齐心,一同谋取脱贫路。"濮阳县海通乡何锁城村党支部书记何海法在访谈中说道。濮阳县海通乡何锁城村在2015年度已退出贫困村序列。何锁城村有一个自然村和八个村民小组,总人口318户1410人,耕地面积2639亩,2016年度有建档立卡贫困户31户132人,当年脱贫7户38人,2017年脱贫16户68人,2018年脱贫5户14人,2019年上半年时还有贫困户3户11人。2014年以前,何锁城村还比较穷,房屋破旧,生活不好,村内道路都是泥土路,卫生室不达标,根本没有什么综合文化中心,也没有什么娱乐项目,没有路灯,浇地及排水很不方便,贫困人口多,群众收入低等。何海法带领群众从发展产业、转移就业、扶贫政策帮扶等方面谈收入提高;从乡村振兴、美丽乡村建设、积极落实危改和"六改一增"政策、扶贫扶志、扶贫扶智、移风易俗、精神文化生活等方面谈户容户貌、群众精神面貌和综合素质提升。2014年以后至今,村里变化很大,一方面,借助上级政策或帮扶单位帮助提升基础和公共服务设施。修生产路8条5400米;硬化河道5条4300米;新建桥涵闸15座;新打机井30眼,老井配套5眼;建设标准化诊所和学校;硬化胡同8300米和街道2500米,新修公路1200米;安装太阳能路灯64盏;建设文化广场2000平方米;新建村委办公楼500平方米;光伏发电、到户增收全覆盖;简易戏台、宣传栏、文化器材、广播器材、体育设施器材、安全饮水项目、电网改造覆盖、通讯设施提升等。另一方面,体现在贫困户的变化上。贫困人口不断减少、收入不断增加、户容户貌改善、群众精神面貌和综合素质提升等方面得到改善。

与民同心，思民所愿。通过认真走访调查，何海法仔细查找分析了贫困户的致贫原因，根据各户的具体情况，采取了不同的措施帮助脱贫，具体措施包括五个方面。第一，针对有劳动力的贫困户家庭，引导他们外出务工。第二，对因病因残致贫的，根据自身条件，引导其参加技能培训，有进行养殖、种植，需要申请贷款的，村两委积极协调。如盲人王法红，双目失明无劳动能力，家有三个学生上学，大女儿上大三，生活极其困难，何海法联系县残联，开车送其去濮阳市技工学校学习盲人按摩，现在已就业，不仅养活了自己，还可以适当补贴家用；通过与长祥驾校联系，安排王利鸟等 14 名贫困户人员参加驾驶员培训，等拿到驾照后，不但可以享受每人两千元的政府补贴，还可以利用驾驶技能就业脱贫；残疾人何留宽承包村后鱼塘缺少资金，何海法不仅借给他 9000 多元让其应急，还协调信用社、邮政银行和惠民公司，使其拿到贷款后解决了资金问题。第三，针对留守妇女和年纪大的贫困人员，推荐其去万益包装公司和海源种植合作社打工，让其在家门口就业，既能照顾家里的老人和孩子，也能挣钱减轻家庭负担。第四，针对贫困户中的大学生王少芹等 3 人，何海法联系县教育局办理生源地助学贷款，使其顺利完成学业。第五，积极对接上级扶贫政策，让贫困户体会到党的关怀，目前已有 9 户贫困户申请到户增收，5 户享受危房改造，光伏发电扶贫项目达到贫困户全覆盖。

与民同商，共进脱贫事。访谈中，何海法提到，为了早日脱贫致富，他们集思广益，与民同商，共同大力推动脱贫事业。他们通过设计贫困户分布图，开展一户一档工作，同时还结合"一站两组三会"抓党建促脱贫，开展"智志双扶"，提高文明素质。首先，由于何锁城村有建档立卡贫困户 31 户 132 人，帮扶责任人每次入户都需要村干部引领才能到贫困户家中，为解决这个问题，何海法便要求大家每次入户时都要在纸上画出贫困户位置图，标明在哪条街道、哪个胡同、第几家甚至大门朝向,回来后统一汇总,经过多次校对及现场确认,形成了一个完整的贫困户分布图,拿着地图,即便是一个陌生人,也能很方便地到达每个贫困户的家中,既方便帮扶人入户调查走访,也减少了村干部的负担。其次,根据贫困户的贫困程度,他们把贫困户分成特别贫困、比较贫困和一般贫困三种,并对其档案设置成红、黄、绿三色,对一般贫困户安排在 2016 年度脱贫,对比较贫困户安排在 2017 年脱贫,对特别贫困户安排在 2018 年脱贫。档案内有贫困户申请书、信息采集表、村民代表大会民主评议记录以及户口本和身份证复印件、帮扶人和党员联系人照片、家庭照片等近二十项内容。打开一本档案,就可以很清楚了解贫困户的家庭人口、贫困原因、住房条件及帮扶措施等所有情况。随后,他们结合"一站两组三会"抓党建促脱贫。首先,完善广播站建设,整理关于党建、扶贫、环保、公益等知识的 U 盘,每天早中晚吃饭时间播放,这样就让群众对党建知识和扶贫政策有了更深一步的了解。其次,动员有致富技术的党员任组长,带领全村农户,成立了"1+N+1+产业项目"党员互助组 6 个,让所有农户共同参与帮扶 31 个贫困户,加快脱贫步伐;同时又动员村里的老党员、老战士、老模范、老教师及威望高的老人,成立 3 个五老扶志组,专门帮扶那些好吃懒做、游手好闲的人,给他们做思想工作,激发他们脱贫致富的积极性。第三,就是定期召开民主生活会、党员大会、群众大会,把党员和农户在扶贫过程中发现的问题,及时商议和处理。通过开展"一站两组三会"抓党建促脱贫活动,进一步加快了贫困户脱贫步伐。同时,他们还积极开展"智志双扶",提高文明素质。开展"孝心养老""卫生庭院评比"及"动力超市"行动,实行"智志双扶"。通过村级广播站宣传无偿献血及各种公益知识,村内群众参与公益活动的积极性明显提高,无偿献血人员近 30 个,为此,他们专门召开何锁城村无偿献血表彰大会,对无偿献血先进家庭和个人进行表彰,增加村民对公益事业的参与热情,提高村民文明素质,不但要扶起贫困户勤劳致富的脱贫之志,更要扶好全体村民关注公益的文明之志,为何锁城村精神文明建设奠定了良好的基础。

(二)产业共干,劲往一处使

脱贫实践中,干部群众心连心、手牵手,劲往一处使,共同为产业增收大干特干,为脱贫事业共谋明天。精准扶贫,产业是"根",两县的干群一起以产业促增收,共谋脱贫事业。

内黄县立足自身产业优势,干部群众同心共进,创新实施产业扶贫基地带贫、固定资产收益带贫、优质企业分红带贫三大模式,夯实贫困群众稳定脱贫基础。实施产业扶贫基地带贫。该县充分发挥温棚瓜菜、现代畜牧业、生态林业三大高效农业优势,深化农业供给侧改革,建立农业科技博览园技术推广平台、农产品质量安全检测追溯平台、果蔬城销售平台、60万亩蔬菜生产基地"三平台一基地"完整产业链,全县累计建成产业扶贫基地97个,通过打工就业、资金入股、土地入股等形式,带动4470户贫困群众稳定增收。围绕电子、服装、箱包等劳动密集型产业,加快扶贫就业点建设,吸纳贫困劳动力就近务工。实施固定资产收益带贫,该县对于无劳动能力或劳动能力不足、无法通过发展生产增收的贫困群众,由县财政出资在贫困村建设光伏电站,固定资产归村集体所有,收益分配给符合条件的扶贫对象,稳定增加贫困群众收入。截至目前在16个乡镇、55个贫困村建成3.55兆瓦光伏发电项目,带动1149户2907名贫困群众受益。实施优质企业分红带贫,该县综合考虑企业规模、带贫能力等因素,筛选71家优质企业与贫困户签订带贫协议,贫困户将到户增收资金5000元投入企业(合作社),企业通过入股分红、吸纳就业等方式,带动贫困户稳定脱贫。截至2018年10月,共投入资金904.5万元,使1809户贫困家庭稳定受益。

干部群众共同努力发展产业,为贫困户"生津造血"。在侯流村北头的扶贫就业点内黄中葛制衣有限公司内，工人们统一着装，正在忙着加工服装，这些服装将发往日本。贫困户王春平正在检查服装的质量，她是该村在扶贫基地就业的人员之一。今年45岁的王春平右手残疾。之前，王春平有时在别人的大棚里打零工。"在大棚里打工是体力活儿，比较累，在这里上班是技术活儿，扶贫就业点就在家门口，既能顾家又能挣钱。"王春平满意地说。内黄中葛制衣有限公司总经理董博介绍，该扶贫就业点约1500平方米，投资1100多万元，扶贫就业点自5月15日正式生产以来订单不断，截至目前，已经加工服装5万件，这些服装全部销往美国、加拿大、日本、巴西等国家和地区。目前扶贫就业点有工人103人，其中贫困户23人。"我们这里招工时优先安排贫困户就业，每月保底工资为1300元，多劳多得。全年工作10个月，农忙的时候放假忙地里的活儿，平时上班时间也充分考虑工人接送孩子、照顾家人的情况，让工人们既能顾家又能挣钱。下一步，公司计划拓展卫星扶贫点，吸纳周边村庄更多的劳动力，特别是贫困家庭劳动力在家门口就业。"董博说。像内黄中葛制衣有限公司建立扶贫就业点一样，2017年以来，该县新建扶贫就业点18个，涉及服装、电子、玩具、箱包等劳动密集型行业，带动贫困群众稳定增收。除了新建扶贫就业点，该县民营企业还将企业的资金、技术、人才优势与贫困村的土地、劳动力特色资源等有机结合，积极帮助贫困群众创业就业、增收致富。内黄果城、内黄县农业科技博览园等农业龙头企业采取"公司＋基地＋农户"模式，帮助贫困户发展高效农业，实现产业脱贫。

"干部与群众只要能一同使劲，谋产业、谋发展，脱贫致富也就没有了想象中的那么难。"赵卫娟在访谈中提到。她曾经多次带领群众参观学习，与群众一起共同谋划出了很多的脱贫致富路。赵卫娟听说山东日光温室大棚产业发展到第七代了，看到内黄县农业产业园区大棚西红柿发展得好，希望可以借鉴一下。于是赵卫娟同村党支部和脱贫责任组带领贫困群众一同到山东与内黄县的周边产业强村、种养大户家中参观学习。回来后,反复论证制定了"围绕大棚种植,建立高标准日光温室扶贫基地,变输血为造血,实施产业扶贫;围绕素质提升,加大对村民技术培训力度,实施就业扶贫"的思路,畅通了三条致富路。一是对有劳动力、有耕地、有技能但积极性不高的贫困户,实施普通冷棚产业。二是对有本领肯创业但苦于没有资金的贫困户,开展"政融保""政银担"等贷款模式,对贫困户发展产业实行产前产中产后全面保障。三是对想致富但缺乏技能的贫困户,实行贫困户劳动力"产业技能培训"工程。在村里的大力支持和指导下,村里的大棚产业扶贫基地蓬勃发展。另外,赵卫娟和脱贫责任组成员还对全村农户进行了信用评定,通过村民自筹资金、村金融服务部协调贷款,"政融保""政银担"等模式金融信贷 200 多万元。其中为贫困户协调户贷户用资金 9 户 45 万元;创业担保贷款 7 户 40 万元;小额贴息贷款 4 户 25 万元。享受国家到户增收 5000 元政策 18 户,全村新建高标准日光温室 23 栋、100 多亩,新建普通大棚 95 栋、300多亩。大多数村民靠大棚西红柿种植富裕起来,春节前后一户一天西红柿采摘就收入上万元,这个曾经上访告状村变身成了高标准大棚种植示范村。

调研中发现,当说起真武庙村时,当地干部群众都直摇头,因为该村是当地有名的落后村、贫困村。"20 多年没有发展党员,500 多口人的村只有 4 名党员,他们平均年龄 65 岁,严重老化、弱化,连党员会都开不起来。"赵卫娟说,"因为土地问题,村民多次集体赴京、赴省上访告状,村里王、李两大姓不共红白事,也没有人情来往。村里分告状派和保守派,矛盾尖锐,历史遗留问题突出。"随后,真武庙村新建高标准日光温室 23 栋 100 多亩,新建大棚 95 栋 300 多亩,大多数村民靠大棚西红柿种植富裕起来。很快,该村成为高标准大棚种植示范村。但是,谁能想到,以前这个村竟然是落后村、上访告状村。

这种变化是怎么发生的呢？赵卫娟告诉我们，秘诀就是真武庙有一支"不走的工作队"。如今，村民们提起赵卫娟和扶贫工作队，都是满怀感激。2018年11月21日17时许，内黄县城关镇真武庙村户李俊安正坐在轮椅上休息。"家里有人吗？"听见有人进门，李俊安抬眼望去，笑着说："赵书记来了，快进屋。"虽然偏瘫、双目失明，但李俊安听声音就知道赵书记来了。李俊安口中的赵书记，正是内黄县城关镇党委副书记兼真武庙村脱贫责任组组长赵卫娟。当天，她到李俊安家查看残疾人无障碍设施改造进展情况。"我妻子是聋哑人，我们两人不仅有残疾人补贴和低保金，还有养老金。到老了有人管，要不是国家的好政策，我这辈子就在床上了。"李俊安感激地说，"赵书记帮助我们家协调了5万元贷款，我儿子利用贷款建了大棚，增加了经济收入。"

干部群众同心协力，还为发展本村的产业做好了基础性保障。赵卫娟带领脱贫工作人员和群众们一起，大力实施水、电、路等六大基础工程，一是完成了投资70万元2484米整村推进工程。二是完成了投资48.8万长1609米村排水工程。三是完成了投资87万的三化文化广场公厕建设工程。四是积极推进投资179万的真武庙——大黄滩——董庄——郭庄——王思庄4条产业道路建设工程。五是完成了投资20.9万的内郭路拓宽建设工程。六是完成了投资20.1万元的农田机井建设工程。在项目前期，村委会召开村民大会让村民选项目，因为项目是百姓选的，村民参与工程建设的积极性就高。同时，村里还成立了由老干部和村民代表组成的监督小组，监督工程质量。在六大工程建设中没有发生一起投诉事件。这些项目的建设，极大地改善了群众的生产生活条件，为脱贫奠定了强有力的基础。同时，赵卫娟还不断致力于增强村班子战斗力，聚焦壮大村集体经济。她将村25年前无偿发包的50亩土地全部收回，为贫困村增收带来了源头活水。这些土地涉及农户42户，至今没有发生一起信访问题。收回土地后，首先解决了真武庙多年无村级活动场所问题,在村东建设了 200 平方米的村室和 100 平方米的卫生室,建设了 500 平方米的文化广场,为增加集体收入,在村南建设了 30 亩日光温室产业扶贫基地,依靠"基地＋市场＋农户"模式,增加村集体经济收入夯实基层基础。新式大棚使用寿命达 15 年,由贫困户承包,集体经济收益周期长、收入稳定,每年仅大棚承包费村集体收益 5.4 万元,成为真武庙实现稳定脱贫致富的"定海神针"。

"干部群众劲往一处使了,发展产业促增收就没那么困难了",濮阳县何锁城村支部书记何海法在访谈中说道。他提到,自从该村干部群众同心同力,大力发展产业以来,何锁城村内当前有三部分产业已经相对成熟了,第一部分是扶贫就业点的建设。何锁城村的扶贫就业点为佳洁日化,建设在东森产业园内,每年给村集体 3 万元,为支持企业发展,村集体又将这 3 万元入股到企业,脱贫攻坚期后开始分红。第二部分是光伏带贫。目前有 19 户参与光伏发电项目,每年分红 3000 元,脱贫攻坚期后归村集体收入,共 57000 元。第三部分是何锁城村农业发展有限公司,下属二个企业,分别是玉米糁厂和中药材种植基地。带动贫困户的方式要有针对性。何海法提到,2015—2017 年实施的到户增收项目都是个人发展、上级补贴资金进行奖补鼓励,2017—2018 年到户增收是入股汇源与美施宝,进行分红;光伏发电是通过租赁村内土地建设电站,带动贫困户每年进行分红;扶贫就业点或电商项目,可以让贫困户打工、入股、自己发展;合作社带贫可以入股、参与经营,打工,接受技术服务等多种方式;个人家庭庭院经济主要是发展小规模的种植养殖。

干群齐协力,同谱致富曲。走在内黄县广袤的田野上,勤劳的枣乡农民正在忙着收获,火红的尖椒、玛瑙般的红枣、白生生的花生、金灿灿的玉米,好一派丰收的景象;扶贫基地内,一排排整齐的温室大棚在阳光下生辉,大棚里西兰花、甘蓝、西红柿、辣椒、茄子等蔬菜鲜翠欲滴,菜农们个个脸上洋溢着幸福的笑容;扶贫就业点内人头攒动,一条条流水线上,工人们繁忙而有序……这是内黄县实施精准扶贫,枣乡干群齐心协力共同脱贫奔小康的喜人画面。每年6月1日开始,枣乡大地一片繁忙景象,一台台小麦联合收割机在金灿灿的麦田里驰骋,在村民的欢笑声中,小麦颗粒归仓。烈日下,和村民一样忙碌的还有各级扶贫干部。他们带着水、白糖、西瓜等慰问品,到贫困户家里去,到田间地头去,与民同奏致富曲。

扶贫干部帮助贫困户做好收割抢种、拉运翻晒、抗旱浇水、打药防虫等农活,确保不误农时。他们与贫困户掏心窝、拉家常,通过耐心细致的沟通交流,广泛宣传各项扶贫政策,解决贫困户在生产、生活中遇到的实际困难。这是内黄县在"三夏"期间开展"集中扶贫周"活动的场景。该活动从6月1日开始,将持续到6月15日。由内黄县城市管理行政执法局帮扶责任人、内黄县兴福村镇银行帮扶责任人、东电村党支部第一书记蔡辉、宋村乡乡村两级干部等组成的"三夏"帮扶队走进东电村。干部们帮助贫困户收割、运送小麦,在禁烧点执勤,为群众免费量血压,为贫困户送去水和西瓜等消暑品。他们还逐户发放扶贫政策宣传单,宣传各项扶贫政策,鼓励贫困群众坚定脱贫信念,自信、自立、自强,早日实现脱贫致富。

不仅如此,内黄县所有分包贫困村和非贫困村的单位、企业,分包贫困户的各级党员干部、村党支部第一书记、脱贫责任组和驻村工作队全体成员,都到贫困户家里去,到田间地头去。他们深化结对帮扶,扎实解决问题,抓好政策落实,帮助贫困群众做好夏收、夏种、夏管工作,解决贫困群众生产、生活中的困难和问题,受到贫困群众的认可和赞扬。

三、社会团体和衷共济

上下同心者胜,众志成城者赢。脱贫摘帽是涉及广大贫困群众切身利益的大事,也是一项规模空前的民心工程。脱贫致富不仅仅是贫困地区的事情,也是全社会的事情。坚持社会动员,凝聚各方力量。脱贫攻坚,各方参与是合力。习近平总书记对脱贫攻坚工作作出重要指示强调,要调动社会各界参与脱贫攻坚的积极性,必须坚持充分发挥政府和社会两方面力量作用,构建专项扶贫、行业扶贫、社会扶贫互为补充的大扶贫格局,调动各方面积极性,引领市场、社会协同发力,形成全社会广泛参与脱贫攻坚格局。① 如期消灭绝对贫困,是顺应民心之举,因而能够引起最大范围的共鸣,能够唤起最大程度的支持。

对于我们这样一个幅员广大、背景复杂、区域发展水平存在差异的国家而言,仅靠政府部门实施扶贫是不够的。动员和凝聚社会力量参与扶贫开发,是我国扶贫事业的一条成功经验,是我们党的政治优势和社会主义制度优势在脱贫攻坚领域的重要体现。实践证明,社会各界的群智群策,有助于汇聚各方智慧,推动解决扶贫开发中的体制性、机制性等深层次问题;社会各界的热心帮扶,有助于整合社会资源,缓解扶贫开发中的资金短缺、投资乏力问题;社会各界的无私奉献,有助于激发内生动力,培育贫困群众依靠自力更生实现脱贫致富的信心和决心。社会扶贫有着巨大的资源和潜力,向善向好能够凝聚最大的民心,把社会扶贫力量调动好发挥好,能够极大地推动脱贫攻坚工作取得最后的胜利。② 因为扶贫对象、地区的差异性和社会资源的多样性,政府部门有必要加强引导和指导,以实现最契合的对接;同时需要建立起制度保障,确保社会扶贫的透明、公正、有效,保护和激励社会扶贫力量的可持续热度,这样就可以通过共同努力,推动社会走向共同富裕。

---

① 《习近平谈治国理政》(第三卷),北京:外文出版社 2020 年版,第 152 页。
② 朱永华:《把社会扶贫力量调动好发挥好》,《湖南日报》,2018-12-23。

（一）万众一心,凝聚强大力量

自脱贫攻坚战打响以来,社会各界难而不惧,万众一心,不断地把力量、资源向扶贫基层聚集,这种上下同心的精神为脱贫攻坚战的胜利提供了重要支撑。消除贫困是一场持久战,也是一场攻坚战。打赢脱贫攻坚战,仅靠广大基层干部和群众是不够的,必须全社会都行动起来,要充分发挥社会资源辐射和带动作用,激发资金、技术、市场、管理等力量,尤其是金融界、社科界、教育文化界,要以务实的金融支持、理论支持和文化教育支持助力精准扶贫,促进贫困地区改变生存环境、提高生活水平、提高生产能力。同时,要积极倡导全民公益理念,通过爱心捐赠、志愿服务、结对帮扶等多种形式参与扶贫,形成脱贫攻坚的社会合力。当前,社会的发展与国家的强盛也为全社会共同关注和参与扶贫事业提供了全新的条件和基础,越来越多的人,特别是有经济余力的人积极投身于扶贫事业。通过结对子、想点子、捐善款、当义教,献一片爱心,点一盏希望,举全社会之力,帮助贫困群众早日脱贫。

社会团体团结协作的精神是筑牢合力攻坚的坚实支柱。全国人民共筑扶贫合力,用协作精神打造出脱贫攻坚的坚实支柱。习近平总书记在东西部扶贫协作座谈会上强调,东西部扶贫协作和对口支援,是推动区域协调发展、协同发展、共同发展的大战略,是加强区域合作、优化产业布局、拓展对内对外开放新空间的大布局,是实现先富帮后富、最终实现共同富裕目标的大举措。无论在国家战略协作方面,还是社会集体层面,中华民族的团结协作精神均展现得淋漓尽致,为脱贫攻坚战提供了坚实的力量支撑。多主体协作,形成联动。在扶贫工作进入啃硬骨头、攻坚拔寨的冲刺期时,贫困的父老乡亲们热切期待摆脱贫困,迫切需要各方帮扶,国家适时发挥出了政治优势和制度优势,不断创新扶贫工作机制体制,构建和完善了人人皆愿为、人人皆可为、人人皆能为的社会扶贫参与机制,形成政府、市场、社会协同推进的大扶贫格局。各级政府部门按照优势互补、互利共赢、长期合作、共同发展的原则,通过政府引导、企业协作、社会帮扶、人才交流、职业培训等多种形式深化全方位扶贫协作,构建扶贫信息公共服务平台,推动产业转型升级,促进贫困地区加快发展,实现政府、市场、社会互动和行业扶贫、专项扶贫、社会扶贫的联动。全民协作,情怀永续。扶助贫困是全社会的事业,全社会的事业需要全民的共同关心和参与。中华民族素有积德行善、扶危济困、乐善好施的传统美德,经世济民的情怀在儒家文化圈内成为人们的共识。协作精神让全社会都行动了起来,让扶贫成为全社会共同的事业。①

团结协作、顾全大局是决胜扶贫脱贫的重要力量。社会扶贫力量积极参与脱贫攻坚战的过程,并不是轻易能够实现的。这些社会扶贫力量,来自于社会上的不同群体,有政府机关工作人员、企事业单位工作人员、民营企业主、在外工作人员和社会志愿者等。社会各界在资金、技术、设备、组织力等方面也都给予了重要支持。如何把这些优势发挥出来,汇聚成扶贫的人、财、物等资源,成为打赢脱贫攻坚战的强大推动力,是一个重要问题。

十九大报告指出,让贫困人口和贫困地区同全国一道进入全面小康社会是我们党的庄严承诺,要动员全党全国全社会力量,坚持精准扶贫、精准脱贫,坚持大扶贫格局,注重扶贫同扶志、扶智相结合,深入实施东西部扶贫协作,重点攻克深度贫困地区脱贫任务。在坚持政府主导扶贫的前提下,广泛动员社会力量共同参与扶贫济困,帮助贫困地区和贫困户开发经济、发展生产、摆脱贫困,是中国特色扶贫开发道路的重要组成部分,是加大脱贫攻坚力度、促进贫困地区经济发展、加快建成小康社会进程的有效举措,也是政府、市场、社会新"三位一体"大扶贫格局中的重要一极。万夫一力,天下无敌,脱贫路

---

① 夏一璞:《试论精准扶贫的创新价值与实现路径》,《马克思主义研究》2019 年第 1 期。

上,社会各界"众人拾柴火焰高",民营企业、社会组织和个人群体广泛、力量广大,不仅凝聚他们的扶贫心,更是践行了他们的扶贫爱。经过社会各界的积极倡导,社会扶贫参与理念逐渐深入人心,各大民营企业、社会团体及个人在精准脱贫攻坚战中主动担当作为,倾情投入人力、物力、财力和智力,为决战脱贫攻坚,决胜全面建成小康社会作出了积极贡献。

众志成城,万众一心。社会各界人士在脱贫攻坚战略的引领下,众志成城传递帮扶真情,万众一心推动共同富裕。中国历来有扶危济困的优良传统与崇德向善、乐善好施的美德。在中国历史上,不乏共同对抗灾难,相互帮扶救助的典型事迹。尤其是新中国成立以来,在中国共产党的领导下,每逢国家局部地区受灾受难之时,往往全国各地迅速形成众志成城,万众一心,共抗灾难的强大力量。为积极响应国家精准扶贫号召,践行脱贫攻坚伟大事业,广大社会力量纷纷加入扶贫帮困行列中来,众志成城,万众一心,打好脱贫攻坚战,形成了"人人皆能为、人人皆愿为、人人皆可为"的良好扶贫氛围,共同对抗贫困、不断消除贫困。

(二) 社会帮扶,尽显优异成绩

以内黄县为例,比如该县制定并印发有《关于深化"百企帮百村"活动推动精准扶贫工作深入开展的方案》,组织该县 141 家非公企业与贫困村和扶贫任务较重的非贫困村结成帮扶对子,按照宜农则农、宜林则林、宜工则工、宜商则商、宜游则游的原则,探索电商扶贫、旅游扶贫、光伏扶贫、金融扶贫、消费扶贫等新模式,开展帮扶活动,让特色产业进村、帮扶措施入户、就业岗位到人,实现群众满意、村企共赢。内黄县民营企业开展帮扶活动助力脱贫,可谓是"百企帮百村,聚力拔穷根"。该县民营企业通过捐款捐物、吸纳就业、帮建产业基地等多种方式,主动开展帮扶活动,积极参与脱贫攻坚工作,取得了明显的社会效益。每天傍晚,内黄县高堤乡南街村和袁庄村的文化广场上人头攒动,热闹非凡。村民有的纳凉,有的散步,有的跳舞。这两个文化广场由金星集团安阳啤酒有限公司投资建设。2016年,该公司投资10万元,帮助这两个村建设了文化广场,让村民有一个休息和娱乐的场所,也让文化下乡有了一个落脚点。

据不完全统计,自2016年内黄县开展"百企帮百村"活动以来,该县民营企业捐赠钱物300多万元,其中,万洋置业、金星啤酒、圣达置业等14家企业为贫困村(户)捐赠资金100多万元,用于修建道路、建设文化广场等,改善了贫困村(户)的生产、生活条件;双强豆制品、金箭矿用钎具等5家企业为贫困村的留守儿童捐赠价值4万余元的扶贫物资;中原银行捐资1.2万元,为困聋儿童免费安装人工耳蜗,并资助该名儿童完成后续康复治疗;飞翔置业积极筹措善款,资助贫困学生完成学业……

在中召乡碾子头村扶贫车间,贫困户王春芝负责在智能流水线上缝制衣服。在该扶贫车间,像王春芝一样,有11名贫困户在这里就业。据介绍,该扶贫车间由内黄县枫叶服饰有限公司投资约300万元建设而成。内黄县枫叶服饰有限公司总经理王斌介绍,该扶贫车间安装了智能制造设备,采用集体化管理、订单式加工的方式,生产和加工服装,主要承接外贸订单,同时生产国内市场服装,产品销往上海、深圳、郑州等地,也销往东欧、中东、非洲、美洲等地区。该扶贫车间投产8个月来,已生产服装约40万件,产值超过600万元,解决用工120人,另外每年给该村5万元土地租赁费。

"我们这个扶贫车间用工向贫困人口倾斜,坚持招工时贫困户优先的原则,快速培训、快速上岗,使其能够尽快投入工作,拿到工资。"王斌说,该扶贫车间已培训人员200余人,其中贫困户50人,已在车间就业的贫困户1人。"我们扶贫车间的员工实行计件加计时工资,在车间务工的人员,每人平均月工资可达2300元。对于不能到车间务工的人员,由公司将加工衣料送至其家中,让他们在家中加工,每人平均月工资 500 元到 1000 元不等。"王斌说,"员工连续工作半年后,公司为其缴纳养老保险。下一步,公司计划拓展卫星扶贫工厂 20 个,提供就业岗位 4000 余个,打造 1600 万件服装的产值,创造更多的利税,吸纳周边村庄更多的劳动力特别是贫困家庭劳动力在家门口就业。"

像内黄县枫叶服饰有限公司建立扶贫车间一样,仅 2017 年一年,该县就新建扶贫车间 25 个,涉及服装、电子、玩具、箱包等劳动密集型行业,带动贫困群众稳定增收。除了新建扶贫车间,该县民营企业还将企业的资金、技术、人才优势与贫困村的土地、劳动力、特色资源等有机结合,积极帮助贫困群众创业就业、增收致富。内黄果蔬城、内黄农业博览园等农业龙头企业采取"公司+基地+农户"模式,帮助贫困户发展高效农业,实现产业脱贫。

被称为"内黄县甜瓜第一人"的访谈对象林新玉,积极响应国家扶贫脱贫号召以来,他的合作社每年无偿举办无公害农产品种植技术培训班,而他自己也经常在田间地头吃苦耐劳,不怕热不怕冷,认真为贫困群众搞好服务,手把手教农民整枝打叉和病虫害防治技术,带领周边群众及贫困户学习无公害农产品新技术,改善种植模式,增加贫困户劳动技能,并以成本价提供给贫困户优良品种、优质种苗,引导贫困户大力发展无公害农产品的种植,从根本上帮助贫困户精准脱贫。

林新玉提到,他所负责的内黄县龙康种植专业合作社于 2016 年被定为内黄县张龙乡扶贫基地后,该合作社积极响应政府号召,全力助推扶贫脱贫工作,积极配合政府脱贫攻坚。2016 年带动全乡 187 户贫困户;2017 年带动全乡 438 户贫困户;2018 年带动全乡 485 户贫困户。到户增收,资金入股分红,连续 4 年,每年支付给每户建档立卡贫困户收益分红金 600 元,到期后如数退还到户增收资金,为张龙乡贫困户实现稳定增收与早日脱贫做出了应有的贡献。合作社的成立带动了周边乡镇高效农业的规模升级和效益升级，带动周边村民就业人数 200 余人。冬季育苗时间，正是园区用人高峰期，为在外务工返乡人员和在家留守人员提供了充足的就业岗位，带动了剩余劳动力；具有劳动能力的贫困户优先就业，每年保证 8 个月以上的工作时间，工资待遇较普通工人每月多 300 元，园区为每一位工作人员办理了一份人身意外伤害保险；每年统一发放 4 套服装，在每年的中秋节和春节，还会发放额外的福利待遇；对在园区工作表现优秀的贫困户，每年奖励免费的双飞七日游和资金奖励。良好的福利待遇，使贫困户增加自身收入的同时，重新找到了自信和希望，离早日完成脱贫目标又近了一步。合作社的成立不仅仅带动了本乡的贫困群众，还带动了周边乡镇楚旺镇和马上乡的贫困户及剩余劳动力，得到了省、市、县、乡政府、县蔬菜办、省农业厅的多次好评。谈及此处，林新玉激动地说道：

　　我们合作社坚持每年都无偿举办无公害农产品种植技术培训班，派专业人员亲自教授周边群众及贫困户整枝打叉，病虫害防治技术，学习无公害农产品新技术，改善种植模式，让贫困户掌握一门技术，并将优良品种、优质种苗以成本价提供给贫困户，鼓励和支持贫困户种植无公害农产品，希望他们能够通过自己的双手脱贫致富，从根本上解决贫困问题。

　　村里的李满利，原来家里因老人多病致贫，缺乏资金技术，上有老需要伺候，下有小孩上学需要照顾，不能出远门打工挣钱，来园区后成了长期工，又通过学习，在实践中锻炼提升。现在成了园区的技术骨干和管理人才，不用出村也能照顾好老人和小孩，还能给家庭带来固定的收入。

　　贫困户顾俊波，家里老人长年有病需要照顾，夫妻俩只能留在家中，家境拮据，我帮他提供大棚种植技术，选好大棚甜瓜品种，提供卖瓜信息，两口子不怕苦不怕累，精心管理，每亩效益比别家多出五千元左右，过上了幸福生活。

2016年成功通过无公害蔬菜生产基地认证和生产产品认证，做到放心食品，从源头抓起；同年，荣获"内黄县扶贫工作先进企业"荣誉称号；2017年荣获"内黄县带贫先进企业"荣誉称号；2018年荣获最美枣乡人的"最美致富带头人"称号。

作为一名普通的农民，我生在农村，但骨子里却流淌着与时代脉搏同步的热血。作为农业创业致富的带头人，我深入贯彻学习习近平总书记系列重要讲话精神，在各级政府及农业部门的领导下，致力于希望通过自己的努力为农村发展贡献一份力量，将扶贫脱贫工作作为重点任务，注重科技创新，坚决打赢脱贫攻坚战，为全面建成小康社会努力奋斗。

同样，内黄县江豪箱包加工厂董事长刘江访谈中也提到，在大冯村投资建厂初期，村内集体经济收入薄弱，无启动资金。刘江毫不犹豫地垫资三十万元，迅速启动车间建设，投资机器。宽敞明亮冬暖夏凉的车间环境，加上稳定的薪酬，更是吸引了大批就业者。2018年10月9日，刘江所投资的内黄县江豪箱包加工厂与井店镇大冯村签订初步投资意向，自此开始，他正式成为井店镇众多扶贫工作者中的一员。江豪箱包加工厂隶属于保定白沟江文皮具公司，2006年成立，主要生产销售学生双肩包、双肩电脑包、旅行袋等产品。项目总投资310万元，建筑面积1550平方米。拥有50台电脑缝纫机、10台电脑花样机、10台高车等，流水线作业，生产工艺完善，是一家机械化、纯手工制作箱包的生产企业。投产以来，刘江坚持将产品做成工艺品的生产理念，产品销售供不应求，市场范围不断扩展，目前已由省内市场拓展至全国各地，并出口东南亚、欧洲等地区，2019年预计实现年产值 2000 万元。

作为一名创业者,不但自己富起来,还不忘"传、帮、带"。刘江从身边做起,从点滴小事做起,把带领群众共同致富当作自己的责任,用实际行动履行企业扶贫的职责。刘江以最大的能力吸纳贫困户,为他们提供带薪培训的机会。建档立卡贫困户刘翠爱,爱人王留军偏瘫,家庭因病致贫,还有一个儿子在初中读书,家境拮据。现在,刘翠爱在刘江工厂务工,中午还能回家给丈夫做饭,靠劳动赚钱的同时不用出村还能照顾丈夫看护小孩,每月能给家庭带来固定收入 2500 余元。贫困户刘永花,由于家庭条件艰苦,家中一儿一女还在读书需要照顾,无法外出就业,家庭没有稳定收入,为改变家庭情况,刘永花在刘江的工厂负责生产线工作,月均收入 3000 元,既能照顾好家人,又有了收入,为日常生活提供了保障。正如刘江在访谈中提到的一句话一样,"授人以鱼不如授人以渔",这是他常常思索且一直秉承坚持的原则。既要让群众有工资性收益,更要群众能在收益中学到技术,体现价值,这正是他在大冯村投资建厂的初衷。从项目达成投资意向到 2019 年 1 月 28 日投产运营,仅用 3 个半月时间,创造了产业扶贫项目建设的"井店速度"。"我们工厂的车间环境好,空间大,设备齐全,冬暖夏凉,还有稳定的薪酬,每年都有很多人想进我们厂工作。接下来,我还要努力扩大生产规模,多为大冯村以及周边群众提供就业岗位,尽我所能带动贫困群众,承诺为贫困户脱贫致富贡献自己最大的力量。"刘江说道。

致富不忘乡亲,程省伟在元方村脱贫致富道路上,也尽了自己的一份力。访谈中,程省伟提到,2018 年 9 月,他主动与村委联系,申请"创业致富带头人",吸纳耿秋海、程志礼等 5 名贫困人员到程省伟自家超市务工,月收入 2000 元左右,增加了贫困家庭工资性收入,带动贫困户稳定脱贫,助力脱贫攻坚。正如程省伟访谈时所说:"我一直想着要多帮帮乡亲。他们挣钱不容易,尤其是贫困人员,能帮多少就帮多少,他们来我这儿务工,既可以增加家庭收入,离家又近,能方便照顾家里。在贫困乡亲脱贫致富上,我虽帮不了大忙,但看到他们生活比以前宽裕了,我心里很高兴!"

曾任内黄县政惠农业投资有限公司的执行董事,现任内黄县城市投资开发集团有限公司总经理的李红甫,在谈及其返乡创业帮扶群众的经历时提到:

> 我始终坚持不骄不躁干实事,不忘初心继续行。我们通过创新推行了金融助推设施农业产业扶贫模式,对内黄县新型经营主体发展起到了积极推动作用,为内黄县贫困户长效脱贫起到了稳固作用。通过创新完善金融扶贫产业机制,有效做到企业能长期发展、贫困户能谋划出路、金融能降低风险,由此取得的成绩得到了各级领导的高度赞扬。2017年8月30日,全市在内黄召开的脱贫攻坚金融服务现场会上,王新伟市长要求全市向内黄学习,学习金融扶贫的创新精神、担当精神,破解产业发展融资难题。2018年10月,我荣获了"河南省脱贫攻坚奖"创新奖。但面对所取得的成绩,我依然不骄不躁,有决心、有信心,我将持之以恒地积极响应国家金融扶贫政策,充分发挥个人积极作用。2019年,在县委、县政府以及集团公司的正确领导下,我将继续坚持以人民为中心的思想,秉持着干一行、爱一行、钻一行的工作态度,以高度的责任感、使命感和工作热情,积极负责地开展工作、严肃认真履行职责,尽心尽力做好本职工作,有效解决贫困群众的生存难题、民生难题、发展难题,不断增强群众的认可度、满意度和获得感,为壮大内黄农业产业发展,不忘初心,继续前行。

可就在创业之初,李红甫遇到很多棘手的问题,最后他都一步步给克服了。在与其访谈过程中，李红甫也总结了自己在返乡创业阶段艰苦的经历，到现在说起这些都是满怀自信与自豪之情。首先，李红甫注重强基固本摸底子，消除瓶颈谋发展。政惠农投公司成立于2016年9月，受命之初他便立下军令状，要在内黄县这片广阔农业大地上开辟"碧水蓝天"，最大程度拓宽投融资渠道，带领基层群众发"农"财促增收，尽早摆脱贫困，实现小康。任职以来，为实现诺言，他从公司成立、岗位设置、人员招聘、规章制度、管理机制等全方位谋划，全过程参与。认真学习党和国家的各项路线和方针政策，全面贯彻落实上级攻坚行动，深入学习领会省、市、县精准扶贫精准脱贫方针政策。为了有针对性地开展业务，不惧艰难困苦，率先垂范，带领公司全体员工不分昼夜、加班加点，不间断深入县域内的涉农龙头企业（合作社）求建议，踏遍全县532个行政村，对大部分大棚种植农户搞调研，经常是白天走基层，晚上勤整理，双休日集体会诊觅出路。通过深入调查研究，掌握了第一手资料，对全县基础情况、经济发展现状、道路状况、群众脱贫愿望和扶贫开发规划等有了深刻的认识，进一步确立了扶贫开发工作思路，找出问题症结，找准制约全县高效农业规模发展融资难、发展慢、缺技术、档次低，规模小、效益差等发展瓶颈，为内黄县的脱贫攻坚工作打下了坚实的基础。

其次，李红甫注重创新机制促发展，多种举措助扶贫。围绕内黄县"精准扶贫、精准脱贫"基本方略，他主动担当，勇挑重担，毫不退缩，勇往直前，在前期调研的基础上，理出发展思路，不等不靠，主动对接各金融机构寻求合作，最终确定和国开行河南分行合作，开辟金融服务新模式。先后创新推行了金融助推设施农业产业扶贫模式、开发性金融县域统贷"内黄模式"等，并取得了明显成效。同时他还积极创新产业扶贫新模式。从国家开发银行河南省分行融资1亿元中小企业周转扶持资金。创立了通过十家农业龙头企业，建设农业产业扶贫基地，带动农户发展高效蔬菜种植。主要运作模式是：农投公司负责融资、龙头企业负责建棚、合作社负责组织农户入会及土地流转、农户负责种植带动贫困户打工，开创了"金融＋龙头企业＋种植合作社＋农户"产业发展扶贫新模式。期间，所有参与各环节的使用者突破融资难的瓶颈，实现了资源共享和互惠互利，壮大了产业发展，形成了接茬儿可复制的精准扶贫、精准脱贫长效机制。到目前为止，该项资金已全部投放完毕，间接带动800余名建档立卡贫困户增收脱贫。

河南丰鑫仁农业科技公司是以毛桃、油桃种植，桃树矮化密植栽培高新技术为主的产业基地，建设日光温室大棚150亩。在该公司生产经营爬坡过坎的时候，"金融＋龙头企业＋合作社＋农户＋贫困户"这种金融扶贫新模式的出现，解决了负责人杨利伟的燃眉之急，这么好的扶贫政策，他可得好好把握，于是他就很快联系了政惠农投公司。前期走访调研时，李红甫对该公司就有一定的了解，在深入了解情况后，他帮助杨利伟与相关政府部门协调对接，经过多方共同考察、研究，由政惠农投公司向其发放中小企业扶贫贷款资金1000万元，解决了企业资金周转困难。目前，该产业扶贫基地发展态势良好，为周边村庄富余劳动力提供了就业机会，带动了周边村庄40户贫困户走上了脱贫之路。

就这样，李红甫开创了县域统贷的"内黄模式"。2017年7月19日，经过李红甫的多次协调，内黄县与国开行河南分行签订开发性金融县域统贷模式支持产业精准扶贫战略合作协议，初步拟定"十三五"期间意向合作融资总量10亿元，当年10月份国开行河南分行向内黄县政惠农投公司授信2亿元，资金主要扶持对象是：内黄县符合国开行信贷投向的，且能够按照相关要求履行精准扶贫要求的农业产业化中小企业、农民专业合作社、家庭农场、种殖养殖大户等农业新型经营主体。为有效发挥开发性金融优势和作用，推动内黄县产业基地发展，他们积极探索出了"四台一会"的操作模式，也就是管理平台、统贷平台、担保平台、公示平台和行业协会这四种模式,并提议创新了"三户联保联盟""两评审两监督""八步工作法"借款模式,扶持内黄县农业新型经营主体建设产业扶贫基地,通过产业扶贫基地带动建档立卡贫困户脱贫致富。2017 年 8 月 28 日,首批四家企业通过了县评审会评审,投放贷款资金 1400 万元,成为国开行开发性金融支持产业扶贫贷款,县域统贷模式全省第一单,通过政惠农投公司这个投融资平台抓手,创立了国开行河南分行金融扶贫领域的"内黄模式",目前全省有 12 个县都在学习我们县的"内黄模式"。

这种模式的发展,让内黄县众多贫困户走上了脱贫致富之路。2018 年,内黄县润农农业种植专业合作社、内黄县德鑫生态农业有限公司、内黄县绿芙农业有限公司组成三户联保联盟小组,申请产业扶贫资金 600 万元,采取"合作社 + 基地 + 农户"的运作模式,遵循"合作社带动、贫困人口参与、促进农业增效、农民增收"的宗旨,以种植甜瓜、豆角为主,投资建设 240 亩蔬菜大棚。贫困户邵新房,因为家庭条件艰苦,爱人生病没有劳动能力,儿女年龄尚小,本人无法外出就业,家庭没有稳定的经济来源。为了改变他们家的情况,负责人帮助邵新房在内黄县润农农业种植专业合作社工作,让他负责园区内大棚日常维护、蔬菜种植及采摘,现在他每个月有 1800 元的收入,既能照顾妻儿,为日常生活又有了稳定的经济来源。2018 年,这三家合作社间接带动建档立卡贫困户 20 户,安排务工农户及贫困户2100 余人次,贫困人口务工月收入达到 1500 元以上,帮助贫困户尽早实现脱贫。

当然,社会帮扶成效不仅是在内黄显现,濮阳县的脱贫攻坚过程中,社会帮扶力量也贡献了突出的战绩。

在扶贫就业这方面,濮阳县德源包装有限公司充分发挥带头作用,在助力脱贫攻坚工作中发挥了积极作用。公司自 2016 年起全力参与产业精准扶贫工程,至今共安置建档立卡贫困人口就业 15 人,人均年工资性收入 2.6 万元,实现贫困户当年脱贫的目标。2017—2018 年在濮阳县精准扶贫慈善公益募捐活动中,主动献爱心,两次积极捐款 4 万元;2017 年提供企业帮扶资金 3 万元帮扶 9 户贫困户;金融扶贫帮扶 76 户贫困户,每户每年 1700 元,已发放 19 余万元,三年内将发放 39 万元;2018 年 10 月,139 户贫困户入股,每户入股 5000 元,每年保底分红 500 元,为鹿城村 6 户贫困户送去了电风扇,公司为鹿城村等 9 户贫困户送去了食用油,赢得了广大群众的赞誉。

但在创业初期也是困难重重。濮阳县德源包装有限公司总经理朱会姣在访谈中提到,近年来国家经济体制进程不断改革,对非公有经济放松管制,进一步提高了企业自主地位,调动了广大群众的积极性,经济建设大潮在全国风起云涌。个体户、乡镇企业和民营企业如雨后春笋般层出不穷,处在那个时代的朱会姣,怀着对幸福生活的向往,更怀有改变现状、发家致富的热切渴望进入到了返乡创业的大军。朱会姣在创业初期遇到过很多困难,比如创办什么样的项目,何处选址、如何落实资金和开拓市场等。但是创业本身就是一个艰苦的过程,没有任何办厂经验,需要承受很大的压力。在面对一些困难的时候坚定信念,义无反顾地做下去是她克服困难的主要方法。"我在创业初期了解过家乡的创业政策,创业政策非常符合我们农民企业家的需求,政府部门从信贷、融资、扶贫、产品推广、企业技术改造等方面给予我们极大支持和帮助,我非常感谢政府给我们农民企业家创造的良好营商环境。"朱会姣说道。该公司于 2009 年 11 月创建成立,位于濮阳县子岸乡西掘地工业园内,是豫北地区规模较大的箱板、纸箱生产与加工的龙头企业。公司注册资金 2699 万元,占地 20 亩,现有职工 66 人,其中管理人员 9 人,技术人员 6 人。公司拥有日产 10 万平方米箱板生产线 2 条,日产纸箱 20 万个生产线 4 条,5000 平方米库房 2 个,专业运输车辆 10 台。2018 年公司总资产 6500 万元,其中固定资产 4300 万元,年销售收入 6067 万元。公司采用现代企业管理模式,并建立了严格的管理制度,具有现代企业的经营观念和管理能力。到 2023 年濮阳县德源包装有限公司将依托国家良好的营商环境,不断发展壮大,实现销售收入 2 亿元的战略发展目标,将建成华北地区最大的包装行业生产基地,不断完善企业自身产业链及管理架构,带动当地贫困人员脱贫,履行企业社会责任,为不断推进社会主义新农村建设,加快乡村振兴奔小康的步伐,贡献自己的力量。

濮阳市富恒新型建筑材料股份有限公司的总经理李庆振,最初是想利用自己的专业知识创造更多财富,带动家乡经济,实现自我价值并能得到市场的认可。目前资金困难依然存在,人才队伍经过几年的不断培养,初步形成了稳定的施工队伍,随着大行业的景气,该公司产品已基本取得市场认可。公司的主营业务是钢结构新型建筑材料,于 2013 年投产运行。目前企业处于正常生产经营,稳步发展,但人才、资金瓶颈依然突出。尽管如此,该公司目前现有固定员工约 110 人,外出施工期间能再带动 50—100 人就业,另外,还带动了周边贫困户 15 人就业。

后殿想是濮阳县益民商贸有限公司的总经理,公司的主营业务是纸品加工抽纸分包与销售,到现在为止已经经营了 20 余年了。他在访谈中提到,回乡创业的动机是为了带动周边一部分人尽快脱贫致富,在创业期间资金周转困难,是通过融资和银行小额贷款一步步克服的。为了企业的发展以及带动周边一部分贫困户脱贫致富,他对政府扶持返乡创业的政策有过一些了解。创业过程中政府给了了他一定的支持,贫困人员每人发放了五千元资金补助,为建厂房,政府给企业拨款七十万元。企业当前经营情况良好,经过几年的打拼,发展固定客户不少,到目前为止基本上生产多少就销多少。贫困户的就业帮扶方面,目前已经带动了周边村 53 人脱贫。

张洪省是濮阳县慧康食品有限公司的总经理,目前公司的主营业务是加工挂面、面叶、熟面条等面食的销售，到现在为止已经经营7年了。他回乡创业的动机主要是想实现自我价值，带动周边群众创业，共同致富。创业最初遇到过一些困难，主要是资金、技术、市场几个方面。资金方面的问题通过融资借贷等形式解决了，技术上通过挖掘人才，市场上通过提高产品质量逐步创立自己品牌，最后一步步发展起来。最初创业期间，他对家乡的创业政策有一定了解。在发展过程中还是遇到过一些困难的，也寻求过政府相关部门的帮助。政府给予了税收方面的减免支持及银行资金方面的帮助。慧康食品有限公司发展到这一步，离不开县里和镇里领导的关怀和指导。目前企业发展比较顺利，产销两旺。作为国家民生行业企业，发展潜力巨大，发展前景广阔。创业带动就业方面，公司目前在职的职工来自于附近村上，村里主要劳动力全部出去打工了，剩下妇女在公司上班，方便照顾家里老人和孩子，还能得到一部分收入，为村里乡里扶贫创业做出自己的努力。目前，公司里的贫困户工人有15人。

诸多如此，各社会力量与贫困群众和衷共济，心连着心，切实为贫困群众考虑，切实解决贫困群众问题的事例还有很多，充分显现出了社会扶贫力量的优异成绩，更显露出社会上下同心、和衷共济的精神品质。访谈的最后，据有关部门人员介绍，自濮阳县社会扶贫慈善义捐活动启动以来，获得了濮阳县各级机关单位、爱心企业、个体工商户、爱心人士等鼎力支持，大家热情高涨，纷纷义行善举，爱心相助，弘扬人间大爱，书写时代华章。在2019年，濮阳县共收到社会各界捐款5458万元。涓滴之水成海洋，颗颗爱心变希望，公益无价，携手奉献爱心，助力精准扶贫工作，只为让濮阳更美好。不忘脱贫初心，牢记帮扶使命。社会各界人士皆是这般初心，脱贫攻坚的目标就不可能不实现。

第三章

尽锐出战

脱贫攻坚是一场战役,要确保决战决胜,就必须尽锐出战,凝聚合力。中国传统文化中的"尽锐出战",意指把所有精锐部队派出作战,强调面对重点难点问题时,要派出主力、用上最精干的力量。毛泽东同志把"集中优势兵力,各个歼灭敌人"作为指导我军作战的重要原则。党的十八大以来,党中央把脱贫攻坚摆在治国理政的突出位置、作为全面建成小康社会的底线任务,组织开展了声势浩大的脱贫攻坚人民战争。习近平总书记强调:"要坚决打赢脱贫攻坚战,对标'两不愁三保障',瞄准突出问题和薄弱环节,一鼓作气、尽锐出战,确保如期实现脱贫目标。"①面对一个又一个贫中之贫、坚中之坚,我们党把精锐力量派到第一线,激励广大党员干部以昂扬斗志向贫困开战。党中央发出脱贫攻坚总动员令以来,全国各地区坚定在习近平总书记关于扶贫工作重要论述中找遵循、找定位、找责任、找担当。在中国共产党坚强领导下,各地区人民始终以脱贫攻坚为主线,集中

---

① 习近平:《决胜全面建成小康社会决战脱贫攻坚 继续建设经济繁荣民族团结环境优美人民富裕的美丽新宁夏》,人民日报,2020 - 06 - 11。

多方力量共战脱贫。脱贫攻坚是"天大"的民生工程,农村是扶贫的主战场,村组是攻坚的"碉堡",基层干部是脱贫攻坚的"主力军",驻村干部是冲锋陷阵的"第一人"。全国上下选派驻村第一书记、驻村工作队、帮扶部门、帮扶责任人奔赴脱贫攻坚一线"浴血奋战",为深度贫困地区提供了"智力保障",推动农村贫困人口全部脱贫。脱贫地区经济社会发展大踏步赶上来,脱贫攻坚取得重大历史性成就。

一、选最优的精兵

一鼓作气、尽锐出战,就是选派最优的"精兵"打最实的"硬仗"。全国 25.5 万个驻村工作队、300 多万名第一书记和驻村干部,就是从各机关部门优中选优,集中下派的"精兵""强将",势必打赢这场脱贫攻坚战。其中,内黄县全县所有部门、干部下沉扶贫一线,114 个单位包村,141 家企业帮村,111 名第一书记、421 名脱贫指导员驻村,4200 名干部包户,尽锐出战,合力攻坚。而且,为实施精准扶贫、精准脱贫,濮阳县选派了 500 名优秀机关党员干部驻村任第一书记,其中省派 3 名、市派 60 名、县派 437 名,积极投身于脱贫攻坚战场。可以说,广大驻村工作人员是决胜扶贫脱贫的一股优势力量。

(一)坚定的理想信念是必备的素养

选最优的精兵,首先要求其具备坚定的理想信念。对扶贫工作者而言,坚定理想信念是扶贫脱贫取得根本性胜利的基本要求。

坚定的理想信念就是要树立坚定的共产主义远大理想和建设中国特色社会主义的信念,始终保持对马克思主义的信仰,始终不渝地走中国特色社会主义道路,任何时候都决不犹疑、决不含糊、决不动摇。理想信念是一个人的世界观、人生观和价值观的集中体现。崇高的理想信念是人生的支柱和前进的灯塔。确立了崇高的理想信念,就有了正确的方向和强大的精神支柱,就会"富贵不能淫,贫贱不能移,威武不能屈",就能抵御各种腐朽思想的侵蚀,永葆共产党人的先进性,矢志不渝地献身于伟大的事业而不畏任何艰险。有的党员在矛盾面前畏缩不前,在困难面前悲观失望,在诱惑面前不能洁身自好,说到底,还是共产主义理想和建设中国特色社会主义信念不坚定。我们平时讲,人是要有一点精神的,就是说人要有理想信念。没有理想信念,就没有目标和追求,活着只是为了吃饭,今朝有酒今朝醉,做一天和尚撞一天钟,那只能是行尸走肉,犹如一首流行歌曲中所唱的那样:"无魄有体就像稻草人。"坚定理想信念,重要的就是坚持用马克思主义的立场、观点、方法来认识世界,认识人类社会发展的客观规律。共产党员必须努力学习和自觉运用辩证唯物主义和历史唯物主义的强大思想武器,把理想信念建立在科学分析的理性基础之上。作为派往扶贫一线的干部,更应该做坚定理想信念的表率。面对基层攻坚战场的各种复杂情况的考验,必须把坚定理想信念作为首要任务,自觉地加强科学理论的学习,加强党性修养和世界观的改造,牢固树立正确的人生观、价值观,带头坚定对马克思主义的信仰不动摇,坚定走中国特色社会主义道路的信心不动摇,确保在任何时候、任何情况下都能自觉地听党的话、跟党走。

坚定的理想信念就是要有坚定的宗旨意识,始终与群众心相连、情相依,同呼吸、共命运,做群众的贴心人,做群众的主心骨。全心全意为人民服务是党的根本宗旨。一切为了群众、一切相信群众、一切依靠群众,是我们党的根本立场和核心价值。践行宗旨、服务群众、心系人民,同样是衡量下派扶贫干部是否合格的试金石,也是人民群众对驻村干部进行评价的关键。从群众中来,到群众中去。为民服务,始终是我们党的工作的重要内容。在驻村帮扶过程中,驻村干部要主动寻找扶贫脱贫内容与基层党建工作的结合点,敏锐捕捉贫困群众的痛点和难点,提供精准的帮扶项目和具体帮扶内容,用心用情做好驻村帮扶工作，践行好全心全意为人民服务的宗旨。中国共产党是全心全意为人民服务的党，追求老百姓的脱贫路与幸福路很长，派遣的驻村干部肩负的责任很重，这方面不能有一劳永逸、可以歇歇脚的思想。唯有坚定不移、坚忍不拔、坚持不懈，才能无愧于时代、不负人民。这就要求驻村干部要从最困难的工作入手，从最突出的问题着眼，从最具体的事件抓起，通堵点、疏痛点、消盲点，全面解决好同老百姓生活息息相关的教育、就业、社保、医疗、住房、环保、社会治安等问题，集中全力做好普惠性、基础性、兜底性民生建设，要着力抓好安全生产、食品药品安全、防范重特大自然灾害、维护社会稳定工作，不断增强人民群众获得感、幸福感、安全感。

坚定的理想信念就是要有坚定的发展方向，坚持以习近平新时代中国特色社会主义思想为统领，把干事创业热情与科学求实精神结合起来，把开拓进取与尊重规律结合起来，把抓好当前工作与着眼长远发展结合起来。"在真学真信中坚定理想信念，在学思践悟中牢记初心使命"，在中央党校（国家行政学院）中青年干部培训班开班仪式上，习近平总书记发表重要讲话，以马克思主义立场观点方法，深入阐述坚定理想信念、牢记初心使命的深刻内涵和重要意义，为广大干部特别是年轻干部的成长指明了正确方向、确立了精神坐标。学习贯彻习近平总书记重要讲话精神，广大干部特别是年轻干部就要坚守马克思主义信仰、坚守共产主义远大理想，把党的初心、党的使命铭刻于心，在新时代的火热实践中锻炼成长，在奋力奔跑、努力追梦中为党尽忠、为国尽职、为民尽责。理想信念是共产党人精神上的"钙"，没有理想信念，精神上就会"缺钙"，就会得"软骨病"。历史和实践反复证明，一个政党有了远大理想和崇高追求，就会坚强有力，无坚不摧，无往不胜，就能经受一次次挫折而又一次次奋起；一名干部有了坚定的理想信念，站位就高了，心胸就开阔了，就能坚持正确的政治方向，做到"风雨不动安如山"。中国共产党人的理想信念从来都不是虚无缥缈的，而是始终体现在为中国人民谋幸福、为中华民族谋复兴的初心和使命中。干部要成长，就必须用真理武装头脑，加强党性修养，筑牢信仰之基、补足精神之钙、把稳思想之舵。

坚定理想信念、牢记初心使命，就要始终做到对党忠诚。衡量干部是否有理想信念，关键看是否对党忠诚。驻村干部要忠诚干净担当，忠诚始终是第一位的。对党忠诚，就要增强"四个意识"、坚定"四个自信"、做到"两个维护"，严守党的政治纪律和政治规矩，始终在政治立场、政治方向、政治原则、政治道路上同党中央保持高度一致。这种一致必须是发自内心、坚定不移的，任何时候任何情况下都要站得稳、靠得住。忠诚和信仰是具体的、实践的，要深入学习习近平新时代中国特色社会主义思想，深刻认识和领会其时代意义、理论意义、实践意义、世界意义，深刻理解其核心要义、精神实质、丰富内涵、实践要求，切实做到时时对照、躬身践行；要经常对照党章党规党纪，检视自己的理想信念和思想言行，不断掸去思想上的灰尘，永葆政治本色。

"要选派好驻村干部，保持基层扶贫干部相对稳定，保持工作连续性和有效性。现在所有扶贫地区的领导干部都要坚守岗位，要保证人员的稳定。"这是 2017 年的全国"两会"期间，习近平总书记在四川代表团参加审议时所强调的一段话，体现了总书记对脱贫攻坚工作的关注，是对扶贫地区领导干部的"嘱托"。每一名党员干部，特别是扶贫一线干部，都应用坚守理想信念来践行当初的承诺、誓言，用坚守理想信念来"验证"对党和人民的忠诚，用坚定理想信念来检验党的干部的工作能力和政治品行。精准扶贫，脱贫攻坚，事关全面建成小康社会，这是我们党立下的"军令状"。全面建成小康社会作为"四个全面"战略布局之首，对其他三个"全面"发挥着目标引领的功能作用，可谓任重"途短"，重上加重。这对贫困地区的领导干部来说，是锻炼自我、完善自我、提升自我的一次机遇和挑战。

扶贫脱贫过程中,各选派干部坚定理想信念,用实际行动为理想信念进行充分的诠释。为开展精准扶贫,聚力攻坚,国家对贫困村派出(驻)以"第一书记"为主的脱贫攻坚队伍,实行部门联合、单位配合、内外结合的扶贫举措。这些扶贫干部工作在村、吃住在村,撇家离子、凤夜为民,冬冷夏热,蚊叮虫咬,非常辛苦。危难时刻正是考验我们党的干部的最好时刻,最能体现我们干部的攻坚信念、克难意志,体现党员干部的革命乐观主义精神和拼搏奋斗的进取精神。可以说,参与扶贫的党员领导干部,都在用扶贫岗位来锻炼自己,用坚守"岗位"来磨炼自己,全面脱贫是中国共产党执政的迫切要求,也是人民群众的殷切期望。在祖国的各个角落里,都有驻村干部火热的身影。这是一个数量庞大、工作积极而又热情的群体,他们常年吃住在村里,肩负党和国家的重任,带领着广大群众走向发家致富奔小康的康庄大道上;这也是一群平凡的人们,在平凡的岗位上干着平凡的工作,秉持为人民服务的理想信念,讲政治讲担当敢作为,默默地奉献自己,将每一滴汗水都洒落在这片爱得深沉的土地上。村党组织处在夯实基层基础的最前沿,是社会治理的"神经末梢",是联系服务群众的"最后一百米",是落实国家各项方针、政策的最后一个点。驻村工作干部协助村党组织做好驻村工作,在推动精准扶贫工作、加快新农村建设和提升治理水平方面有着重要的意义。

(二) 强大的资源整合是兼具的能力

选派驻村干部是要下基层打硬仗的,基层贫困问题复杂艰巨,选派的干部必须同时具有强大的资源整合能力,才能在脱贫攻坚一线取得优秀的战绩。整合资源的能力是领导干部的一门必修课,值得广大领导干部高度重视、深入研究、不断提升。所谓资源整合,就是将一些看起来彼此不相关的事物加以组合,创造出一种新生事物,使各种资源自身的价值得到增值的过程。从现代领导科学的研究来看,资源整合能力的高与低,往往是衡量一位领导者领导水平高低的一个非常重要的标志。善于整合资源的领导者,本身并不拥有太多资源,但却具有独到的眼光,能够看出这些资源背后潜藏的价值,能够从这种价值增值中获取自己的收益。

对于选派扶贫工作者而言,无论从观念、眼界以及行为上来讲,都要具备相应的条件。在观念上,必须树立任何资源都是可用的现代管理理念。整合资源,首先不是一种能力,而是一种意识和观念。在一位优秀领导干部的思想意识中,任何事物都是有价值的,尤其是人才资源。很多事物、很多人才之所以还没有表现出它的价值,没有充分发挥出作用,主要原因不是它没有价值,而是放错了地方,或者没有给其发挥作用的空间和舞台。只有打破思维上的定势,才能进一步开阔眼界,培养自身进行资源整合的能力。在眼界上,要具有开阔的视野和独到的眼光。善于整合资源的领导者往往独具慧眼,能够从一件事物、一个人身上看到别人所看不到的价值,并且具有开阔的眼界和丰富的想象力,能够把似乎毫不相关的事物联系起来,为实现同一个目标、完成同一项任务做出贡献。就像把相隔十万八千里的事物联系起来,能够看到他们各自独特的价值所在,从而提出资源整合的思路与方案。在工作行为上,要注意克服"比试心理"的影响。对于领导者而言,整合组织内外部的人才资源,往往是其最重要的一项资源整合能力。但很多领导在这方面的表现却不尽人意,其中一个重要的原因,往往是其内心深处的"比试心理"在作怪。不少领导,尤其是干业务出身、业务能力较强的领导,很容易产生一种"比试心理",即不自觉地将自己的业务专长和业务水平和他人做比较,这往往会带来负面效应。

这一能力在具体攻坚战场实践中,是引导驻村工作者开展帮扶工作的首要力量。首先,要体察民情,做好民情调查员、纠纷调解员。要始终把倾听民意、体察民情作为驻村工作的切入点,驻村干部要扎根农村,真正在村里住下来,既要身住更要心住。深入田间地头,深入农户家中,了解掌握所驻村人口、资源状况、基础设施、村民收入、弱势群体等情况,为有针对性地开展帮扶工作打好基础。驻村干部要以维护农村社会稳定为己任,进村入户,调查研究,广泛收集群众的意见和建议,积极排查和调解村民的矛盾纠纷,协助做好信访工作,做到提前介入,将群众反映强烈、影响农村社会安定团结的各种突出问题和矛盾解决在萌芽状态,化解在基层。对一些土地纠纷、社会治安、水利纠纷、山林纠纷等热点难点问题,驻村干部要协助镇、村干部及时妥善解决。对各种社会、家庭、邻里矛盾,以法以情以理做耐心深入细致的思想工作,尽量做到小事不出村,大事不出镇。其次,要拓宽渠道,把促进农民群众增收作为工作重点,做好村民致富好帮手。驻村干部要把发展集体经济作为主要任务来抓,千方百计为发展村集体经济寻找具有造血功能和长期效益的项目。按照"宜工则工,宜商则商,宜农则农"的原则,做到从实际出发,从长期效益出发,选准帮扶项目。增加农民收入有利于提高农民生活水平,确保农村社会和谐稳定。因此,在增加农民收入的工作中,驻村干部要帮助农民改善生产条件,认真排查好当地农民增加收入的"瓶颈"问题;帮助农民提高农技水平,做到扶贫扶智并举。各级党员领导干部要深入基层、深入农村,向群众广泛宣传党的十九大精神,深入了解农民群众在农业生产、农产品销售和发展一村一品、一村一业的农业产业化过程中遇到的困难和问题;要为农民群众学习新的科技种养技术提供信息帮助,引进新的有发展前景的农业种养项目,推动农业产业化,增加农民收入。着眼于改变帮扶村贫困状况,增加农民收入,通过入户走访,广泛征求群众意见,为帮扶村确定发展特色产业,打通对接销售渠道,实现农民快速增收致富的产业帮扶方案,并积极推进和落实。必须不断帮助村和社区干部拓展发展眼界,转变发展思路,找准发展路子,布局群众受益快、受益面广、受益长远,地方优势和特色较为明显,符合群众发展意愿的项目。在帮扶工作中,要打破帮扶就把资金送一送、相互走一走的老模式。把解决农村和群众的困难作为一项重点工作,急群众之所急、解群众之所难。坚持把选派村的焦点、难点问题作为帮扶的重点,发挥自身优势,与乡村两级密切配合,使"婆家"与"娘家"形成合力,积极采取各种措施开展帮扶工作,加快帮扶村的发展。帮扶单位不仅从经济上支持,还积极整合各方面资源,在人力、物力、技术和智力等方面给予帮助和支持,不断拓展帮扶形式和内容。最后,要把解决农村存在的实际困难和问题作为工作核心,把维护农村社会稳定作为工作的第一要务。

帮扶工程作为一项民生工程,必须持续发挥出资源整合能力,为与群众关系密切的民生工程打好基础。必须把解决如乡村道路和桥梁、水渠、水坝的维修、用电难和扩建工程等作为"挂包帮"活动突破口,坚持以人为本,造福民众。要通过教育实践活动、党史学习教育等,重点了解农民群众生产、生活中遇到的最急、最怨、最缺、最盼的具体问题。了解农民群众对农村低保、春荒救济、农机补贴等党和政府支农、惠农政策落实办理建议。针对性地在遇到问题最多、存在困难最大的自然村做好服务工作,帮助农村低保户、残疾人等老、弱、病、残为主的弱势群众解决好生产、生活中遇到的问题。通过服务下乡、扶强帮弱,帮助村级组织解决政策、科技、信息、项目、资金、人才等方面的问题,进而实现"村级班子坚强有力、农村工作规范有序、发展环境不断优化、民生问题有效解决、农村社会和谐稳定"。要通过活动,进一步健全完善调查研究、领导联系点等制度,要深入开展各种主题实践活动,把群众最盼最急的问题作为最大的要务来抓,及时化解矛盾,帮助群众解决实际困难。深入开展矛盾纠纷排查调处活动。针对人民群众关注的社会"热点、难点"问题,开展信访排查矛盾清理工作,努力消除隐患,预防和减少越级上访和群体性上访事件的发生,及时巩固维稳工作成果。加大普法力度,加强排查调处,完善社会治安群防和化解农村矛盾机制,通过增强群众的法律意识,提高群众的自我约束能力,使群众逐渐能自觉通过合法渠道有序解决矛盾纠纷。结合帮扶村发展实际,积极做好思想疏导工作,帮助村民化解矛盾纠纷。对各乡镇的民情、村情进行及时调查,做到了解民情、村情,对各村存在的山林水利、土地纠纷、宗族邻里矛盾等影响农村社会稳定和谐的因素进行排查和调处,尽量减少问题上移,对确实需要上级有关部门解决的,要发挥好桥梁和纽带作用,搞好沟通协调,切实维护农村社会稳定。

(三) 真切的责任担当是共有的品质

选派驻村干部是加强党对基层扶贫工作领导的重要举措,是统筹基层扶贫工作的有力抓手,这就要求选派的扶贫干部必须具备责任担当精神,敢担当、能胜任。鉴于国家转型与社会转变,贫困和贫困者与政治社会体制的关联度越来越高,而消除贫困很大程度上也逐渐成为现代国家的基本职能和现代社会的重要责任。[1] 国家和社会将减贫事业从个体、社区、地方层次提升到更高层面,将之转化为国家行动与社会行动,特别是党的十八大以来,党中央将扶贫开发摆到更加突出的位置,鲜明提出要加快转变扶贫开发方式,实行精准扶贫。[2] 并对建立精准扶贫工作机制、坚决打好扶贫开发攻坚战提出了明确要求。选派驻村干部到基层实行定点帮扶是其中一项重要抓手。各地加强选派优秀机关干部、优秀专业技术人才到经济发展落后、党组织软弱涣散的村担任第一书记、驻村干部,无疑是符合群众期待之举。这些驻村干部同志们能担当、敢担当,不仅充当了党和国家政策的宣传者,也是精准扶贫的践行者,是"精准滴灌"的"总漏

---

① 李海金、贺青梅:《改革开放以来中国扶贫脱贫的历史进展与发展趋向》,《中共党史研究》2018年第8期。
② 欧健、刘晓婉:《十八大以来习近平的扶贫思想研究》,《社会主义研究》2017年第6期。

斗"。

驻村干部是党和国家政策的宣传者。目前,由于地理条件、自身知识水平等一系列因素,使得较为偏远地区的群众,对国家一些相关的帮扶政策了解程度有限,而驻村干部通过走农户、话家常、谈发展,将最新的惠农政策宣传给群众,同时开展农村消防、农村低保、养老保险等政策宣传,在很大程度上解决了政策宣传不到位这一问题,为党和国家的宣传工作作出了较大贡献。驻村干部入村,要走村入户,田间地头,山路舍中,听取群众关于脱贫的真心话,解除群众心中的顾虑,打开群众心结,把群众从封闭守旧的思想中解放出来,让其同驻村干部一道,自觉参与到脱贫致富工作中来,从"帮我脱贫"转变为"咱们一块脱贫"这种主动局面中来。驻村干部要不断加强国家政策的宣传力度,用群众爱听的话,用群众喜闻乐见的形式,把国家的相关政策和扶贫脱贫的重要意义、途径、方法等宣传到群众的心坎中,调动农民自觉参与扶贫的积极性。

驻村干部是基层工作的推动者。一方面,驻村干部是建设基层组织的基石。做好扶贫开发工作,基层是基础。把扶贫开发同基层组织建设有机结合起来,同时抓好以村党组织为核心的村级组织配套建设,这样才能给脱贫攻坚提供保障。一个思想好、作风正、能力强、愿意为群众服务的优秀年轻干部会把基层党组织建设成带领群众脱贫致富的坚强战斗堡垒。另一方面,驻村干部还起到"牵线搭桥"的作用。驻村干部在扶贫脱贫中的作用,是引导作用而不是主导作用,所以要充分发挥驻村干部政策牵线、产业牵线、教育牵线、金融牵线等中间桥梁作用。通过驻村干部的搭桥牵线,让贫困户有机会有渠道直接参与到脱贫中来。在脱贫过程中,遇到资金等不能解决的问题,驻村干部要及时与相关部门沟通,推动重大问题得以顺利解决。这样,驻村干部和本土群众都能各自发挥脱贫攻坚作用,二者相辅相成,共同完成脱贫任务。

驻村干部是精准扶贫的践行者。扶贫开发贵在精准,重在精准,成败在于精准。扶持对象、项目安排、资金使用、措施到户、脱贫成效是否精准,极大部分取决于驻村干部。因人因地施策,因贫困原因施策,因贫困类型施策,区别不同情况,对症下药、精准滴灌、靶向治疗,这是对驻村干部能力与态度的考验。精准扶贫,重在"精准"二字,而驻村干部是完成"精准"的践行者与保障者。精准挖掘致贫原因和提出建设性意见建议需要驻村干部发挥作用。驻村干部入村,深入调研,找出致贫原因,有哪些脱贫方面的潜在优势,这种走访调查需要精确到户,精确到具体原因,以备在后期的扶贫中找到脱贫的点子,为争取上级政策优惠、资金来源和技术指导等提供了实实在在的方便。当然,上级部门在选派驻村干部时也要尽量考虑到驻村干部的知识储备和业务强项点,以便有针对性地对贫困村进行对口帮扶。

干部驻村帮扶是实现扶贫开发"精确滴灌"的重要"管道",是确保各种帮扶工作最终到村到户、做实落地的"总漏斗"。众所周知,"精准扶贫"是由原来的"大水漫灌"式扶贫向"精确滴灌"式扶贫转变。做好这项工作,有利于整合各类帮扶资源,实现对贫困村"精确滴灌"、对贫困户"精准扶持",最终解决好"最后一公里"问题,从而切实提高扶贫开发的精准性、科学性和实效性。事实上,在一些经济欠发达、自然环境恶劣、基础设施薄弱、脱贫攻坚任务较重的村,驻村干部发挥着令人瞩目的"领头雁"作用,赢得了当地干部群众的高度称赞。

总的来讲,选派驻村干部,标准很重要。就调研实际来讲,各县区所选派的干部都具有坚定的理想信念、强大的资源整合能力与真切的责任担当,为一线脱贫脱贫攻坚战提供了优势的智力保障和精锐的兵力保障。对于如何选对人,除了以上的基本标准以外,具体实施标准也很重要。一方面严格按照民主、公开、择优的原则,从政治素质、工作作风、群众观念、农村工作经验等方面深入考察,通过个人自愿报名和组织推荐相结合的方式,选出政治素质好、群众观念强、热爱农村工作和具有一定开拓精神的优秀年轻干部,同时要考虑选派干部的年龄、学历、行政级别问题,根据实际情况对上述条件进行适当的放宽。最后交由组织部门进行认真的资格审查和考核。正如国家选派优秀干部到村担任"第一书记"一样,不仅是脱贫攻坚的重要举措,也是实施年轻干部成长工程的重要组成部分,是创新年轻干部培养方式,提高年轻干部能力素质,进一步树立正确用人导向的重大举措。唯有选对人、选好人才能为下一步驻村工作的开展打下坚实的基础。

"人民对美好生活的向往,就是我们的奋斗目标。"

安阳市公安局开发区分局副主任科员、内黄县田氏镇汤西村驻村第一书记秦启周,始终坚守理想信念,坚守党和人民的深切期盼,在谈及驻派工作时,他坚毅地提到:

> 作为一名党员就要勇挑重担,勇于担当。当我的亲人、同学、朋友们听说我被组织确定为驻村工作对象时,我感觉他们都在用惊讶的目光看着我,从这些目光中我读出了赞叹、自豪,也读出了不解和惋惜,他们中有的解读为政治上要求进步,也有为了"高额补贴",甚至有人认为我是为了"过田园生活"。对于别人的看法,我没有过多地解释,因为在这个物欲横流的时代,去谈理想信念,他们不会相信,不会相信一个在大城市工作的人民警察会去农村扶贫,但是我知道自己是为信仰而来的。
>
> 作为一名党员就要铭记党恩,报答党恩。我驻村的想法对谁都没有说过,包括我的爱人,但是我是经过深思熟虑的。从小生活在红旗渠故乡——河南林县一个偏僻小山村的我,经历了缺水、缺粮的苦难生活,被穷怕了的我发誓一定要"跳出农门",我参了军,入了党,并立了功,考上了军校,后来又光荣地成为一

名警察。这一切都得益于党的教育和培养。

驻村的经历更是使秦启周懂得了苦不可怕，穷才可怕。党和国家派驻第一书记，目的就是要帮扶贫困群众实现致富愿望。"在全面建成小康社会的路上一个都不能少"，习近平总书记的话掷地有声。作为一名有 20 多年党龄的老党员来讲，这声音时常萦绕在秦启周的耳边，并激励和鼓舞着他。说到这里，他还提高了嗓门：

> 能积极响应习近平总书记的号召，同全国人民一道共同打赢"脱贫攻坚"战是一次使命光荣、责任重大的人生经历。正是抱着这样的信念，我要到脱贫攻坚的最前沿，用男儿的一腔热血，发挥自己的能力和才智，运用国家的好政策好战略向贫穷开战，在脱贫攻坚的战场上建功立业。

"共产党员是块砖，搬到哪里哪里安。"

当组织找杨国升谈话要下乡扶贫时，杨国升没有犹豫。他说道："作为一名党员，不能忘记入党时的誓言，要始终坚守党和人民的期盼，以敢于担当的责任，为国家脱贫攻坚尽份责任、出一份力量。"然后，杨国升由濮阳县进修学校派驻到王称堌镇南刘庄村任第一书记。"大智兴邦，不过集众思"，入驻贫困村后，面对的情况简直是千头万绪，一个不足 800 人的村庄，却有 200 多人虽在这个村分散居住，却属于另一个村庄管理，村两委班子不和，抬杠磨牙家常便饭。为尽快开展工作，熟悉村情民意，杨国升就到农户家中走访座谈。农村白天不好找人，就利用晚上与村干部入户，征求对村庄发展的建议，因此，他经常是"两眼一睁忙到熄灯"。杨国升经过近一个月的时间走访 104 户，终于将村情民意摸清吃透。同时他还带领全村十余名党员干部到郎中马白邱、山东郓城等地考察农业种养殖项目和村发展建设。在考察的过程中,村班子成员之间的关系有了细微的变化,抬杠磨牙的事慢慢少了。这时,杨国升趁热打铁,加强党员干部学习,定期组织召开各种会议,组织党员学习党章,重温入党誓词,提升党员的综合素质,增强班子的凝聚力、战斗力。为贫困村确定了"一村一品"的水产养殖发展思路,发扬自力更生艰苦奋斗的作风,用愚公移山、蚂蚁啃骨头的精神,发展小龙虾和鱼养殖,确定24项村级项目规划,力争用四年的时间建设成为美丽乡村,不负群众对扶贫干部的深切期望。

"共产党员是棵树,栽到哪里都要挺得住。"

杨国升以驻村扶贫的方式为国家、为人民争做实事,听群众心声,为群众排忧解难,谈及驻村之初的感受时,杨国升说道:

> 脱贫攻坚是一场硬仗,"驻人更要驻心",坚持"五天四夜"吃住在村,让其他队员向我看齐。刚驻村入户时,村民看"风景"的,说"风凉话"的,还有暗地里议论纷纷的。总的来说提意见的较多。

杨国升主动解决贫困户生产生活中的实际困难,到严重烧伤的特困户鲁连景家访,拿出500元特殊救助,每月资助鲁世涛和鲁燕莎两个中学生生活费200元,并每人减免了1000元的借读费;为去计生中专报名的鲁燕莎资助路费200元;2016年、2017年,帮助特困户陈修、陈修朋、刘常存收获了十多亩地玉米和小麦,驾驶马车和拖拉机,将收获的玉米小麦拉到他们各自家中;2017年6月6日,偶然看到陈修朋拄拐杖站在地里无助的样子,心里酸酸的,帮助他拿出了4亩地的收麦费用;在党员主题活动日和节假日,为南刘庄的贫困户、五保户等发放大米、食用油、取暖的煤球等生活用品,及时解决他们家中的实际问题。通过这一件件的小事,让这些真正需要帮助的人得到帮助。为增加贫困户家庭收入,杨国升联系有劳动力的人员外出务工,同时利用在家的老弱病残人员发展庭院经济。杨国升想办法购买养殖栏网借给贫困户并写下借据,到收益后归还借款,发展山鸡和山羊养殖,发展庭院经济,让贫困户人尽其能物尽其用,助力脱贫增收。在单位和镇政府的支持和协调下,克服困难,一件件的实事落地,拉近了与村民的距离,听到了群众的心声,影响带动了村委班子成员,在单位经费紧张的情况下,协调组织部盖了村室,配备了办公桌椅;为村里安装了监控;购买广播系统、广场音响,为村委建了厨房和卫生间等等。就这样,杨国升根据农户自身需求实际,充分利用南刘庄村在外工作人员,利用帮扶责任人,党员群众帮扶互助组,五老扶志组等齐抓共扶,不折不扣地完成精准脱贫任务。

面对困难不退缩,管它什么"穷山恶水"。

安艳芳是内黄县中医院的副院长,于2016年6月被派驻到马上乡赵信村任第一书记。赵信全村共有806户,3216人,11个村民小组,党员99人,6403亩耕地,2014年被确定为省级贫困村。第一次来赵信村的时候,她看到道路坑洼不平,村里遍地都是垃圾,了解到群众收入不均,贫困人口较多,没有集体收入,属于典型的穷村。面对这些困难,她没有选择退缩,而是牢记自己党员身份和第一书记职责,按照市委书记李公乐在赵信村调研时提出的脱贫攻坚关键在精准、关键在发展、关键在实干、关键在作风的"四个关键"要求,她多次与赵信村的村"两委"干部和党员、群众代表,反复讨论研究,最终决定一定要做好驻村扶贫这件事,摘掉"穷帽子"。王志奎之前工作的单位是内黄县政府法制办,2016年5月,他被派驻到长庆路办事处司马村任第一书记。司马村位于县城南2公里处,全村共410户1673口人,5个村民小组,耕地面积1959亩,人均耕地1.5亩,建档立卡贫困户43户156人,属于苦水区,村内盐碱地占到一半,过去就有"卖骡子卖马,不卖张庄、司马"的说法,就是说,即使卖牲口,也不卖到司马村,因为养不活,可见这个村,该是什么"穷山恶水"。初到司马村,他看到道路坑洼不平,卫生环境很差,了解该村的贫困人口比较多,村民的收入水平普遍较低,也没有集体收入,属于典型的穷村。面对这些困难,他没有选择退缩,而是牢记自己的党员身份和第一书记的职责,决定要把身子沉下去,扎根基层,全心投入到村里的各项事业中,为民谋福。

牢记初心,升华工作,让党放心,让群众满意。

樊宏杰来自内黄县委组织部,按照组织安排,他于2014年9月任内黄县高堤乡南街村驻村工作队长,同年11月兼任第一书记。樊宏杰是在大学期间加入的中国共产党,在入党宣誓时,他就暗下决心,一定要为这个光荣的称号添光增彩,工作后不断为之努力,2010年以来先后4次荣获市级各类先进荣誉称号。派驻南街村后,他深感责任重大、使命光荣,入村后与村两委干部一起脚踏实地、扎实认真的开展各项工作。提到刚开始驻村的情形时,樊宏杰提到:

> 我刚任职时的南街村,没有村委会,党支部没有书记,基层组织软弱涣散,仅有两名60多岁体弱有病的支部委员应付日常性的工作。通过与党员谈心谈话、做思想工作、协调解决历史遗留问题等方式,对症下药,缓和了党员的不满情绪,转变了党员的消极态度。同时主动找乡党委政府主要领导汇报研究,推动班子建设。经过慎重考虑,多方征求意见,做了大量工作,2017年10月任命了村党支部书记。今年,经过精心筹备,严格选举程序,顺利选举出了新一届的党支部和村委会,新上任两委干部每人分包一个村民小组,负责小组的日常事务,每人联系两户贫困户,负责做好村内帮扶工作,南街村的工作步入了正轨,我也为南街村组建了一支不走的工作队。
>
> 而后,通过不断加强党员队伍建设,规范村党员干部日常管

理,充分利用电教设施进行培训,落实"三会一课"制度,认真开展"两学一做"活动,坚持开展"党员活动日"等主题活动。同时,与组织部开展共建活动,去年下半年,相继开展了以"手拉手、颂党章、助脱贫,党员在行动"为主题的党员活动日和"志智双扶"为主题的道德讲堂。同时,也不断抓好党的阵地建设。2017年,投资35万元,新建村室上下两层,使用面积205平米,完善了配套设施,方便了群众办事。

俗话说"宁管一军不管一村",这句话从侧面讲出了农村工作不好做,农村事情纷繁复杂,作为基层驻村干部和农村第一书记的一员,樊宏杰的认识很简单,要对得起党员称号,为农村的和谐稳定、健康发展发挥作用。习近平总书记指出:"人在做,天在看,'天'是什么?'天'就是党和人民。"樊宏杰提到,工作当中他始终牢记共产党员宗旨意识,践行初心,不断升华驻村工作,以此让党放心,让群众满意。对此,他还说道:

> 到农村就一个标准,那就是为农民群众办实事做好事,让农村更美好,让农民更幸福。2016年4月底,我和队员在日常走访中,村民陈保存发现临街门市有烟飘出,门市里没人,库房内一盘尼龙绳起火,当时火苗已经窜起近20公分高,旁边还放着几块电瓶,如果引燃发生爆炸后果不堪设想,我第一时间冲进去进行灭火,同时安排队员去附近商户寻找灭火器,经过与附近商户共同努力,及时将火扑灭,化解了险情,避免群众经济损失2万元。

> 南街村为建档立卡贫困村,2016年以来,因户因人落实国家各项扶贫政策,先后投入12.8万元进行了"六改一增送温暖";多方筹集帮扶资金共计13万元。筹措资金377万元进行

了整村推进、"三化一沟"工程,新建了综合文化广场,安装26套健身器材,配备了公厕、广场灯,新安装了路灯,群众生活环境有了极大的改善;投资38万元,建成规模为40KW的光伏发电项目。先后举办20余次贫困户培训交流会,帮助贫困户树志增智,增强贫困户内生动力。

二、配最强的队伍

习近平总书记就扶贫工作提出了"四个切实""五个一批""六个精准"的指示要求。其中在驻村干部的选派上,特别强调"因村派人精准"。县区领导干部提出,要"用制度确保第一书记沉下去、待得住、干得好"。从濮阳内黄两县的实际看,以往基层扶贫干部队伍中,存在能力、精力、动力、创意等不足问题,影响和制约了脱贫攻坚工作的深入推进。为避免重走"给一点钱、修一条路、盖一幢办公楼"等扶贫工作的老套路、老办法,两县党委和政府坚持在驻村干部、乡镇村干部的"选、派、配、管、用"等重点环节上下功夫,做到精准选派、精准发力,努力建设一支能打硬仗的扶贫攻坚突击队,为加快贫困村生产发展、增收脱贫奠定坚实的组织基础和作风保障。

(一) 因村派人

因村因地因人选派,夯实精准扶贫队伍建设基础。提高帮扶的精准度,关键要把好工作队员的"选派关"。一是因村精准选派。结合贫困村的民情社情、致贫原因、主导产业等因素,划分为具体的大类别,有针对性地做好干部选派和后盾单位挂点工作。如:针对扶贫移民村,重点选派国土、住建、规划等系统的干部;针对基础设施薄弱村,重点选派交通、水利、财政等系统的干部等。二是因地精准选派。结合贫困村所处地理位置以及全县"十三五"规划蓝图等实际,有针对性地选派扶贫干部。如对城市核心"一圈"辖区内的贫困村，安排人社、科协等部门干部进驻，着力帮扶贫困群众适应城区、转移就业。三是因人精准选派。既充分考虑驻村干部的个人特点，也全盘考虑面上干部结构，全力选好配强乡镇（街道）领导班子。

为进一步加大脱贫攻坚力度，加强基层党组织建设，确保脱贫目标如期实现，2015年7月，濮阳县委、县政府决定，从县直单位和乡（镇）选派优秀干部，调整充实驻村工作队，选派对象为科级干部、科级后备干部及优秀中层年轻干部。驻村扶贫工作期限为5年，时间从2015年至2019年，驻村解决党组织软弱涣散工作期限为1年。工作队的选派坚持公开、择优、自愿的原则，采取个人报名与组织选派相结合的方式确定选派人员。驻村工作队员要政治素质高，事业心、责任感强；热爱农村工作，吃苦耐劳，甘于奉献，工作作风扎实；善于做群众工作，组织协调能力较强，具有处理复杂问题的能力；身体健康。工作队队长原则上由科级干部担任，但有特殊情况的应由农村工作经验丰富，工作能力强的优秀干部担任。其他两名工作队员原则上由后备干部和优秀中层年轻干部担任，科级后备干部较多的，从中择优选派；科级后备干部不足的，从优秀中层年轻干部中确定。驻村期间，驻村工作队长参加所在乡（镇）班子的有关会议；驻村工作期满，工作表现突出的或被市、县表彰为先进的，按照干部选拔任用工作条例规定，优先提拔，垂直单位的积极向上级主管部门推荐；不是科级后备干部的，优先确定为后备干部。工作队员要与原工作岗位脱离，其干部身份和编制性质不变，在原工作岗位的政治待遇不变，其工资、奖金、福利等由原单位照发，吃住在村，并由原单位按照《濮阳县县直机关差旅费管理办法》给予每人每天的生活补贴。

同样在2015年7月，为贯彻落实中共中央组织部、中央农村工作领导小组办公室、国务院扶贫开发领导小组办公室印发《关于做好选派机关优秀干部到村任第一书记工作的通知》，中共河南省委办公厅、河南省人民政府办公厅印发《关于创新机制扎实推进农村扶贫开发工作的实施意见》的通知等文件精神，结合濮阳县实际，经县委研究决定对濮阳县党组织软弱涣散村和贫困村派驻"第一书记"，从各乡（镇）各部门、各单位领导班子党员副职中或优秀中层年轻干部中选派一批基层工作经验丰富、有群众工作能力、责任心强的同志到帮扶村担任支部第一书记，并各配备两名干部组成驻村工作队，按照习近平总书记关于大抓基层、推动基层建设全面进步全面过硬和精准扶贫、精准脱贫等重要指示精神驻村开展工作，助推濮阳县驻村第一书记工作。

为推动选派第一书记工作深入开展，落实部门联村，完善"部门当代表，单位做后盾，领导负总责"工作机制，濮阳县积极组织开展选派单位党员干部与第一书记派驻村贫困户结对帮扶工作。第一，帮扶对象。第一书记派驻村建档立卡贫困户。要在摸清村情民情、深入调研的基础上，以 2014 年农民人均纯收入低于 2800 元为基本依据，综合考虑家庭住房、教育、健康等情况，精准识别。对 2014 年建档立卡贫困户进行复核，精准确定结对帮扶对象。第二，帮扶目标。通过精准扶贫，帮助每个贫困户把握一项有用技术或有个致富门路，实现有稳定的收入来源，不愁吃、不愁义务教育和医疗，住房和养老有保障的目标。省派第一书记派驻村力争 2017 年底实现总体脱贫，市派、县派第一书记派驻村确保 2017 年 50％以上被帮扶的贫困人口稳定脱贫，2019 年底总体脱贫。第三，帮扶内容。对有劳动能力的贫困户，通过资金扶持、项目扶持、技能扶持、就业扶持等形式，帮助增强致富意识和本领，开辟致富渠道，增加收入，切实改善生活水平；对子女难以完成学业的贫困户，建立长期助学计划，使其顺利完成学业，增强家庭脱贫能力；对无劳动能力、无生活自理能力和因病致贫的贫困户，通过社会救助、落实医疗救助社会保障政策，帮助改善生活状况，增强生活信心。第四，帮扶形式。第一书记选派单位为派驻村的结对帮扶单位。根据单位实际情况,可采取党员干部或支部"一对一""一对多"的形式,与派驻村贫困户开展结对帮扶,要确保每个建档立卡贫困户都有帮扶责任人或责任支部。

开展结对帮扶工作是落实中央、省委精准扶贫要求,实现以户为单位精准脱贫的重要途径,选派单位党组(党委)应高度重视,真正做到思想认识到位、组织落实到位。选派单位党组(党委)组织结对帮扶的党员干部经常到贫困户家中,与贫困户交友、结"亲戚",分析致贫原因,制定脱贫方案;通过电话、网络等方式,及时了解结对帮扶对象的情况,加强联系沟通,帮助解决实际问题;建立健全长期联系机制,做到人员有更替、帮扶不中断,每年底要向同级党委组织部门报告结对扶工作开展情况;把结对帮扶工作纳入选派单位党组(党委)书记抓基层党建工作述职评议考核的重要内容,并建立选派单位结对帮扶工作台账,加强监督检查。选派单位党员干部在帮扶过程中,严格遵守中央八项规定精神和党的群众纪律,按规定住宿、就餐,不扰民、不增加基层负担。

(二)因岗定责

从调研的情况,因岗定责,构建扶贫工作的责任体系是打赢脱贫攻坚战的重要保障。

坚持分类指导,结合选派干部特长有针对性地安排岗位,突出选派工作的针对性和实效性。找准职责定位,在派驻乡(镇)党委领导下开展工作,主要发挥指导帮带作用,注重做好摸实情、定规划、理路子、强班子、办实事、建制度工作。在岗前培训时,突出基层党建、农村产业结构调整、法律法规、新农村建设等方面的业务培训,使选派人员初步掌握农村工作的方式方法,为驻村开展工作夯实基础。就实际调研情况,我们可以从以下几个岗位清晰地看出来各自的职责与任务。

各村级脱贫责任组组长。村级脱贫责任组在乡(镇)领导下工作,责任组长对所在村脱贫攻坚工作负总责。组织所在村脱贫规划及年度帮扶计划的制定和实施工作,做到季度有推进、半年有成效。组织做好所在村贫困对象精准识别和档卡工作,并对相关数据的真实性、准确性、有效性负责。指导所在村开展脱贫攻坚问题整改,确保全面整改到位。负责所在村扶贫项目的选定申报,并对各类项目、资金的实施负监督管理责任。围绕"转、扶、搬、保、救"五条路径,加大精准帮扶力度,协调推动转移就业、教育保障、医疗卫生、危房改造等精准扶贫政策措施落地见效。按照产业扶贫全覆盖的要求,结合本地实际,合理确定产业发展模式,实现脱贫对象稳定脱贫。做好金融扶贫,提高金融带贫覆盖率。积极培育带贫企业,发展壮大村级集体经济,增加村集体收入。关心关爱各类贫困人口和弱势群体的生产生活,开展经常性走访服务,解决好实际困难,并做好心理疏导工作。确保所在村按计划脱贫摘帽,所有贫困人口按期脱贫。

驻村第一书记。驻村第一书记在乡(镇)和村级脱贫责任组领导下开展工作,对所驻村村户档卡信息的真实性、准确性和完整性负主要责任。驻村第一书记要按照要求,深入开展调查走访并记好民情日记,下访率要达到100%,做到对所在村贫困户底数清、致贫原因清、帮扶措施清、脱贫责任清、脱贫进度清。不断加大对产业扶贫、金融扶贫、医疗救助、就学保障、滩区迁建、生活保障、危房改造、就业保障等政策宣传力度,不断提升群众的知晓度、认同度和满意率。按照时间节点及时搞好精准识别工作,每周要入户一次,及时采集贫困户人员变动、收入变化等相关信息,确保贫困对象识别精准、档卡资料填写规范。帮助所在村"两委"班子制定和实施脱贫计划,做好扶贫项目资金落实,选准发展路子,不断增强"造血"功能。对拟退出贫困人口,充分听取帮扶责任人意见,算清收支账,并对收入增长趋势等进行分析研判,准确掌握脱贫成效,防止"被贫困"问题发生,确保脱贫实效和精准度。依托本地特色产业制定个性化帮扶方案,落实针对性帮扶措施,调动各种扶贫资源和帮扶政策,确保帮扶对象在规定时间内稳定脱贫。围绕"有通村道路、有条件的通客运班车、有安全饮水、有生产生活用电、有综合文化中心、广播电视户户通、标准卫生医疗室、有合格村医生、通宽带"等九项指标结合当地实际,积极争取扶贫项目,切实改变贫困村面貌。加强基层组织建设,物色培养村后备干部,严肃党组织生活,全面提升村级党组织的创造力、战斗力和凝聚力。推动完善村级党组织领导的充满活力的村民自治机制,建立村务监督委员会,促进村级事务公开、公平公正,不断提升干部依法办事能力,促进农村和谐稳定。

驻村工作队。驻村工作队在乡(镇)和村级脱贫责任组领导下开展工作,对所驻村脱贫攻坚、社会稳定、贫困人口精准识别、贫困村和贫困户精准退出及群众满意度等负具体责任。驻村帮扶工作队长是派驻单位完成脱贫攻坚帮扶工作的直接责任人,对单位驻村工作负具体责任。协助村"两委"摸清贫困底数、核实贫困人、分析致贫原因。协助村"两委"找对脱贫路子,制定帮扶计划,落实帮扶责任人。积极开展结对帮扶工作,驻村工作队成员每周要到贫困户家里走访一次,了解扶贫成效,完善帮扶措施,帮助贫困户脱贫。加大对所在村扶贫政策宣传解读力度,真正把扶贫政策宣传到每个贫困户,切实解决政策架空问题。围绕全县养殖、种植、加工等特色产业,因地制宜推进产业扶贫,实现产业带动脱贫。针对贫困对象的实际,全面制定培训计划,力争每个劳动力掌握一到两门农村生产实用技术,通过转移就业帮助贫困村、贫困户脱贫致富。驻村帮扶工作队每周召开一次工作会,工作队员每周驻村时间不少于5天。同时,坚持请销假制度,记好扶贫工作日志,定期向派出单位领导及乡扶贫办汇报帮扶工作开展情况。

帮扶责任人。帮扶责任人对所分包贫困户档卡信息准确性、帮扶措施有效性、精准退出真实性、帮扶对象满意度负主要责任。帮扶责任人每周对贫困户走访时间不少于 1 天，积极为帮扶对象解决实际问题，并完善走访日志等工作痕迹。面对面地向贫困户解读扶贫政策，使贫困户做到明白帮扶人情况、明白帮扶政策、明白帮扶措施、明白自己享受的政策、明白脱贫路径、明白脱贫时限"六个明白"。根据贫困户主要致贫原因和致富意愿，制定针对性帮扶计划（存入户档），并协助实施。充分利用自身特长和单位优势，至少落实一项已确定的帮扶措施，确保落实率100％。认真落实国家以及省市县脱贫攻坚优惠政策，帮助贫困户如期脱贫。认真开展帮扶走访，计算季度收入汇总、年度统算等工作，帮助贫困对象算准收支账，并经村支书、村主任审核后，交由第一书记规范填入明白卡。

派驻单位主要负责人。派驻单位主要负责人是落实驻村帮扶工作的第一责任人。把驻村工作纳入重要议事日程，每周召开一次会议研究驻村工作，及时解决驻村工作中的突出问题。组织单位帮扶干部与派驻村户建立结对帮扶关系，做到对建档立卡贫困对象帮扶全覆盖。根据派驻贫困村的需要，多渠道、多元化筹措资金，解决贫困村产业发展、基础设施及公共服务方面存在的突出问题。组织制定部门对精准扶贫倾斜政策、利用部门优势，把派驻贫困村打造成行业政策支持的亮点。同时，协调其他县直相关部门落实政策，确保所驻村和贫困户受益。建立沟通协调机制，对贫困村产业发展、项目建设、民生改善方面遇到的问题和困难，及时沟通协调，排除障碍，保障驻村重点工作顺利推进。严格落实"驻村干部当代表，单位作后盾，领导负总责"工作机制，各县直帮扶单位主要负责人每周至少到村走访一次。为驻村第一记和村工作队作好坚实后盾，切实解决他们工作和生活中遇到的困难和问题。

总而言之，让人才干部到基层去，不仅有助于脱贫攻坚战的有力进行，也可以磨练干部的能力，锻炼干部的意志，增强干部的实力，很好的起到培育干部的作用。而且基层乡村,也会因为有了人才干部的注入,增添发展的动力与实力。引导人才干部到基层去,就能够实现人才培育和乡村振兴的"双赢"。然而,要鼓励人才到乡村,就必须要做好人尽其才的基本保证。对于人才干部而言,其不怕苦、不怕累、不惧困难,其可以为了事业努力,为了实现个人价值奋斗,为了增进群众获得而创新。其最希望实现的就是能够有足够开放、包容的创新创业舞台,能够有强有力的支撑力量,让其能够大胆前行、锐意进取。

因村派人、因岗定责就是让人尽其才的重要举措。每个乡村都有自己的基本情况,有自己的特色产业以及主攻方向,具体情况不同,可能需要的人才优势方面就会不一样。要想实现乡村的最优化发展,就要实现乡村发展特色、方向与人才优势相匹配。比如,乡村特色发展是某项传统文化的挖掘,那么就需要匹配相关对传统文化以及新媒体宣传方面的优秀人才,如果乡村特色发展是乡村电商,那么就需要匹配对计算机熟知的优秀人才,如此为乡村匹配对应的人才,不但人尽其才,乡村也会实现最优发展。在选派人才的时候,应该就乡村特色、人才特点进行综合分析匹配,如此就能够从最佳匹配的方面去考虑选派人才,既能够让人才满意,实现自我价值,也真正能够助力脱贫攻坚。

除了因村派人、因岗配职,做到人尽其才以外,为打造最强的扶贫脱贫队伍,各县区也制定有坚强的保障机制。创新一线干部培养机制,营造人往基层走的干事氛围。基层一线是干部成长成才的主阵地。县领导坚持把年轻干部放到脱贫攻坚等一线工作中培养锻炼,在实践中提升素质能力。一是践行"一线工作法",推动扶贫干部沉下基层。制定出台在完成重大任务、应对重大事件中考察识别和选拔使用干部的相关办法,探索建立领导干部在一线锻炼、成长的用人机制。在用人导向上,明确培养选拔干部重点看"三个一线",即

"是否在基层一线岗位工作两年以上,是否有参与急难险重一线工作经历,是否有自愿到基层一线锻炼的担当意愿"。二是推行定向帮扶机制,促使扶贫干部服务基层。结合开展驻村蹲点工作,安排县直部门多名经验丰富的干部开展定向精准帮扶,一包3年不变,不脱贫不得更换。三是大力培养后备干部,激励扶贫干部扎根基层。将多名干部列入科级后备干部信息库,要求后备干部每年按照相关规定进行重点帮扶,对达不到要求的不予提拔。不断加强管理考核监督,激发选派干部干事创业活力。一是强化日常管理。率先设立全县副处级和科级非领导职务干部督导团,通过明查、暗访、电话核实等方式,对落实精准扶贫工作情况进行专项督查。每通报一次或者约谈一次,相应扣减所在单位的年终绩效考核分数。同时,树立鲜明的用人导向,同等条件下,优先提拔驻村帮扶干部。二是强化动态考核。在年度考核和绩效考评体系中,增设精准扶贫考核的内容、指标,增加了分值权重。进一步完善考核评价机制和体系,将考核党政领导班子重点放在扶贫开发、完成减贫增收任务情况上。年初乡镇(街道)与县委主要领导签订扶贫工作责任状,在年末年度考核述职评议中,乡镇班子成员述职内容重点要"述职要述扶贫,评议要评扶贫"。三是强化执纪问责。对在精准扶贫工作中发现的问题线索从严查处,对扶贫帮扶和驻村帮扶重视不够、工作不力的部门领导进行诫勉谈话;对在开展工作中,思想认识不足,工作敷衍了事、推诿扯皮的干部,一律问责,对滥用职权、玩忽职守、徇私舞弊的领导干部依纪依法严肃处理;对脱贫攻坚中的违纪违法典型案件公开曝光,强化警示教育,发挥震慑作用。

三、干最实的事业

打赢脱贫攻坚战,关键在党,关键在人。濮阳内黄两县按照"选优配强"和"应派尽派"的原则,选出了最优的精兵,配好了最强的队伍,就是要坚决打好脱贫攻坚这场硬仗。就下派扶贫干部而言,他们面对的硬骨头首先就是一些基层组织软弱涣散、战斗力不强,要想方设法提升各贫困村的基层组织力;其次,脱贫致富,增强经济是第一标准,稳步推进贫困村的经济持续增长是下派干部必须要达到的目标;同时基层很多内生动力不足问题,是对下派干部极大的考验,他们要切实发挥自身优势,着力啃下这些硬骨头,争取打出一场漂亮仗,干出一番实实在在的脱贫事业。战旗猎猎,号角声声。自从将优秀党员干部选派到重点贫困村担任党组织第一书记,把熟悉党群工作的干部派到基层组织软弱涣散、战斗力不强的贫困村,把熟悉经济工作的干部派到产业基础薄弱、集体经济脆弱的贫困村,把熟悉社会工作的干部派到矛盾纠纷突出、社会发展滞后的贫困村以后,不仅切实提升了基层组织力,也有力地解决了贫困群众内生动力不足问题,扎实高效地推进扶贫脱贫。

(一)切实提升基层组织力

"一支队伍三面墙、一站两组三个会",切实提升基层组织力,这是濮阳县的好经验。只有把广大群众组织发动起来,打一场精准扶贫的人民战争,才能使精准扶贫有深厚的群众基础,才能管长远、得民心。脱贫攻坚光靠扶贫干部的满腔热情和身体力行是远远不够的。少数人领着少数人干的结果是大多数群众的袖手旁观,甚至冷言讽语。为此,濮阳县探索建立了"一支队伍三面墙、一站两组三个会"这个载体。"一支队伍"即文艺宣传队,全县20个乡(镇)全部成立扶贫宣传文艺队,巡回演出420余场次;"三面墙"即把"扶贫政策、志气歌、帮扶歌"制作成通俗易懂的版面,在村内显眼位置上墙,让群众在家门口了解上级政策,树立脱贫信心,使广大群众与贫困户一起自觉投入到脱贫致富的行动当中。"一站"即每个村设立一个广播站,利用每天三餐等农闲时段,播报农民最密切关注的扶贫政策、致富典型、务工信息、种养殖技术等资讯。"两组"即党员群众互助组和"五老"扶志组,全县成立由1名党员任组长、10户左右非贫困户为成员的党员群众互助组8400余个,互助的内容包括帮助发展种养殖项目、帮助联系外出务工、帮助收种庄稼、帮忙照料老弱病残等12项内容,努力做到"有钱出钱、有力出力",仅广大党员帮助贫困户发展的脱贫致富项目就有5780个;成立由村内"老党员、老干部、老军人、老模范、老教师"等组成的"五老"扶志组369个,采取"谈、教、训"等方式,教育转化内生动力不足贫困户480余户。所谓的"三会"即组织生活会、党员大会和群众代表会,包村县级干部、科级干部和派驻工作队的县直单位一把手都要参加"三会",开好组织生活会解决的是"第一书记进驻、支部书记靠后"的问题;党员大会解决的是党员袖手旁观的问题;群众大会解决的是群众事不关己高高挂起的问题。省委组织部对这一党建促扶贫的做法给予了充分肯定,其中一些做法在全省推广。

打造基层战斗堡垒,凝聚基层组织合力,这是内黄县的有效做法。农村基层组织是党在农村的全部工作和战斗力的基础。在脱贫攻坚工作中,内黄县强化党建引领,树立大抓基层、大抓支部的鲜明导向,坚持抓基层、夯基础、创特色、促提升,全面加强党的基层组织建设。一是优化结构打造战斗堡垒。结合村"两委"换届,围绕脱贫攻坚、农村发展,选优配强农村"两委"班子,狠抓软弱涣散班子整顿,夯实农村工作基础。换届后,农村干部队伍实现"一降两升",村党支部书记平均年龄下降3.9岁,村干部交叉任职比例23.9%,高中及以上文化程度比例提高23.2个百分点,农村干部队伍结构明显优化。村"两委"干部在脱贫攻坚实践中,在修路、办电、农村人居环境整治、落实扶贫政策过程中,统一了思想,形成了共识,心往一处想,劲往一处使,战斗力、凝聚力明显增强。城关镇真武庙村是省级贫困村,原村"两委"班子涣散，战斗力不强。新一届村"两委"班子成立后，积极发挥党组织示范引领作用，带领群众发展富民产业、完善基础设施，顺利退出贫困村序列，从落后村一跃变成明星村。二是全覆盖凝聚攻坚合力。在选派111名第一书记的基础上，再选派421名脱贫指导员，实现干部驻村帮扶全覆盖。针对320个脱贫任务较重的村，建立脱贫攻坚责任组，协调驻村工作队、第一书记（脱贫指导员）、村"两委"、帮扶单位、帮扶责任人"五支力量"，形成攻坚合力，打造了一支永远不走的工作队。三是建阵地巩固组织基础。投资6000余万元，新建村级组织活动场所284个，占全县532个行政村的53％，并全部高标准建立了党群服务中心，着力把村级组织活动场所打造成为便民服务、决策议事、矛盾调处、党员活动、教育培训、文化娱乐的"六个中心"。大力发展农村集体经济，通过规范农村"三资"管理、规范租赁合同、发展特色产业等多种渠道，90个贫困村集体经济收入达到5万元以上。四是树导向激励担当作为。制定了《关于在脱贫攻坚一线加强干部选拔任用工作的意见》，将35名优秀干部选拔进乡镇党政班子，鼓励党员干部投身扶贫第一线、建功扶贫第一线。创新开展"红旗党支部"评选，把脱贫攻坚作为重要考核内容，对红旗党支部进行政策激励，一年内村党支部书记工作报酬每月上调500元，村委会主任上调300元，其他"两委"干部上调200元。通过脱贫攻坚，基层干部挺起了腰杆，提振了信心，树立了威信，使党的执政根基更加稳固。

抓党建促扶贫，25个贫困村整体脱贫。当走进内黄县六村乡破车口村党群服务中心，我们看到党群服务中心内有便民服务室、民主决策议事室、矛盾纠纷调处室、党风政风监督室等，"四室"各项制度、"三会一课"制度、组织生活会制度、民主评议党员制度等展板醒目整齐地悬挂在墙壁上。"以前我们的村室只有4间办公室，2017年，我们村党群服务中心建成投用。走进这里，强烈的氛围时刻提醒我们党员要以身作则,转变作风,全心全意为群众服务。"六村乡破车口村党支部书记王红林说。在二安镇铁炉胡村党群服务中心,村里的贫困户和 60 岁以上的老人正在领取肉和面粉。"这两年村里的变化非常大,路修好了,村子变漂亮了。我还领到了年货,对现在的生活很知足。"铁炉胡村村民胡刘安说。据二安镇党委副书记樊高伟介绍,铁炉胡村是贫困村,曾经也是党组织软弱涣散村——班子不健全,村党支部书记一直未配备到位。二安镇党委抓党建促扶贫,经过推荐、考察、研究等,任命胡学生为铁炉胡村党支部书记。村"两委"班子的战斗力得到了加强。2017 年,投资 90 万元硬化村内道路和胡同 2.1 万余平方米;投资 103 万元实施"三化"项目,安装太阳能路灯 100 余盏,改造下水道 2000 余米,种植绿化树 1100 余棵,路两侧铺花砖和硬化到边 1.5 万平方米;投资 62 万元实施安全饮水工程,免费为群众接通自来水;投资 40 万元新建 406 平方米的党群服务中心;投资 15 万元新建村卫生室和公共厕所;投资 10 万元对广场进行改造,配备健身器材、广播系统、高清摄像头等设备。2017 年,铁炉胡村整村脱贫。和二安镇铁炉胡村一样,2017 年,内黄县完成 25 个贫困村整体脱贫的减贫任务。内黄县在脱贫重点村成立脱贫攻坚责任组,新选派 413 名第一书记到非贫困村驻村,实现第一书记全覆盖。就这样,基层党建逐渐成为了脱贫攻坚的定盘星。

安艳芳被派驻到马上乡赵信村任第一书记后,办的第一件事就是让基层组织强起来。她非常重视加强基层组织建设,充分发挥了驻村干部的领路人功能。在村党员干部中严格落实"两学一做",坚持"三会一课"制度。利用每月 20 日的党员活动日,开展党员教育、义务劳动等活动,提高党性修养。在两委干部中经常性开展学习教育活动和批评与自我批评活动,使大家心往一块想,劲往一起使,团结协作干事创业。樊宏杰来自内黄县委组织部,按照组织安排,于 2014 年 9 月任内黄县高堤乡南街村驻村工作队长,同年 11 月兼任第一书记。南街村位于高堤乡政府西侧,为乡政府所在地,现有452户1990人,全村7个村民小组,有党员53人,村两委7人。南街村在80年代末与北街村由北寨村按照组别分为两个行政村,两村村民交叉居住,没有科学的规划和整体统一的布局,民房根据地势而建,参差不齐,高低不平,街道小巷狭窄弯曲。党组织不健全,村里集体经济薄弱,村民生活水平较低,基础设施差,村内存在一些矛盾和问题。针对南街村实际情况,樊宏杰从加强基层组织建设、制定发展规划、建好基础设施、发展特色产业等方面入手,确定发展思路,制定年度工作计划和三年工作规划,统筹协调,办好惠民实事、解决群众困难、发展壮大村级经济,切实起到了领路人作用。苏雄飞是2009年7月份到濮阳县人民检察院工作的,2015年12月至今任濮阳县检察院柳屯检察室副主任,2017年9月至2018年4月在濮阳县文留镇孟英村任驻村第一书记,2018年4月至今在濮阳县王称堌镇孟楼村任驻村第一书记。自打驻村工作队驻村以来,他一直坚持吃住在村、五天四夜工作制度,严格按照驻村第一书记四项工作职责开展驻村扶贫工作。提到第一书记对于脱贫攻坚的贡献力量时,他特意提到驻村干部对于扶贫脱贫的引领力。他在访谈中说道:

首先,我们注重建强基层组织。协助乡镇党委配齐村"两委"班子,着力解决班子不团结、软弱涣散、工作不在状态等问题,防范应对宗族宗教、黑恶势力的干扰渗透,物色培养村后备干部;严格落实"三会一课",严肃党组织生活;规范村级运转保障经费使用,做好农村综合服务平台建设和运行,增强村党支部政治功能,提升组织力,努力打造一支不走的工作队。

其次,我们通过推动精准扶贫,大力宣传党的脱贫攻坚和强农惠农富农政策,深入推动政策落实。带领村两委班子成员开展贫困户识别和建档立卡工作,帮助村"两委"制定和实施脱贫计划；组织落实扶贫项目，参与整合涉农资金，积极引导社会资金，促进贫困户脱贫致富、贫困村摘帽出列；帮助选准发展路子培育产业致富带头人和农民合作社，增加村集体收入，增强"造血"功能。

再者，团结带领村级组织积极开展为民服务，监督落实村干部值班坐班和村务事务全程代理，打通联系服务群众"最后一公里"。强力推进脱贫攻坚"八大清零"夯实发展基础，方便群众生产生活；经常开展入户走访，听取群众意见建议，积极为民服务解难题；关心关爱五保户、残疾人、农村空巢老人和留守儿童等贫困群众，帮助解决生产生活中的实际困难。

同时，我们还认真做好所驻村和责任单位的沟通衔接工作，每月向派出单位汇报一次驻村帮扶工作，做到"资金、项目、责任"三捆绑。推动完善村党组织领导的充满活力的村民自治机制，督促村务监督委员会发挥作用，落实"四议两公开"，促进村级事务公开、公平、公正；加强村干部廉洁教育和作风建设，努力解决优亲厚友、暗箱操作损害群众利益等问题；帮助村干部提高依法办事能力，指导完善村规民约，弘扬文明新风，促进农村和谐稳定。

作为领路人，驻村干部还努力协调好与村两委的工作关系，使得工作中有分工、有配合，切实提升基层组织力。调研发现，各驻村工作队与村两委班子干部分工明确，各司其职，民主决策，按照原则办事。经过了一段时间的磨合以后，驻村工作队成员与村干部之间配合默契，能够有效的完成各项扶贫任务。对此，苏雄飞说道，驻村工作队必须处理好与村干部的关系，协调好与村"两委"的关系，搞好团结，不能搞帮派。俗话说"村看村，户看户，群众看党员，党员看干部"，干部队伍不团结，就没有凝聚力，就发动不了群众，就干不好工作。协调好与村两委班子工作关系,关键在于制度的落实,驻村干部与村干部各司其职,民主决策,按原则办事,自然消除了工作上的不必要冲突;驻村工作队还要率先垂范,起到带头作用,利用自身文化水平、业务水平较高的优势,在实际工作中影响村干部作风,带领村干部养成良好的工作习惯,摒弃工作陋习。

(二)有力解决内生动力不足问题

内生动力不足是制约基层贫困群众脱贫致富的突出问题,濮阳县广大扶贫干部主要是通过教育、激励、惩治三个渠道,创新载体,狠下功夫,激发群众内生动力。一是开设"道德巡回法庭"。把法庭开到村里,对有赡养条件拒不履行赡养义务的子女进行警示教育转化,通过走访教育化解侵害老人权益54件,通过道德法庭化解14件,立案开庭审理1件。二是成立红白理事会。严格规定彩礼标准和婚丧招待标准,倡导喜事新办"彩礼不超6万元、酒席不超300元"、白事办"过事不摆席、人人一碗菜",切实解决天价彩礼、婚嫁铺张浪费、因婚致贫等问题。三是建立新时代文明实践中心。在全县成立县、乡、村文明实践中心444个,储备师资345人,利用晚上、雨天、农闲季节向群众讲政治、讲扶贫、讲经济、讲文化等,成为农民教育的重要阵地,提升了农民素质。四是建设"动力超市"。全县建设动力超市108个,贫困户通过卫生评比、公益事业等得积分,凭积分在"动力超市"兑换鸡蛋、牛奶等生活用品,累计兑换8.5万人次、280余万分,调动贫困户改变自身面貌的积极性。五是坚持以工赈贫。建立贫困户享受政策与劳动挂钩机制,针对贫困户设置保洁、护渠、护路、护林、打更等公益岗,对岗位责任落实不到位的扣发工资,对表现特别差的取消公益岗资格和有关优惠政策,让贫困户通过劳动获得收入,消除了贫困户心安理得"靠着墙根晒太阳,等着党委政府送小康"的懒惰思想。六是建立各类组织,开展各项活动评选。指导全县各行政村建立 15 大类 6600 多个村民自治类活动小组,开展了"脱贫标兵""孝老模范""爱心助残""卫生示范"等各类评比活动,用身边人、身边事激励引导广大群众和贫困户自强自立、自尊自爱、向上向善,实现我脱贫我光荣,形成脱贫光荣、勤劳光荣、孝老光荣、助人光荣、卫生光荣、吃亏光荣的氛围和正气。

为有效激发内生动力,内黄县主要是在全县贫困村中设立爱心超市等措施,既暖心又扶志。内黄县二安镇铁炉胡村建档立卡贫困户胡林一在做饭时发现家里没有醋了,于是,他便拿着平时积攒的积分卡来到该村的爱心超市。挑选了一小壶醋后,胡林一将积分卡递给了这家爱心超市的负责人。胡林一的积分卡有 1 分、2 分、3 分、5 分不等,但每张积分卡上都印有"积分改变习惯、勤劳改变生活"字样。"这些积分卡是我每天打扫卫生、参加村里的公益活动得来的,一分一元。"胡林一笑着说。66 岁的胡林一家里有四口人,因病致贫。胡林一患有心脏病、脑血管病。扶贫干部不久前帮助胡林一办理了残疾人证。"党和政府的扶贫政策非常好,我们家享受了金融扶贫每年 1200 元、光伏扶每年 1200 元,还享受了低保,孙子上学有教育补贴。扶贫干部帮助我们家修了房顶和院子,新盖了厕所,还经常来送米、面、油、衣服和被子。"胡林一说,"党和政府对我们这么好,我也要做一些力所能及的事情。只要村里有活儿,我都会积极参加,为村里作贡献。参加完活动后,村里还给我发积分卡,能在爱心超市换物品"。

和胡林一一起在爱心超市挑选物品的还有铁炉胡村建档立卡贫困户胡长军。胡长军的弟弟 3 年前去世,今年 16 岁的侄子和胡长军一起生活。因为严重的眼病,4 岁的胡长军被评定为二级残疾。"这两天村里正在栽树,我不仅挖坑、栽树,还骑着我们家的电动三轮车参加其他的公益活动。扶贫干部将党和国家的扶贫政策落实得这么好,我也要为村里作贡献。"有村民直言,"参加公益活动能获得积分卡,打扫自家的院子也能获得积分卡,现在我每天都扫院子,比以前扫得勤多了"。

内黄县铁炉胡村爱心超市附近的墙面上,张贴着爱心积分公示栏,该村 30 名建档立卡贫困户的积分情况一目了然。铁炉胡村爱心积分公示栏分为家庭卫生、政策学习、公益活动、创业就业、诚实守信、孝老爱亲、和谐邻里等几项,可以看到,胡林一在家庭卫生、政策学习、公益活动方面共获得了 62 分。胡长军在政策学习、公益活动方面共获得了 46 分。炉胡村党支部书记胡学生介绍,该村成立了爱心积分管理工作领导小组,制定了《二安镇铁炉胡村积分管理细则》,贫困户每积一分抵现金一元,但不能兑换现金,可以在指定的爱心超市兑换等值的商品。"我们村的爱心超市自运行以来,效果非常好,激发了贫困户的内生动力。现在贫困户参加公益活动的积极性非常高。"胡学生说。该镇党委副书记樊高伟介绍,该镇将推广铁炉胡村爱心超市的经验,在全镇的贫困村中设立爱心超市。"积分卡兑换所需的资金由我镇爱心企业捐助。各个贫困村将按照贫困户的多少确定积分卡所抵用的现金额度。"樊高伟说。

在内黄县中召乡双村,贫困户王金玲来到该村爱心超市兑换了两袋食盐。与二安镇铁炉胡村依托村里的超市设立爱心超市不同,中召乡双村专门在村室设立了爱心超市。王金玲的爱人樊金文是建档立卡贫困户户主,王金玲患有心脏病,樊金文患有腰椎间盘突出症,女儿已经上高中,两个儿子一个上小学,一个上幼儿园。在扶贫干部的引导下,樊金文家种了六七亩桃树,今年第一年挂果。在扶贫干部的帮助下,樊金文家还获得了 5 万元贷款。"有了这笔贷款我们准备再流转六七亩地种桃树。"王金玲笑着说,"我们家因为积极发展产业获得了积分卡"。中召乡双村党支部第一书记齐强介绍,他们制定了爱心超市积分兑换办法,有的一事一评,比如推动移风易俗,反对天价彩礼,按照红白理事会章程办理婚丧嫁娶事宜,被评为"移风易俗文明户"等；有的一月一评，比如注重户容户貌，庭院整洁美观，讲究个人卫生，被评为"美丽庭院"等；有的一年一评，比如自立自强，艰苦奋斗，勤劳致富，被评为"脱贫励志户"等。在中召乡双村的爱心超市里，两袋食盐需要 2 分，6 分可以兑换一瓶酱油和一瓶醋，20 分可以兑换一桶 1.8 升的大豆油，60 分可以兑换一台电饭煲……"这些商品来自帮扶单位、乡政府和爱心企业、爱心个人等。"齐强说。从内黄县脱贫攻坚"志智双扶"专班获悉，该县正在全县贫困村中设立爱心超市，并逐步在非贫困村设立。"爱心超市推进扶贫与'志智双扶'相结合，帮助贫困户克服等、靠、要的思想，激发了困户自我发展的内生动力。"内黄县脱贫攻坚"志智双扶"专班有关负责人说。

（三）扎实高效推进扶贫脱贫

自脱贫攻坚以来，广大扶贫干部更是对自身有了更高的要求，自己首先要当表率，把脱贫攻坚各项帮扶工作的落实摆在重中之重的位置，深入田间地头，吃苦耐劳，真情担当、用心帮扶，以社会和谐、群众工作、脱贫攻坚为重点，协调各方面力量，积极为村集体谋脱贫的路子，得到困难群众的认可和赞誉。

在紧扣脱贫攻坚做好驻村工作中，增加农民收入是关键。广大驻村干部兢兢业业，时刻想方设法让贫困群众富起来。驻村干部带有强烈地帮助农民增收致富的责任感。在全面落实中央制定的强农惠农富农政策的前提下，广大驻村干部勇于改革，锐意创新，着力推动农民就业创业，着力吸引各类人才到农村创业创新，着力组织发展乡村致富产业，推动农村产业振兴，引导支持农业生产向加工、仓储、物流、营销等环节延伸；推进农村一二三产业融合发展和农村集体资产股份权能改革；努力盘活农村土地、劳动力、资源资产、自然风光等要素，推动绿水青山变金山银山，推动资源变资产、资金变股金、农民变股东；确保农民的工资性收入、财产性收入和转移性收入持续较快增长;确保农民群众有更多实实在在的获得感、幸福感。

变"输血"为"造血",探索产业发展新思路。

马付堂来自内黄县农机局,2014年9月任井店镇小集村工作队长,2015年9月以来任井店镇小集村第一书记兼工作队长,并以优秀的科级后备干部身份驻村开展扶贫工作。工作队驻村之后,他积极响应县委县政府号召,在井店镇党委政府的领导下、在小集村两委的协助下、在小集村群众的鼎力相助下,以饱满的工作热情扎根基层,心系百姓。在精准扶贫工作上,作为驻村第一书记,他更是兢兢业业。他和村两委成员经常召开会议,为11户贫困户制定了产业发展思路,建立了小而精的产业发展项目。到2017年,在小集村的11户贫困户中形成了"家家有项目,户户有产业"的发展格局。11户中,有7户务工,2户种植蔬菜,1户养殖,1户从事蔬菜生意。可以说,这种产业帮扶思路真正将精准扶贫落到实处,使贫困户感受到了实惠,真正将扶贫中的"输血"变成了"造血",探索了一条扶贫产业发展的新思路。通过努力,小集村建有产业扶贫基地1个,国顺家庭农场蔬菜种植基地,计划建成520亩标准化大棚种植基地,目前建成的50亩蔬菜大棚,种植的黄瓜、西红柿等正在上市,效益可观。30亩日光温室育苗棚,带动周边村贫困户110户280人实现脱贫。

为了谋划小集村的经济发展,这一年来,他们以改建三合纸盒厂标准化车间为突破口,投资100万元,建成占地2000平方米标准化纸盒厂车间。目前纸盒厂标准化车间运营红火,带动了贫困户24人实现脱贫。三年来,让贫困户享受光伏扶贫,金融扶贫政策;推进"六改一增"工作;城镇居民医疗保险、大病保险、大病补助保险、医疗救助补助、民政医疗救助、教育补贴等政策,让每个贫困户都得到了经济实惠。他们还结合村容建设计划,2016年协调资金23万元,其中投资8万元建设标准化卫生室80平方;投资10万元建成标准化老年活动室100平方;投资5万元建设文化广场铁艺围栏。2017年协调资金 706 万元,其中投资 12 万元,新建了小集村文化广场,广场面积 1500 平方米,成为了周边村落的文化集会中心;投资 5 万元,建成一处标准化健身场所;投资 8 万元,建成一处占地 80 平方米共 3 间标准化卫生室;投资 10 万元,建成 3 间标准化文化室,藏书 5000 余本;投资 5 万元,建成一处水冲式标准化卫生厕所;投资 30 万元,建成一处占地 277 平方米共 10 间标准化村室;投资 49.6 万元,建成占地 700 平方米 50 千瓦光伏发电站;投资 90 万元,实施整村推进项目,全村大小胡同全部硬化;投资 104 万元,铺设主街道花砖 8000 平方米,绿化树木 600 棵,安装太阳能路灯 86 盏,建设下水道 2600 米;投资 20 万元,改造了地下饮水管道 3500 米,确保村民饮水安全,村容村貌焕然一新。为了改善村的外通道路,投资 311 万元,改造了小集村至东江村的路面,建成柏油路面;投资 78 万元,改造了小集村至 215 省道的道路,路面加宽至 5 米、厚度 18 厘米。同时壮大了集体经济,村集体经济收入高于 5 万元。"七通、七能、七有"及"两不愁、三保障"已实现。几年来,马付堂作为第一书记始终把群众的思想工作作为驻村永恒的话题,全村 270 户均走访几遍,尤其是边缘户和贫困户重点走访,通过努力,在全村形成一个解放思想发展生产的浓厚氛围。

吃透村情民意、靶向帮扶、落实政策、不忘一人。

包志宏是濮阳县教育局派驻到小甘露村的第一书记,在原单位任县教育信息中心主任职务。小甘露是个接近四千人的大村,经过这两年的努力,小甘露发生了翻天覆地的变化,可以说是:路通了、桥修了、小胡同都硬化了;建成了村室、广场、活动室还有卫生室;学校的教学楼建好了、安全监控安上了、信息设备用上了,学习环境改变了、教学质量提高了、学生人数增加了;井打了、电改了,地里的庄稼增收了;通水了、通气了、太阳能路灯也亮了、网络电视看上了、环境干净卫生了、生活质量提高了,党员群众都笑了。

自驻村工作以来,包志宏始终兢兢业业,认真开展各项扶贫脱贫工作。在识别方法上,坚持公开、公正、透明原则,推行"一进二看三算四比五议六定"工作法。一进,即包村干部、村级组织和驻村工作队对全村农户入户查看、走访、摸清底数。二看,即看房子、家等基础设施状况。三算,即按照标准逐户测算收入和支出,算出人均纯收入数,算支出大账,找致贫原因,对贫富情况有本明白账。四比,即和全村左邻右舍比较生活质量。五议,即对照标准,综合考量,逐户评议。拟正式推荐为扶贫对象的必须向村民公示公告,获得大多数村民的认可。六定,即正式确定为扶贫对象的,由村两委推荐,乡镇党委政府核定。在识别程序上,又分为三步。第一步初选对象。在农户本人申请的基础上,对拟推荐对象按照党支部提议,村两委商议、党员大会审议、村民代表大会或村民会议决议的程序,形成初选名单,进行第一次公示,时间不少于 7 天。第二步乡镇审核。经第一次公示无异议后,乡镇政府对初选对象进行审核,乡镇必须对初选对象逐户核查,做到不错不漏,对确定的扶贫对象名单,必须要有驻村第一书记或驻村工作队长、包村干部、村委主任、村党支部书记、乡镇长、乡镇党委书记"六签字",并在各行政村进行第二次公示。第三步县级复审。经第二次公示无异议后,报县扶贫办复审,复审结束后在各行政村内公告。

　　在落实扶贫工作中,包志宏同驻村工作队主要是从六个方面展开:一是为了营造脱贫攻坚的舆论氛围,在小甘露村举办了"教育助力扶贫、知识改变命运"的大型文艺汇演,并协调戏曲下乡文艺汇演两场,举办小甘露村"文明乡风、和谐家庭"表彰大会。二是先后两次向小甘露小学及小甘露阳光幼儿园的学生和孩子们捐赠了课桌椅、台灯、书包、校服等生活学习用品 700 余套。三是协调共青团县委暖流计划活动和社会公益组织向小甘露小学捐赠乒乓球台、羽毛球、篮球等体育用品。四是投资了 10 余万元配备了现代化教学设备,投资 5 万元为小甘露小学安装了安全监控设备并接入全县的教育安全监控平台。五是投资 16 万余元为小甘露新建两间村室,硬化了村室大院,建了围墙,新建了卫生厕所。六是积极开展帮扶活动,捐款 1 万元筹建爱心超市一个,为贫困户发放白糖、雨伞、灭害灵等生活用品。

驻村以来,包志宏严格按照第一书记的工作职责来开展工作。坚持吃住在村,以村为家。吃透村情民意、靶向帮扶、落实政策、不忘一人的工作方法扎实开展各项帮扶工作。根据村里的实际情况,包志宏同驻村工作队和村两委作为脱贫组重要组成成员,根据自身的特点,有分工,更多是合作。工作队的组成比较年轻,理论知识相对村两委较为丰富,文化水平相对较高,但农村工作经验不足,村两委是土生土长的本村人,村情、户情知根知底,虽然文化水平不高,但有较为丰富的农村经验。从大的方面来说,工作队工作重点在帮扶上,在一些政策宣传、数据计算、规划计划、报告说明的撰写等方面有侧重。村两委则更多地面向群众,提供基础数据等工作。但在实际工作中,两方更多的是分不开的,所以工作中不擅自轻易表态,互相补台,树立村脱贫责任组的威信。在工作方面工作队和村两委配合得非常默契、非常的融洽。

但在实际工作中,也有非贫困户想当贫困户的情绪户。遇见这种情况时,包志宏非常耐心地做村民的思想工作,充分了解情绪户的家庭情况和诉求。对符合标准的和责任组一起商量解决,不符合的耐心地做好解释工作。就这样,包志宏带领驻村工作队同志通过一对一帮扶,努力做好全村贫困户的工作。对此,他说道:

> 根据小甘露村的贫困户情况,我局选派了 83 名党员干部进行了一对一帮扶。在开展工作前,我们帮扶责任人要摸清贫困户的家庭情况和致贫原因,根据致贫原因有针对性地制定帮扶

计划,并根据贫困户的家庭情况,积极帮助其申请上级扶贫政策,做到能享尽享。通过和贫困户"共吃一顿饭,共叙一片情"等工作活动,增强与贫困户的感情,引导贫困户通过自己的双手致富、脱贫。并引导贫困户感谢党、感谢政府的风尚。

通过包志宏及其工作队的努力,目前村里产业主要有了两个,一是有一座投资 90 万元的扶贫就业点——迎红制衣有限公司,带动 15 户贫困户增加了收入,实现了在家门口就能打工的愿望。二是有 154 户贫困户参加了光伏发电项目,带贫效果显著。访谈最后,包志宏还感叹道:

> 我所在濮阳县教育局非常重视帮扶工作,党组成立了局扶贫工作领导小组,先后选派了四名副科级干部驻村任第一书记,15 名中层干部任工作队员,140 多人任帮扶责任人。明确工作任务,压实工作责任。有力地推动了我们县脱贫攻坚工作的开展。局党组更是在后勤保障、荣誉表彰、干部使用上向驻村工作队倾斜。作为驻村第一书记,更要不忘重托,深入基层,以村为家,全身心地投入到驻村帮扶工作中去。

设计贫困户分布图,一户一档工作,提高村民文明素质。

濮阳县海通乡何锁城村,2014 年以前,村里比较穷,房屋破旧,生活不好,村内道路都是泥土路,卫生室不达标,根本没有什么综合文化中心,也没有什么娱乐项目,没有路灯,浇地及排水很不方便,贫困人口多,群众收入低等。何锁城村党支部书记何海法在访谈中提到,自扶贫开发以来,他首先带领找准贫根,因户施策。通过认真走访调查,仔细查找分析贫困户的致贫原因,根据各户的具体情况,采取不同的措施帮助脱贫,针对有劳动力的贫困户家庭,引导他们外出务工;对因病因残致贫的,根据自身条件,引导其参加技能培训,有进行养殖、种植,需要申请贷款的,村两委积极协调;针对留守妇女和年纪大的贫困人员,推荐其去万益包装公司和海源种植合作社打工,让其在家门口就业,既能照顾家里的老人和孩子,也能挣钱减轻家庭负担;针对贫困户中的大学生,帮忙联系县教育局办理生源地助学贷款,使其顺利完成学业。同时,积极对接上级扶贫政策,让贫困户体会到党的关怀。何海法提到,在遇到问题时,他带领大家集思广益,创新性地开展工作。

先是设计贫困户分布图。由于何锁城村有建档立卡贫困户 31 户 132 人,帮扶责任人每次入户都需要村干部引领才能到贫困户家中,为解决这个问题,要求大家每次入户时都要在纸上画出贫困户位置图,标明在哪条街道、哪个胡同、第几家甚至大门朝向,回来后统一汇总,经过多次校对及现场确认,形成了一个完整的贫困户分布图,拿着地图,即便是一个陌生人,也能很方便地到达每个贫困户的家中,既方便帮扶人入户调查走访,也减少了村干部的负担。

然后,开展一户一档工作。根据贫困户的贫困程度,把贫困户分成特别贫困、比较贫困和一般贫困三种,并对其档案设置成红、黄、绿三色,对一般贫困户安排在 2016 年度脱贫,对比较贫困户安排在 2017 年脱贫,对特别贫困户安排在 2018 年脱贫。档案内有贫困户申请书、信息采集表、村民代表大会民主评议记录以及户口本和身份证复印件、帮扶人和党员联系人照片、家庭照片等近二十项内容。打开一本档案,就可以很清楚了解贫困户的家庭人口、贫困原因、住房条件及帮扶措施等所有情况。其次,通过"一站两组三会"抓党建促脱贫。先是完善广播站建设,整理关于党建、扶贫、环保、公益等知识,共制作 U 盘 140 多个,每天早中晚吃饭时间播放,这样就将党建知识和扶贫政策让群众有了更深一步的了解。而后,动员有致富技术的党员任组长,带领全村农户,成立了"1＋N＋1＋产业项目"党员互助组 6 个,让所有农户共同参与帮扶 31 个贫困户,加快脱贫步伐;同时又动员村里的老党员、老战士、老模范、老教师及威望高的老人,成立 3 个五老扶志组,专门帮扶那些好吃懒做、游手好闲的人,给他们作思想工作,激发他们脱贫致富的积极性。并且定期召开民主生活会、党员大会、群众大会,把党员和农户在扶贫过程中发现的问题,及时商议和处理。通过开展"一站两组三会"抓党建促脱贫活动,进一步加快了贫困户脱贫步伐。

最后,积极带领大家开展"智志双扶",提高文明素质。开展"孝心养老"、"卫生庭院评比"及"动力超市"行动,实行"智志双扶"。通过村级广播站进行宣传无偿献血及各种公益知识,村内群众参与公益活动的积极性明显提高,无偿献血人员近 30 个,为此,还专门召开何锁城村无偿献血表彰大会,对无偿献血先进家庭和个人进行表彰,增加村民对公益事业的参与热情,提高村民文明素质,不但要扶起贫困户勤劳致富的脱贫之志,更要扶好全体村民关注公益的文明之志,为何锁城村精神文明建设奠定了良好的基础。

一名党员,一面旗帜,一户群众,一片真情。

杨国升是濮阳县教师进修学校一名中共党员,2016 年 5 月单位经过宣传发动、个人自荐、领导推荐、集体研究,优中选优确定安排到王称堌镇南刘庄村任驻村第一书记。谈及驻村第一书记对脱贫攻坚的引领作用时,他满怀自信地说道:

> 我们帮扶单位教师进修学校全力重视脱贫攻坚,以勇于担当,敢于负责态度开展工作,团结带领村民,协调各个部门完善了村里道路、农田水利等各项公共基础设施;投资 1.8 万元为村里安装了监控,为村里和贫困户捐赠了 7 台空调、4 台电脑和 1 套投影设备,投资近 8 千元建南刘庄村的动力超市及运行,资助 5 名学生每月 500 元生活费完成学业等。

在历次贫困人口动态调整特别是全省开展精准识别回头看过程中，我们认真贯彻上级有关动态调整的精神，深入调查走访，听取广大群众的意见，按照"应纳尽纳、应退则退"的原则，严格落实"四议两公开"的民主程序。2017年新纳入刘常存、鲁景春、刘洞峰、陈宪吉、陈修君等5户16人；对鲁付臣等3户脱贫后家庭条件较好，不适合继续享受帮扶政策户，标注为稳定脱贫，不再享受政策。通过民主评议初选名单，核算贫困户家庭收入，统筹考虑"两不愁三保障"等因素，对刘常存等6户25人拟定为2018年脱贫户，并进行了公示公告。这些贫困户享受措施均达到3项以上，年收入均在4000元以上，达到"两不愁三保障"标准，符合脱贫条件。

按照贫困户识别标准。一是严格执行农民人均纯收入标准。即农民人均纯收入以上年度的国家农村扶贫标准为基本依据（2017年标准人均年纯收入3208元），对符合条件的农户整户识别。二是统筹考虑"两不愁三保障"因素。

严格识别程序：农户申请、民主评议、"两公示一比对一公告"。识别程序分为三步，第一步初选对象。在农户本人申请的基础上，对拟推荐的扶贫对象，按照党支部会提议、村"两委"会商议、党员大会审议、村民代表会议或村民会议决议的程序，形成初选名单，由村委会和驻村工作队核实后进行第一次公示。第二步乡镇审核。经第一次公示无异议后，乡镇人民政府对初选对象进行审核。乡镇对初选对象必须逐户核查，做到不错不漏。确定的扶贫对象名单，必须要有驻村第一书记或驻村工作队长、包村干部、村委会主任、村支书、乡镇长、乡镇书记"六签字"，并在各行政村进行第二次公示。第三步县级复审。经第二次公示无异议后，报县（市、区）扶贫办复审，复审时进行大数据比对，将城镇购房、购车、参办企业、财政供养人员等情况反馈乡镇、村核实。复审结束后在各行政村内公告。

担当负责，就是要把驻村扶贫工作做细、做实。通过杨国升的介绍，他同驻村工作队成员驻村后，主要是做了四个方面的工作。一是抓党建促脱贫建强基层组织，加强了村"两委"班子建设，增强班子的凝聚力、战斗力。二是加强党员队伍建设，严格落实"三会一课"、组织生活会、民主评议党员、党员主题活动日制度，2016年以来发展两名党员。三是积极落实相关政策宣传，发挥了"一站两组三个会、一支队伍三面墙"宣传阵地，成立了南刘庄文艺宣传队参与县乡各种活动。四是实施了精准脱贫，做好了村内矛盾疏导和化解，确保无信访事件发生；引导广大村民崇尚科学，抵制迷信倡导文明向上的村风民俗，实现村容户貌整洁美观。说起工作细节时，杨国升自豪地说道：

我们驻村工作队积极发挥帮扶作用，全程参与村两委工作，做到了带领村两委班子，完善制度，召开了各种会议，利用农村工作方法，做好抓党建促扶贫，以党建＋扶贫助力脱贫攻坚，发挥党员先锋模范作用。落实王称堌镇"一名党员，一面旗帜，一户群众，一片真情"主题活动，充分发挥基层组织建设指导员的作用。为尽快开展工作，熟悉村情民意，到老干部、老党员、致富能手、贫困户、五保户、普通农户家中走访座谈。农村白天不好找人，就常常利用晚上单独或跟村干部入户，征询对村庄发展的建设意见，发展思路，经常是"两眼一睁忙到熄灯"。经过近一个月的时间走访，终于将140户村民情况摸清吃透，实施精准帮扶。为开阔眼界，我们多次带领村干部、党员和贫困户代表到郎中乡马白丘村、范县等地考察农业种养殖项目和村发展建设，拓展党员群众发展思路。定期组织村干部学习上级政策，经常和他们谈心交流，不断强化"两委"的为民意识和带富能力。2018

年6月，成立了豫濮农业发展有限公司，制定发展规划，发展特色产业，为村确定了"一村一品"的种养殖发展思路，发展壮大村集体经济，力争四年的时间建设美丽乡村。

总的来看，我们驻村工作队与村两委班子，上下联动开展工作，发挥指导帮扶作用，正确处理好关系，帮助村庄理清发展思路，抓党建促扶贫，勇于担当工作不等不靠，主动出击，带动村干部投身到脱贫攻坚工作中。指导村两委干部夯实责任、发挥各自优势科学分工、工作落实到人，谁负责谁落实，相互督促完成，做好值班记录，严格各种制度，公布上墙存档，做到尽职尽责，做到脱贫攻坚工作心中有数，手中有策，肩上有责，厘清权责界限，做到总揽不包揽，依靠不依赖，分工不分家。用优异的业绩赢得了广大村民的认可。

杨国升同驻村工作队成员从2016年5月到王称堌镇南刘庄村开展驻村帮扶工作以来，队员们扑下身子，吃住在村，与镇村干部齐心协力，与党员群众互帮互助，充分利用国家和地方扶贫政策支持，单位和社会帮扶，仅一年成功摘掉贫困村帽子。他们团结带领党支部同志，当好了带头人。基层党支部是各项工作的核心，脱贫攻坚更是如此。驻村伊始，村支部书记从部队转业，敢干有魄力，村长性格较直。之前，支部没合力，工作推不动。在这种情况下，杨国升一方面与二人谈心交心，提高工作积极性；另一方面对村里的事主动挑担，带着头干。村室广场建设用地、道路修建、群众的宅基邻里纠纷等主动上前协调解决。同时，他还为全村党员家庭门口悬挂"党员之家"牌，增强荣誉感，利用农村"三权三化""四议两公开"等工作方法，做好抓党建促扶贫，以党建＋扶贫助力脱贫攻坚，发挥党员先锋模范作用。落实王称堌镇"一名党员，一面旗帜，一户群众，一片真情"主题活动，充分发挥基层组织建设指导员的作用。实施"党员＋贫困户"的帮扶模式,成立17个党员互助组、"五老"扶志组,与全村贫困户结成帮扶对子。通过影响带动,村里各项工作支部成员带头干、党员靠前干,村支部强了,党员心齐了,贫困户脱贫信心强了,让我脱贫变成我要脱贫。村委主任陈永石说:"驻村工作队不是咱村的人,都尽心为村里做事,咱作为村里人还有啥理由不干呢?"人心齐,泰山移,村修路路基土方建设需要资金,村里在外打工人员积极参与家乡建设,三天内捐款4.2万元。

第四章

精准务实

马克思主义认为,矛盾具有普遍性和特殊性,要把握事物的特殊性,具体问题具体分析,一把钥匙开一把锁,才能更好地推动事物发展。贫困问题具有多样性和复杂性,致贫原因也呈现差异性和多元性,单一减贫举措在应对复杂贫困问题时往往难以奏效。习近平总书记指出:"脱贫攻坚,贵在精准,重在精准。"全国各地贯彻落实习近平总书记提出的精准扶贫、精准脱贫方略,不断完善贫困治理的政策工具、思路举措,确保扶真贫、真扶贫,充分彰显了中国共产党人实事求是、精准务实的科学态度。

讲精准。各地坚持精准扶贫方略,坚持做到"六个精准"(扶持对象精准、项目安排精准、资金使用精准、措施到户精准、因村派人精准、脱贫成效精准),实施"五个一批"(发展生产脱贫一批、易地搬迁脱贫一批、生态补偿脱贫一批、发展教育脱贫一批、社会保障兜底一批),重点解决"扶持谁、谁来扶、怎么扶、如何退"问题,通过具体分析贫困地区的致贫原因,做到对症下药、精准滴灌、靶向治疗。

求实效。各地坚持开发式扶贫方针,把发展作为解决贫困的根本途径,改善发展条件,增强发展能力,实现由"输血式"扶贫向"造血式"帮扶转变;扭住教育这个脱贫致富的根本之策,努力让每个孩子都有人生出彩的机会,尽力阻断贫困代际传递;反对形式主义、官僚主义,把一切工作都落实到为贫困群众解决实际问题上,开展扶贫领域腐败和作风问题专项治理,建立全方位监督体系,真正让脱贫成效经得起历史和人民检验。

一、精准绣花

打赢脱贫攻坚战,关键在于始终把高质量脱贫放在首位,不搞花架子,下足"绣花"功夫,以脱贫实效论英雄。决胜脱贫攻坚、同步全面小康,是党对人民作出的庄严承诺。习近平总书记在参加十二届全国人大五次会议四川代表团审议时强调,当前脱贫工作关键要精准发力,向基层聚焦聚力,有的需要下一番"绣花"功夫。"绣花"除讲究整体构图布局外,还强调针法精准细致,"绣花"功夫高度契合脱贫攻坚工作,是推进精准扶贫精准脱贫的关键能力。习近平总书记深刻指出:"消除贫困、改善民生、实现共同富裕,是社会主义的本质要求,是我们党的重要使命。全面建成小康社会,不让一个人掉队。"脱贫攻坚到了啃硬骨头的时期,要想啃动这块硬骨头还需用"绣花"功夫,细心去做,精准去"绣"。全面建成小康社会,离不开老百姓的脱贫致富。然而脱贫攻坚工作越往后难度越大,越需要精准施策、压实责任、精细工作。"绣花"是一门高超的技术活,从选料到制作都必须下足功夫,以求做到针针精准、线线匀齐。用"绣花"的功夫实施精准扶贫,对于脱贫攻坚可以起到重要的指导作用。用"绣花"功夫夯实责任,毫不动摇地把脱贫攻坚作为头等大事和第一民生工程,形成人人有责、人人担责、人人尽责的攻坚态势。措施务实,针对贫困村、贫困户致贫原因千差万别的现状,在全面了解贫困户家庭经济条件、生产能力的基础上,聚焦瓶颈制约和薄弱环节,逐户会诊,做到一村一个脱贫计划，一户一套帮扶措施，确保精准脱贫、不落一人。作风扎实，以脱贫攻坚作风建设年为契机，把脱贫攻坚作为干部转变作风、服务群众的主战场，作为检验党员干部党性修养、作风建设的"试金石"，以实干树形象，用作风换实绩。

（一）精准识别精准施策

由于精准脱贫是在各个方面都做到精准，各县围绕精准脱贫的指示精神踏实推进。在此，着重从教育扶贫、危房改造中详细探寻基层战场的精准扶贫实践。

控辍保学全清零，一个都不少。扶贫先扶智，治贫先治愚，教育扶贫是阻断贫困代际传递的治本之策。对此，濮阳县提出并坚定执行"控辍保学全清零，一个都不少"。县政府主动担起控辍保学主体责任，成立以主管教育副县长为组长，教育、公安、民政、司法、卫生、残联、人社等相关部门及乡镇政府主要负责同志组成的控辍保学工作领导小组，建立联席会议制度，制订工作方案，协同开展工作，确保每一个适龄孩子都入学，就读的孩子不失学，特殊的孩子能助学。

精准识别，严防因贫失学。濮阳全县数万个建档立卡贫困家庭，涉及几万名入学或即将入学的适龄儿童，为防止任何一名儿童因贫失学，濮阳县动员万名教师访万家，实地采集每一个贫困家庭及儿童信息。对于辖区内每一个适龄儿童都要详细了解登记学生及家长信息，并与扶贫、学籍、户籍三个数据库信息进行逐一比对，建立并动态完善教育扶贫数据库，逐村逐户逐人精准识别，建立起了覆盖全县21个乡镇（办）995个行政村的县、乡、村、户四级档案，做到了每一名儿童情况的一目了然，编织出了一张严密的扶贫促学网络，确保了全县义务教育入学率100%。

多方发力，严防厌学失学。县、乡、村三级联动，教育、民政、公安、司法、人社、团委、残联、妇联等各部门协同，动态核查适龄儿童入学就读情况,特别加强针对初中在校学生分类推进工作,通过逐乡逐村宣传、逐户逐人走访,激励在学的,鞭策懈怠的,劝说返学的,分流厌学的,让孩子们能够在学校有进步,求发展有机会,走普通教育的路子能升学,走职业教育的路子能就业,实现了全县义务教育阶段没有学生中途辍学的目标。

特别关注,严防工作盲区。特别关注七类孩子。一是特别关注残疾儿童,适合随班就读的在普通学校随班就读,视力、听力、智力等三类残疾儿童由特殊教育学校提供个性化教育和康复训练,无法入校的残疾儿童则组织教师送教上门,全县共有1162名残疾孩子接受教育。二是特别关注务工人员子女入学,出台《濮阳县人民政府关于做好农民进县城随迁子女公平有序入学工作的意见》,保障进城务工人员随迁子女享受本地学生同等待遇。三是特别关注留守儿童,构建了学校、家庭、政府、社会"四位一体""覆盖到边,监护到位,关爱到人"的留守儿童动态关爱服务网络,建设"留守儿童之家"78个。四是特别关注心理亚健康的学生,设立"心理咨询室"51个,开展心理咨询和青春期健康辅导。五是特别关注县外就读学生,通过乡、村两级动态了解他们的学习生活状况。六是特别关注单亲家庭学生。七是特别关注孤儿。对特殊群体,做到生活上优先照顾、学习上优先关注、活动上优先安排,实施教师"一对一"关爱,弥补孩子爱的缺失,引导孩子健康成长。

教育资助全覆盖,一分钱都不少。濮阳县动态建立教育资助信息数据库。教育资助涉及从学前小学、初中、高中,到大学、研究生等不同的学段,资助金的发放涉及十几个项目和不同的标准,或资金到户到人,或经费按人拨付到学校。情况复杂而且应享受资助的数万名学生的情况,扶贫库人员、脱贫属性动态地调整,每学期学生都有变化,濮阳县把全县十万人左右的扶贫数据库与学籍库逐一比对,核对学生、就读学校等信息,又逐乡逐村逐户走访,核对户主、资助对象的姓名、身份证号、银行卡等各种信息，建立了县、乡、村、户的教育资助信息库。每次扶贫数据库动态调整，每学期开学信息变化，就立即动态调整。如 2018 年秋，核对出档卡户学生 2891 名，除稳定脱贫的 6094 名外，应享受资助的有 22817 人，分布在县内及全国各地的 1536 所学校。

全面准确落实资助政策。为确保各类学生资助全覆盖、各个项目实施精准化、各项标准执行不失误、每笔资金发放零差错，建立"住家成员——就读孩子——村委会——辖区学校——就读学校"五方联动的定期线上线下联络机制，告知资助政策，详解资助流程，并获取他们的就读信息和资助信息，内容涵盖了受资助学生的申请书、花名册、公示照片、资助金到账银行明细、资助金发放温馨告知书和资助金合理使用家长承诺书等，形成了"学生及监护人提交申请——县学生资助管理中心核查提交信息——帮扶部门审核公示确认——财政部门划拨资金——银行拨款到学生监护人个人账户——就读学校核查确认发放信息——学生监护人签字承诺"的资助流程机制，做到了每一个受助对象精准无误，每一项资助发放清晰可见，确保了全面准确落实各级资助政策。

建立县级资助政策体系。越是贫困家庭越是脆弱，越是就读中学、大学花费越多。为鼓励和引导贫困家庭孩子求学上进，通过接受更高层次教育从根本上摆脱贫困，濮阳县进一步加大学生资助力度，整合扶贫资金，挖掘县级财政潜力。2017 年，在全市率先将非寄宿的义务教育阶段建卡贫困家庭学生纳入生活费补助范围，每人每年补助 500 元。2018 年进一步将建档立卡贫困家庭从学前教育到高等教育全部纳入县财政资助范围，学前教育补贴 400 元/生/年，义务教育、高中教育补贴 600 元/生/年，高等教育补贴 2000 元/生/年，做到县不漏校、校不漏人。雪中送炭的资助极大地鼓舞了大批寒门学子勤奋向学，确保了贫困学生就读各学段学校无一辍学。该县王称堌镇赵庄村学生赵一凡,爷爷患有慢性病,父亲患有精神病,奶奶去世,母亲改嫁他乡,家庭生活十分拮据,只剩下他们三人相依为命。2017年赵一凡上小学四年级,因她不是寄宿生,就不能享受上级资助政策对建档立卡贫困家庭小学寄宿生的生活补贴,曾一度产生辍学的念头。非寄宿生县级资助的全覆盖,使她能安心在学校快乐地学习了。

幸福生活是奋斗出来的,美好日子是干出来的。濮阳县教育脱贫攻坚诸多实际成效的取得均来自于全县上下的主动作为、责任担当,更重要是能够做到精准识别不漏一户,对待工作务实重干。如为了保障贫困家庭学生资助不漏一人,教育系统组织全县教师开展大走访,家访学生成长环境,访问学生发展困难,研究制定针对性帮助学生入学就读成长进步的施教方案。

同样,在危房改造过程中,濮阳县精准"解剖麻雀","清零"扩面提升,取得了良好效果。

认定对象精确。对象认定精准是扣好"危改"工作的"第一粒纽扣",关系到整个工作的成效。为确保实现全县房屋认定的全覆盖,濮阳县四类重点对象由扶贫、民政、残联部门确认农户身份,住建部门组织对房屋进行危险性鉴定,自上而下实现认定精准;非四类重点对象由乡镇开展多层次、拉网式排查,自下而上建立改造台账,实现排查不漏一户。在乡镇全面排查危房的基础上,又委托专业鉴定机构(濮阳质安房屋鉴定有限公司)对乡镇初步评定为 C、D 级危房的对象进行逐村逐户鉴定,确定房屋危险等级精准无误。对于确定的C、D 级四类重点危房对象 10373 户,非四类重点对象 4959 户,做到应改尽改。如:王称堌镇危房改造户数 1099 户,全县数量最多,县乡村干部组织全员上阵,对改造户数进行无死角、拉网式排查,一户一户鉴定、一户一户确认,特别是对常年无人居住的房屋现场核实、拍照确认,做到了鉴定全覆盖、数据真实精准。

因户施策精准。一户一策,尊重群众意愿,用足用活政策,把好事办好,实事办实。濮阳县危房改造以农户自建为主,并充分征求群众意见,农户自建确有困难且有统建意愿的,充分发挥县委、县政府的统筹协调优势,由乡镇政府组织实施,帮助农户选择有资质的施工队伍统建。黄河滩区迁建村的危房,采取过渡安置房、租赁等多种方式予以解决,确保没有一户群众居住在危房中。如:针对习城、王称堌等乡镇黄河滩区迁建村住在危房且暂时无法搬迁至安置楼的居民,采用整体吊装式房屋,配装简易家居用品,既解决了现有未搬迁户的住房安全难题,还可以重复循环利用。对特殊情况的困难户,拿出符合实际的改造方案,确保危房户改得了、住得好。庆祖镇前武陵村5户五保贫困户年老体弱,常年居住在危房之中,经多次召开会议研判后,决定利用村内一处集体用地对5户五保贫困户进行集中安置,建设资金由县乡两级筹措,同时享受"六改一增"相关政策,终将危房建成了"幸福院"。

(二) 立行立改细致绣花

细致"绣花"精神是精准扶贫脱贫的坚实保障。"绣花"功夫传承3000余年,它是一种能力,蕴含着滴水穿石的积累。体现在日常生活中,则是严密的精神,精细的做法,高效地完成工作任务。"绣花",落脚在一个"绣"字。绣的是精细精准、不跳针脱线,绣的是稳扎稳打、不急躁冒进。"绣花",一针一线,细致活儿,不精细能行吗!细节决定成败,精细是管理的精髓,从粗放到精细是一个跃升。不论是社会经济领域,还是国防和军队建设,今天尤须强调精细。"绣花",重点在一个"恒"字。"绣花"是慢工,需一针一针刺、一线一线绣,不可能一针下去就绣出美丽的花朵。人若无恒,万事不成。"欲速则不达"的道理告诉我们,无论是制定政策措施,还是推动工作落实,一味求快和立竿见影效果,注定会留下粗糙、浮躁的弊端。抓工作要滴水穿石、踏石留印,"咬定青山不放松",一以贯之、层层深入、一抓到底,不断积小胜为大胜。只要认准的事,就要发扬愚公移山的精神、坚定恒心,一鼓作气,一干到底。只有持之以恒者,才能义无反顾,迈着坚定不移的步伐,最终到达胜利的彼岸。"绣花",目标在一个"成"字。"绣花"种类繁多,作于细,能成事,无一不是美轮美奂。所有绣匠都需要一个明确的目标,只要远离浮躁、专一专注,打牢基础、注重积累,就能聚沙成塔、打造精品、锻造品格。在工作中,不妨制定一个个小目标,然后一步一个脚印去实现,最终将小目标集中成为一个大目标。正如习近平同志首次在两会上提出"绣花"一词,是为了实现到2020年现行标准下农村贫困人口全部脱贫、贫困县全部摘帽。当目标明确,组织严密,方法得体,持之以恒,我们就不难实现原有的初衷。

练就"绣花"功夫是党员干部脱贫攻坚的强大技能。"绣花"是一种细致活,耗时耗力,一针一线的细节决定整体的成败,需要手艺人精心以待。脱贫攻坚工作正如同"绣花"一样,实施的全过程都需要精准。广大党员干部已经在脱贫攻坚工作中投入了大量的时间和精力,练就了"绣花"般精准的功夫,展现了脱贫攻坚的强大技能,取得了卓越的成效,始终追求着脱贫工作高效推进。脱贫攻坚时间紧、任务重。正因如此,精准脱贫的"绣花"功夫和精细作风仍需贯穿工作始终,只有各党员干部始终将扶贫、脱贫做到像"绣花"一样"精、细",做到实事求是、因地制宜,才能扶到点上、扶到根上,才能真正取得实效,真正事半功倍。当然,"绣花"功夫这一强大技能并非轻易能够达到的,这是我们广大党员干部在脱贫攻坚的伟大实践中一步步摸索出来的,其间所下功夫是不言而喻的。现在看来,广大党员干部在脱贫攻坚中孕育出的细致"绣花"精神,是实现精准扶贫精准脱贫的有力抓手与应对之策。

脱贫攻坚需要如"绣花"般耐心、精细、保质保量。首先,脱贫工作应如"绣花"般耐心。脱贫工作不是一蹴而就的,需要花费不短的时间。牢固树立正确的政绩观,认识到只有将功夫用在平常、细水长流、稳扎稳打地开展脱贫工作,建立脱贫长效机制,注重扶贫长期效果。任何急功近利、好高骛远的手段,任何层层加码、赶时间进度的方式,任何拖延耽误的做法都无法收获实效。其次,脱贫工作应如"绣花"般精细。摒弃"大水漫灌""撒胡椒面"、浮在面上的工作思维,提高"精确滴灌"的工作意识和从实际出发的问题意识。开展工作前,思考好扶持谁、谁扶持、怎么扶等具体问题;开展工作中,真正做到扶持对象精准、项目安排精准、资金使用精准、措施到户精准、因村派人精准、脱贫成效精准;开展工作后,注意总结脱贫经验,弥补环节漏洞,推广有效方法。再次,脱贫工作应如"绣花"般保质保量。一方面,应继续严格执行现行扶贫标准,只有真正做到"两不愁、三保障"的要求,才能算是真脱贫;只有"授人以渔",避免"福利陷阱",才能是脱真贫。另一方面,应继续坚持扶贫同扶志扶智相结合,强化脱贫光荣导向,培养困难地区群众脱贫致富的意识和自力更生的能力,激发脱贫攻坚的积极性、凝聚力、创造力。

脱贫攻坚需要用"绣花"精神的精准发力来引领。"绣花"精神的价值导向即在于精准发力。只有精准发力,方能有效制胜。当前脱贫工作正处在"攻克最后堡垒"的阶段,面对的多数是贫中之贫、困中之困,不下大力气很难摘瘤除疾,不下真功夫就不会实现最终目的。况且,各贫困区与贫困户的致贫原因更是千差万别,可以说一千个村子就有一千种情况,一个家庭就有一千本细账。如果"绣花"般精准发力不足,针对如此复杂情况则难以做到"一个都不能少,一个都不能掉队",更难实现现行标准下的全面脱贫。在此,"精准扶贫"的意义则显得更加凸显——做不到精准、精细和持续发力,则很难扶到点上、根上。广大党员干部在练就基层扶贫的"绣花"技能过程中,应当精准发力,争取做到措施精准行有力、工作推进赴全力、疑难杂症下大力。广大党员干部应当保证扶贫措施的多向性、多动能性,精准涵盖不同类型贫困户的实际情况并做到多症分治,有力解决多类型、多样化的贫困问题;应当保证扶贫工作的全力推进,不搁浅工作任务、不转移工作问题,全力以赴地解决好各类型贫困问题;应当保证疑难杂症问题的大力解决,尤其针对痼疾顽症必须狠下力度、痛下苦工,予以逐一击破。由此来引领广大党员苦练"绣花"功夫,方能做到对症下药,扎实推进扶贫脱贫工作。

脱贫攻坚需要用"绣花"精神的耐心细致来张罗。"绣花"精神的内涵要素就是耐心细致。面对扶贫一线的千头万绪,不下耐心细致的"绣花"功夫,就难以理得清、查得明、做得细。脱贫攻坚条理多,任务重,上面千条线,下面一根针。特别是对于基层干部来说,更是千头万绪,极易理扯不清。这就需要党员干部耐心细致开展好各项脱贫工作,既要讲耐心、有耐力,又要细微着手、精雕细刻。广大党员干部面对诸多脱贫问题解决起来大多不是一蹴而就的,更多的需要我们党员干部一次又一次指导,一趟又一趟地帮扶,没有足够的耐心与强大的耐力是完不成脱贫任务的,是没法彻底解决贫困户根本问题的。同时,面对"绣花"过程中的"顶针结"与"坏纽扣"一定要从细微处着手,对其精雕细刻,方能从根本上解决疑难、绣出奇迹。同时,广大党员干部还要放眼高处,细致谋划。比如,不管是教育助学,还是低保兜底,或者产业扶贫,抑或是易地搬迁等,都需要搞清楚政策扶持的扶贫对象是什么,哪些贫困户需要这些政策,哪些贫困户能享受这些政策等。如何根据地方特色,结合实际,引进一批产业扶贫项目,培养致富带头人,以经济杠杆撬动精准脱贫,打造有当地特色亮点的工程,也是党员干部需要耐心细致张罗的大工程。

脱贫攻坚需要用"绣花"精神的锲而不舍来坚持。"绣花"精神的核心支点就在于锲而不舍。空谈误国,实干兴邦。脱贫工作本就是一场需要持久发力的攻坚战,需要广大党员干部拿出锲而不舍的干劲,撸起袖子战贫困。在脱贫攻坚的道路上,难免有荆棘和挫折,不论是我们的党员干部,还是我们的贫困户,面对困难和挫折,都要有愚公移山的干劲和壮士断腕的闯劲,突出重围,战胜荆棘,决胜贫困。这就要求广大党员干部牢记扶贫脱贫使命,以顽强意志力坚持不懈、努力拼搏,不达目的誓不休,不解疑难终不退。首先,需要广大党员干部具备崇高的理想信念。时刻牢记中国共产党员的初心与使命,时刻以人民为中心持续推进各项扶贫工作。其次,要求广大党员干部培养起强大韧性。面对问题不气馁,执行措施要连贯,始终拥有持续"绣花"般的经久韧劲,锲而不舍地推进扶贫脱贫工作。总之,广大党员干部只有充分发挥"绣花"精神,精准发力、精雕细琢、锲而不舍,把脱贫攻坚工作做精、做细,才能为绘就决胜全面小康的美丽中国梦奠定坚实基础。

内黄县副县长高红亮在谈及如何以"精准绣花"精神推进脱贫攻坚工作情况时指出,内黄县主要从以下几个方面展开:

一是精准确定扶持对象。按照"一进二看三算四比五议六定"工作法,严格"初选对象、乡镇审核、县级复审"三步走,坚持扶贫对象核定"六签字",摸清贫困底数,精准到村到户。定期开展精准识别"回头看",在普遍走访的基础上,对低保五保户、残疾人户、重病户、破房户、无劳动力户和脱贫户等,逐户逐人排查走访,实行签字背书,做到应进则进、应退慎退,确保零漏评、零错退。2019年通过动态调整,新识别586户、1501人。

二是持续抓好问题整改。针对中央巡视我省反馈脱贫攻坚问题、国务院扶贫领导小组半年督查发现问题,以及省市督导暗访反馈问题,我们县建立整改台账,制定整改方案,细化整改措施,逐条逐项进行认真整改。坚持举一反三,逐乡、逐村、逐户开展排查,不留死角,进一步夯实基础、补齐短板。目前,所有问题均已整改到位。在此基础上，我们县严格按照贫困户退出"1＋2＋4"标准，贫困村退出"1＋2＋7"标准，贫困县退出"1＋2＋13"标准，一项一项对标，一项一项落实，一项一项验收，一项一项销号，真正把每项工作都做实、做具体、做准确。

三是全面深化结对帮扶。在全县开展"千名干部包千户、百局包百村、百企帮百村"精准帮扶活动，4200名干部、114个县直单位、141家企业帮村与贫困村结成帮扶对子，真心实意帮助贫困群众脱贫致富。选派111名第一书记、421名脱贫指导员、90个驻村工作队、320个脱贫责任组，驻村开展帮扶工作。

四是不断改善村容户貌。我们县持续加大基础设施投入，扎实推进贫困村道路、电力、卫生室、文化广场、安全饮水、广播电视、信息宽带等"七项重点工程"建设，贫困村面貌发生较大变化。另外，持续做好改造庭院、厨房、厕所、门窗、墙（地）面、照明和增加必要生活用具等"六改一增"工作，改善贫困群众生活居住环境。在保证贫困村资金投入的基础上，对非贫困村的基础设施和公共服务设施进行全面改造和提升。深入开展改善农村人居环境集中整治行动，按照"净、齐、亮、美、畅"要求，坚持净化、绿化、亮化、美化同步，建立干、管、监督工作机制，做到市场化保洁全覆盖，实现了全县农村环境脱胎换骨的变化，达到了以扶贫统揽全局、扶贫成果大家共享的目的。

各级扶贫领导干部突出立行立改，细致"绣花"，把学、查、改贯穿一体，边查边改边落实。对月度考核问题、平时检查反馈问题、整改问题等各类检查中发现的问题，盘点查找工作中存在的不足，深挖根源，查找问题，建立问题清单，制定整改清单，研究整改措施，有计划、有步骤地解决，认真开展自查自纠，补齐帮扶短板，特别对住房、用电、用水、电视和收入测算问题的整改情况进行"回头看"，边查边改，确保件件有着落,事事有回音,所有问题见底清零,切实把精准扶贫工作落到了实处。所有关乎各项扶贫工作的落实,基本做到了精雕细刻、细如"绣花"。针对贫困户,更是表现出了"绣花"精神。同时,既就事论事抓扶贫整改,更举一反三,由表及里,由点及面,从一个村看到全乡镇再扩展到全县,查找是否有共性,有好方法是否值得推广,深入分析问题背后的普遍性、倾向性、深层次原因,立足长远、查漏补缺、建章立制,为全面落实脱贫攻坚提供有力制度保障,推动脱贫攻坚各项政策措施落地生根。

从调研情况看,两县在精准脱贫当中,精准识别、精准施策,为精准扶贫做到了生动诠释,同时,两县通过做好扶贫对象的动态管理,不仅有力保障了贫困户的精准退出,也为巩固和持续当下的精准扶贫成果提供了系统性保障。脱贫退出工作中,两县把脱贫质量放在首位,越往后脱贫质量掌握越严,严格脱贫标准和程序,贫困户脱贫必须得到包括脱贫户在内的群众的广泛认可,坚决杜绝虚假脱贫、数字脱贫。贫困户识别工作中,要严格识别标准和程序,把是否解决"两不愁三保障"作为最重要的识别依据,重点关注危房户、低保户和非贫困村内符合条件的人群。加强动态监测。各乡(镇)定期组织开展"回头看",对脱贫户进行全面检查,对返贫人口和新发生贫困人口及时纳入建档立卡,明确帮扶责任人,制订帮扶计划,多措并举防止返贫和出现新的贫困。做好扶贫对象的动态管理是一项长期的任务。扶贫对象动态管理涉及今后精准扶贫成果的巩固和持续,是一项非常重要和严肃的工作,直接关系贫困人口的切身利益,直接关系精准扶贫精准脱贫方略的贯彻落实,两县领导干部进一步提高政治站位,把全面从严治党的要求贯彻落实到动态管理工作的全过程,坚持较真碰硬,坚持"扶真、脱真、真脱贫"。各级领导亲自抓,组织制定工作计划,及时调整工作进度,保障好工作经费,组织培训好工作队伍在贫困户脱贫退出、新识别贫困户和返贫户识别纳入以及信息采集过程中,要加大政策宣传力度,广泛动员群众参与,保证广大群众知情权、参与权,主动接受社会监督,提高群众知晓度、认可度、满意度。

二、苦干实干

邓小平同志说过:"世界上的事情都是干出来的,不干,半点马克思主义也没有。"习近平同志说:"'空谈误国,实干兴邦',实干首先就要脚踏实地劳动。"历史实践证明,事情是干出来的,不是说出来的,也不是想出来的。作为扶贫工作者就要争做实干家,凡事求实,勤勤恳恳,以敢于坚持、奋发有为的精神状态,一步一个脚印,扎扎实实做实做细做好每一件事情。我国广大扶贫工作者在脱贫攻坚道路上重于求实、敢闯敢干,以昂扬斗志和拼搏意志创新性地有效开展脱贫攻坚工作。面对扶贫脱贫的严峻任务,以肯干、实干、能干的做事姿态,狠抓扶贫工作落实;面对扶贫工作的艰难与困苦,以坚韧务实的精神面貌战胜一个又一个困难与障碍。

扶贫脱贫是一项艰巨任务,更是一项长期积累的问题。世界上任何国家,包括发达国家都存在贫困问题,也都面临扶贫脱贫的艰巨任务。扶贫工作是我国第一个百年奋斗目标的艰巨任务,更是我国从"基本小康"向"全面小康"迈进的关键阶段。习近平总书记在中央扶贫开发工作会议上强调,消除贫困、改善民生、逐步实现共同富裕,是社会主义的本质要求,是中国共产党的重要使命。全面建成小康社会,是中国共产党向中国人民作出的庄严承诺。但受历史、自然、社会等多方面因素的影响,中国的贫困状况十分严峻。一是贫困人口多。按照农民年人均纯收入 2300 元的扶贫标准,到 2013 年底,中国农村贫困人口有 8249 万人;按世界银行每天生活费 1.25 美元的标准,中国农村贫困人口大约还有 2 亿多。二是贫困程度深。贫困人口不仅收入水平低,而且面临着吃水难、行路难、用电难、上学难、就医难、贷款难等诸多问题。三是解决问题难度大。贫困人口集中分布在生产生活条件恶劣、自然灾害频发、基础设施缺乏的 14 个连片特困地区、592 个重点县和 12 万个贫困村,之前的投入和支持力度难以从根本上解决问题。面对如此扶贫脱贫任务,全国各级党员干部勇担重担,攻坚克难,均立下愚公移山志,咬定目标、苦干实干,坚决打赢脱贫攻坚战,确保了所有贫困地区和贫困人口一道迈入全面小康社会。

(一)实事求是,一切从实际出发

脱贫攻坚行动中,广大扶贫干部思想下沉,用心走基层,始终坚持遵循"群众在干部的心里有多重,干部在群众的心中就有多重"的原则,实事求是,勇于创新,把脱贫攻坚每项工作都切实地落实到位,真正有效地完成各项脱贫攻坚任务。实事求是,首先就是用心对待每项扶贫工作,用心办好每项脱贫实事。广大基层干部用心走基层,用心与群众交流,立足于知民意、察民情、访民苦、解民忧,不空喊口号、不花拳绣腿、更不哗众取宠,真正为民办实事、办好事,始终将人民群众的利益举过头顶,并在为老百姓排忧解难的实际行动中,践行党的根本宗旨,彰显党的先进性和纯洁性。面对扶贫脱贫重重困难,广大扶贫干部实事求是,直面困难,踏实做事,勇于创新,积极用好用足扶贫政策,善于动脑,实事求是,因人而异、因地制宜,积极帮助贫困群众想出路,制定切实有效的扶贫措施,着力在基础设施建设、产业发展、"三保障"等方面改变贫困村贫穷落后面貌,让扶贫政策落地生根,让每个贫困户都有获得感。

产业是致富的根本,只有产业强了,农民才能真正富起来。调研发现,濮阳县坚持把产业脱贫作为稳定脱贫的根本之策,实施了一批关乎长远发展的扶贫项目,打好产业扶贫硬仗,强化产业支撑。在种植、养殖、加工、光伏、电商、金融和务工等方面多管齐下,通过政府主导推动、龙头企业带动、合作组织互动、能人大户联动、干部帮扶促动,采取流转土地收租金、务工就业挣薪金、入股经营分股金等多种方式,增加群众收入,确保每个贫困户都有 3 项以上增收措施,其中必须有 1 项产业扶贫措施。产业覆盖率 100%,产业扶持叠加度280%。产业扶贫表现在以下方面:一是优化种植业结构。推动大规模土地流转,全县流转面积达 62.5 万亩,占总耕地面积的 46%。对规模以上的土地流转每亩奖补 200 元,发展无公害果蔬、优质花生、优质水稻、莲藕、食用菌、辣椒等。仅 2018 年,投入扶持资金 2580万元,扶持 25 家带贫效果显著的农业园区发展,实施项目 30 个,带贫 3234 户 8358 人,户均年增收 6000—8000 元。如国宏辣椒食品有限公司采取"企业 + 社 + 户"的扶贫模式,每年与 700 户以上贫困户签订辣椒种植收购合同,推广订单种植 2.5 万亩,完成订单收购 2.8万吨,涉及贫困户 3790 人,带动辣椒种植户收入达 6000 余万元,实现了贫困户与公司双盈利。二是加快养殖业发展。采取家庭养殖和规模养殖带动相结合的方式,发展畜禽养殖、水产养殖带动贫困户增收,全县畜牧业总产值达 35 亿元,带贫 6305 户,户均年增收 4800元。如,王称堌镇水产养殖项目投资 7000 万元,用地 1500 亩,通过土地流转、安置就业、到户增收资金入股等方式带贫 1000 余户。三是推进扶贫车间建设。2016 年以来,累计投入财政奖补资金 7202 万元,建成扶贫车间 230 个,引进好孩子童车、美施宝电器、东森日化等一批成长性好的加工企业,带动贫困人口 2500 人就业,人均月增收1600 元以上。仅 2018 年就拨付奖补资金 4714 万元,建成并验收扶贫车间 128 个,安置 1300 余名贫困人口就业。扶贫车间的建设实现了群众在家门口就业,带着娃,照顾家,月月都有工资花。如习城乡美施宝电器项目,规模不大,但用工密集,实现了贫困户家门口就业,现有工人 532 人,其中建档立卡贫困人口 84 人,人均月工资 2500 至

3500 元,每人最高年收入可达 4.2 万元。同时,实行"公司 + 户"带贫模式,带动 450 户贫困户入股,按照入股资金的 8% 给予分红。四是扶持光伏、电商产业发展。投资近 2 亿元建成村级小型光伏电站 84 座,累计带贫 18703 户。其中,户年分红 3000 元标准的带贫 4169 户,2018 年新增户年分红 300 元标准的带贫 14534 户。拥有阿里巴巴、京东等电商平台和企业达 130 多家,电商从业人员达 3 万多人;累计培训人员 10375 人次,其中贫困人员 2848 人次;建设电商服务站点 1027 家,实现了贫困村电商站点全覆盖。五是发展村集体经济。把财政整合资金建设的扶贫车间、光伏电站等产权纳入村集体管理,通过入股分红、扶贫车间租金、伏收益等多种渠道提高村集体经济收入,壮大村集体经济实力,174 个贫困村集体经济年收入均达 5 万元以上。

资金是农业农村发展必要的媒介,重视金融扶贫实效,把好金融关口,就是在打好扶贫脱贫的强力剂。濮阳县创新模式、完善体系,加大金融扶贫力度,帮助贫困户提高自我发展能力。一是深入推进"两权"抵押贷款,打好金融扶贫硬仗,增强造血功能。抢抓被省委、省政府确定为"两权"抵押贷款试点县的机遇,成立产权交易中心,推进农村产权抵押贷款,至调研前,共发放"两权"抵押贷款 1.99 亿,其中贫困户 4600 万元。二是着力扩大金融扶贫覆盖面。建立金融扶贫"四大体系"(服务体系、信用评价体系、风险防控体系、产业支撑体系),创新推广"四方协议"模式(建档立卡贫困户以村为单位与乡镇政府、金融机构、带贫企业等四方签署协议,风险由县级风险补偿金、相关银行业金融机构、省农信担保公司和省担保集团分别按照 30%、10%、40% 和 20% 的比例分担),设立金融扶贫贷款风险补金 8529 万元,推动金融机构以十倍的规模扩大扶贫贷款力度。截至 2018 年底,累计发放金融扶贫贷款 5980 笔、9.5 亿元,累计覆盖贫困户 21390 户,金融扶贫政策覆盖率达 100%。如,天耕农业实行"企业 +

社＋户""企业＋增收"的模式,贫困户用小额贷款、到户增收资金入股获取分红,共带动400余户贫困户增收,入股5万元的户年增收4000元,入股8000元的户年增收933元,入股5000元的户年增收500元。三是积极开展创业担保贷款。自2014年以来,为5812户创业者发放创业担保贷款5.3亿元,促进49家小微企业加快发展,扶持农民工、贫困人口、失业人员等1500人就业创业。

政策定调,重在实际的落实,以政策执行为基础,真正发挥政策功能,就是最大的实际出发点。濮阳县在认真贯彻上级政策基础上,进一步研究制定细化保障政策,切实加大保障力度、提高保障水平,打好政策落实硬仗。在教育保障方面,累计发放教育资助金6354.44万元,资助建档立卡贫困家庭学生6.45万人,为1.16万名贫困大学生办理助学贷款8236.7万元;动员社会捐资助学,共募集510万元,资助3512名贫困学生。推进全面改建工程,改扩建学校96所,新建校舍8.4万平方米,覆盖所有贫困村。在医疗保障方面,2016年以来,先后投入资金2897.1万元,为67.2万人次贫困户、城乡低保对象每人补贴医保参保费用30元(对特困人员全额资助),为参保困难群众每人补贴70元购买大病补充医疗保险,做到困难群众医保参保全覆盖,应保尽保,不漏一人。建档立卡贫困户住院治疗的,可享受"先诊疗后付费"及同步即时结算"一站式"服务,医疗总费用报销比例达92.45%。对有重大慢性病的,推出"17＋35"(17种门诊重症慢性病、35种门诊重特大疾病)报销病种,在定点医疗机构门诊就医产生的合规医疗费用,限额内医保报销比例由60%提高到85%,民政医疗救助对合规费用再报销10%。近几年,该县共投入各类资金(含报销、救助等)4.68亿元,救助农村贫困患者97.67万人次,帮助6484户因病致贫、因残致贫家庭成功脱贫。在住房保障方面,2014年以来累计投入资金4亿元,改造危房1.8万户。其中,2018年投入资金2.2亿元,对四类重点对象实施C、D级危房改造10373户,实现农村危房清零目标。对黄河滩区迁建村危房户,通过建设过渡安置房或财政补贴租金等方式保证住房安全,实现了"危房不住人、住人不危房"的目标。同时,结合危房改造工作,投资 9200 万元,对 10531 户贫困家庭实施"六改一增"提升。2018 年以来,国家、省下达濮阳县农村危房改造任务 7405 户,实际改造 10373 户,完成率达 140%,超额完成 2968 户。在安全饮水方面,投资 5579 万元积极实施农村饮水安全巩固提升工程,解决了 73 万余人的饮水安全问题,受益贫困人口 6.9 万人,群众家家都喝上了放心水。在民政救助方面,连续三年提高城乡低保救助标准和农村五保供养补助标准,农村低保对象人均月补差由 132 元提高到 154 元,特困人员集中供养和分散供养标准分别由每人每年 4000 元、3000 元提高到 6000 元、4316 元。加大低保、五保兜底扶贫力度,累计发放低保兜底资金 7519.3 万元、农村特困人员供养资金 8147.3 万元;开展特殊群体关爱,发放救助资金 773.8 万元,救助孤儿 1030 人,筑牢了脱贫攻坚的最后一道防线。在残疾人帮扶方面,开展困难残疾家庭集中帮扶活动,1.2 万人享受困难残疾人生活补贴,发放资金 7225 万元;1.1 万人享受重度残疾人护理补贴,发放资金 837.2 万元。对建档立卡户未享受五保、低保的三、四级残疾人实施专项政策,每人每月发放残疾补贴 50 元,已为 1047 人发放生活补贴 39.4 万元;为 1377 户贫困残疾人家庭进行了无障碍改造,免费为贫困残疾人发放辅具 1826 件,实现贫困重度残疾人家庭无障碍改造全覆盖。

基础设施建设是发展的有力基石,没有好的基础设施做铺垫,何谈产业发展、人民幸福。2016 年以来,濮阳县共投入财政扶贫资金 50 多亿元,用于农村基础设施建设和公共服务强化非贫困村基础设施与公共服务水平,切实改善群众生产生活条件。一是解决群众出行难的问题。投资 8.03 亿元修建县乡道路 154.3 公里、村级道路 12.3 公里、村组道路 404.6 公里。推进农村公路"村村通"工程,所有行政村通村道路、主要街道已全部硬化,道路通畅率达到100％。对11条农村客运班线进行延伸调整,对运行偏远、效益较差的农村客运班线开通早晚班、赶集班。二是补齐基本公共服务短板。2014至2018年投入资金13.4亿元,新建县人民医院、县中医院、县妇幼保健院新院区,以及仁济医院、光明医院新病房楼,完成了20所乡镇卫生院,95个村卫生室的建设、改造、提升。贫困村实现标准化卫生室全覆盖,且每个卫生室至少有1名乡村医生或执业(助理)医师,有效满足了群众的就医需求。实施广播电视"户户通"工程,争取资金2100余万元,补贴贫困户数字电视费800余万元,全县贫困户广播电视覆盖率达到100％。投资1.19亿元实现全县农村综合性文化服务中心全覆盖。三是实施电网升级和网络扶贫工程。投资13.6亿元实施农村电网改造提升工程,贫困村通动力电率、户户通电率均达到100％,户均容量达到1.5千伏安以上。移动、联通、电信3家公司为所有贫困村架设了光纤宽带,有宽带接口,随时为村民提供50兆以上的宽带接入服务。四是完善农田水利设施。投资1000万元实施引黄改建项目,涉及5个乡镇,3座涵洞已建成,农田灌溉能力大幅提升。

同时,根据劳动力就业实际,濮阳县还坚持把提升群众就业能力作为主攻方向,加大技能培训力度,进一步拓宽就业渠道,打好就业创业硬仗,拓宽增收渠道。2018年底,全县农村劳动力63.4万人,实现转移就业的达到38.5万人,其中转移贫困劳动力3.8万余人是提升技能促增收。依托58同城、管家帮、县职业技术学校、精准扶贫培训班和"雨露计划"等项目,创新实施"用工企业下单、贫困群众点单、培训机构接单、政府统一买单"的培训模式,共开办各类培训班190余期,实现1.4万名贫困劳动力转移就业,就业率达100％。二是外出务工促增收。通过务工奖励的方式鼓励贫困群众外出务工,累计奖补贫困劳动力18960人、1140.1万元,其中2018年奖补13146人资金 849.9 万元,月均务工收入 2700 元。三是家门口就业促增收。对无法外出的贫困群众,充分利用扶贫车间和扶贫公益岗予以安置,共安置 14137 人,人均年稳定增收 6000 元以上。四是自主创业促收。大力支持外出务工人员返乡创业,累计吸引 3551 人回乡创业,创建企业 471 家。建成创业孵化园 4 个,孵化创业实体 227 个,带动就业 6910 人。累计发放到户增收资金 1.4 亿元,扶持贫困户 2.2 万户发展致富产业。

(二)真抓实干,只为能行稳致远

只有真抓实干,方能行稳致远。任何一项方针政策,任何一项工作部署,都有一个落实的问题。再好的决策,再重要的工作,如果落不到实处,无异于纸上谈兵,中看不中用。对于每一位扶贫工作者来说,要实现预定的目标,兑现对人民群众的承诺,最基本的品质和标准就是求真务实抓落实,最高的思想和境界也是求真务实抓落实。只有真抓实干,才能推动事业跨越式发展。这就要求我们各级党员干部,拿出无坚不摧的气概,克难奋进,朝着既定的目标,一个问题一个问题地解决,一个重点一个重点地突破,一个项目一个项目地推进,一个难关一个难关地攻克,在攻克困难中推进工作,在克服困难中积聚发展实力,尽力将好事干实,实事干好。对重大决策、重要部署、重大事件、重大项目、主要矛盾、关键环节,要放在心上,亲力亲为,抓出实效。对各级党员干部而言,各项方针政策和工作部署的执行与落实,都要有重于求实的精神为根本遵循。习近平总书记多次强调,共产党的干部就是人民的公仆,就要多一份责任,多一份辛苦,多一份担当,要有"心里装着百姓,唯独没有自己"的公仆情怀,心系群众、为民造福。基层干部要坚持把干事创业谋发展作为最大责任,始终围绕发展是第一要务,坚持问题导向,勇于担当,敢于负责,着力解决好群众最关心最直接最现实的利益问题,多做雪中送炭的工作,让改革发展成果更多、更公平、更实在地惠及人民群众。① 干事创业、加快发展,重在行动,贵在落实。要想有所作为,就必须踏踏实实地做事,勤勤恳恳地工作。基层干部要坚持从实际出发,坚持挂图作战,切实保持"功成不必在我,功成必定有我"的胸怀和境界,咬定发展目标不放松,多做打基础、利长远的事情,不做表面文章、不搞形象工程。要用咬定青山不放松的韧劲,一项工作一项工作去研究、一个问题一个问题去解决,努力推动各项事业不断向前发展。

濮阳县领导班子真抓实干,坚持以习近平总书记扶贫开发重要战略思想为指导,以脱贫攻坚统揽经济社会发展全局,把打赢脱贫攻坚战作为必须完成的重大政治任务和第一民生工程,不断提升政治站位,强化责任担当,狠抓工作落实。连续三年,濮阳县在全省脱贫考核验收评比中位居前列,一些经验做法得到了上级的肯定。

夯实工作责任,强化责任担当。濮阳县先后出台了《关于进一步完善脱贫攻坚责任体系的意见》《濮阳县脱贫攻坚工作问责办法》,激励各级各部门勇于在脱贫攻坚中担责担难担险。一是压实县乡村三级领导班子的领导责任和党政主要负责同志第一责任人责任。三级立下军令状,军中无戏言。二是压实 978 个村级脱贫责任组脱贫攻坚牵头抓总的责任。三是压实 517 个驻村第一书记和驻村工作队脱贫攻坚的具体责任。四是压实 105 个派驻单位主要负责人对驻村帮扶工作的第一责任人责任。五是压实 8700 名帮扶责任人具体帮扶责任。六是压实 16 个行业主管部门对制定完善本行业扶贫政策,督促行业政策落实和项目实施的职能责任。七是压实 2 个督查局(县委县政府督查局和扶贫督查局)和 20 个扶贫督战队对脱贫攻坚工作的督查考评责任。八是压实统战部门、工商联、工青妇、慈善总会等

---

① 杜飞进:《关于 21 世纪的中国马克思主义——论习近平治国理政新思想的理论品格》,《邓小平研究》2016 年第 3 期。

党群团体引导和动员社会各界力量参与扶贫事业的社会帮扶责任。通过形成责权明晰、科学合理的责任理念,在全县形成了一级抓一级,层层抓落实的良好局面。

立足发展全局,强化工作统揽。坚持站位全局抓脱贫、跳出脱贫抓脱贫,贯彻落实习近平总书记提出的推动县域治理"三起来"、做到乡镇工作"三结合"等重大要求,以脱贫攻坚统揽经济社会发展全局,坚持做到"五个统揽",推动脱贫攻坚全面开展。一是在强县和富民上统揽。在产业调整、转型升级的过程中,统筹新兴产业与传统产业、高科技产业与劳动密集型产业,统筹一二三产业融合发展,既顶天立地要税收,又铺天盖地促就业。在做强做大精细化工产业、医用环保新材料产业、天然气综合利用产业、电子电气主导产业,推动中建材、德力西、濮耐、蔚林等一批企业不断壮大的同时,新上了好孩子童车、纳博科技等一批劳动密集型企业,吸纳转移了万余名劳动力就业,实现富民与强县的统一。二是在改革和发展上统揽。改革、发展是县域经济的两大主题。这几年,改革的任务很重、事项很多、矛盾很突出,在工作上,坚持把农村改革放在首位,把农村经济发展和脱贫攻坚放在工作的优先位置。通过深化改革破解"三农"工作中出现的难题,助推脱贫攻坚。持续深化农村产权制度改革、农村金融改革、农村集体经济改革、农村土地改革、投融资体制改革、"放管服"改革等,推动生产要素的优化配置,激发了市场主体和人民群众的积极性,为脱贫攻坚提供了源头活水。三是在城镇和乡村上统揽。积极推进城乡统筹发展,逐步缩小城乡差距。实施以县城为龙头、重点镇为重心、美丽乡村为节点的新型城镇化建设。2017 年以来,共实施棚改项目 31 个、3.6 万余套、4258 万平方米推进黄河滩区居民迁建,建设 7 个安置区,安置 4 万余人,其中贫困户 1.4 万余人。以乡村振兴为契机,强力推进城乡道路、电力、公交、环卫、医疗、供水、教育、通讯、文化设施等"一体化",让农村人口尽可能享有与城市居民同样的生产生活服务。四是在规划和项目上统筹。出台全县脱贫攻坚五年（2016——2020年）规划，并与城市总体规划、乡镇总体规划、村庄总体规划"三规合一"相衔接，与土地利用规划、乡村振兴规划等各项规划相融合。完善《濮阳县2018——2020年脱贫攻坚项目库》，涉及基础设施、公共服务、产业扶贫、金融扶贫、光伏扶贫、扶贫车间等项目1287个，资金26.6亿元。加大扶贫投入，2016年以来，累计整合各类财政扶贫资金13.2亿元。五是在干部和人才上统揽。坚持把脱贫攻坚一线作为培养锻炼、考察识别、选拔任用干部的主战场。始终坚持注重把乡镇党委、政府班子配强配硬，调干部让乡镇优先，选人才向乡镇倾斜，2016年就把全县乡镇科级干部调整了一遍，提拔重用了33名乡镇党政正职，调整充实了122名科级干部，班子成员中有乡村工作经历的干部达到99％，乡镇领导班子结构更加合理，战斗力明显增强。大力推进智力扶贫、人才扶贫，将科技人才、企业管理人才等专业人才组建服务队，保证了精准扶贫的干部和人才力量。"五个统揽"促进了人才向扶贫集聚、资金向扶贫集中、重心向扶贫聚焦，在全县形成了集全县之智、聚全县之力的大扶贫格局。

正如时任濮阳县县长的孙庆伟在谈及县里的经济社会发展形势时提到的：

> 脱贫攻坚战打响以来，我们县坚持以习近平新时代中国特色社会主义思想为指导，坚持以脱贫攻坚统揽经济社会发展全局，紧紧围绕建设中原地区重要的天然气能源综合利用基地、豫鲁冀三省交界地区商贸流通中心、享有盛誉的历史文化名城、农村改革发展及脱贫攻坚先行区、黄河之畔宜居宜业美丽龙乡这"五大发展定位"。强力实施工业强县、城建靓县、金融活县、商贸富县、文化兴县"五大战略"，大力弘扬诞生于河南的焦裕禄精神、红旗渠精神、愚公移山精神，团结带领广大党员干部群众艰

苦创业、苦干实干,脱贫攻坚取得明显成效,经济社会发展保持了良好势头,主要体现在五个方面。

一是经济实力显著增强。2016—2018 年,全县 GDP 年均增长 8.8%,一般公共预算收入年均增长 16.7%,农民人均可支配收入年均增长 9%,相继被评为全国工业百强县、全国超级产粮大县、全国农田水利建设先进县、河南省文明县城。2018 年,全县 GDP 完成 418.3 亿元,增长 7.5%;一般公共预算收入完成 13.04 亿元,增长 22.1%,增速和总量位居全市第一;农民人均可支配收入达到 13226 元,增长 8.9%。荣获濮阳市高质量发展综合考评一等奖、开放招商工作第一名等诸多荣誉。

二是脱贫攻坚成效显著。截至 2018 年底,全县贫困人口累计脱贫 23439 户 98816 人,未脱贫人口降至 3812 户 10668 人,贫困发生率降至 0.95%,未出列贫困村降至 5 个,贫困村退出比例为 97%,"三率一度"全部达标,教育、文化、卫生医疗等基本公共服务指标均达到或超过全省平均水平,顺利通过县级自评和市级初审,已具备了贫困县退出条件。

三是乡村面貌焕然一新。通过精准扶贫,农村的道路、学校、电力、卫生室、安全饮水、文化活动中心等基础设施和公共服务设施日益健全,乡镇垃圾处理厂及 19 个垃圾中转站建成投用,17 个乡镇污水处理厂加快建设。农村人居环境明显改善,村子干净、家庭卫生、乡风文明,涌现出了一批整洁优美的美丽乡村。通过精准扶贫,村子里酒友、牌友、懒汉、不孝子女少了,勤劳致富、干事创业、孝老爱亲的多了;婚丧嫁娶大操大办的少了,崇尚节俭践行文明的多了;搞封建迷信的少了,靠科技致富的多了。广大农民群众精气神十足,对生活充满了信心,幸福感、获得感显著增强。

四是农村发展活力明显提升。在河南省率先推动农村"两权",包括农村承包土地经营权和农民住房财产权的抵押贷款,广大农民包括贫困户的承包土地、流转土地、宅基地和坑塘、树林、机井等集体资产,都可以抵押贷款,带动了农村经济发展。另外,通过精准扶贫,推动土地流转在黄河滩区大面积展开,农业结构调整如火如荼,组建了一批农民专业合作社,催生了一批新经济组织和带头人。我们都对农村未来的发展充满信心。

五是党群干群关系更加密切。书记、县长、县委常委带头,带动各级领导干部和公务员沉到一线,走百村、串百户、吃百家饭,帮助群众解决生产生活中的困难和问题,党群关系更加亲密了,干群感情也越来越好。广大人民群众发自内心地感叹,共产党的好作风又回来了,我们都由衷地感谢共产党、感谢习近平总书记。

多措并举全面提高攻坚质量。濮阳县领导干部认真落实中央"五个一批"和省"转、扶、搬、保、救"的决策部署,精准施策,精准发力,着力打好"六大硬仗",确保全县脱贫攻坚见实效、见长效。打好精准识别、精准退出硬仗,确保对象精准。濮阳县把贫困人口动态管理作为基础工程来抓,先后动员 8700 余名扶贫干部深入基层,按照"一进二看三算四比五议六定"的要求逐村逐户排查,先后开展五轮精准识别"回头看"活动,坚决卡住人情关、照顾关、应付关,确保应纳尽纳、应扶尽扶。严把退出质量,拟定了贫困户"八个不准退出"(一是家庭人均纯收入低于 4000 元的;二是没有稳定收入渠道和来源的;三是年度内医疗支出最终自费部分超过 1 万元,或以后年度需要继续治疗费用较高的;四是住房疑似 C、D 级危房的;五是当年扶贫成效不显著的;六是当年新识别纳入的;七是低保户无其他增收渠道的;八是五保户收入人均低于 7000 元,或者年龄大于 70 周岁或生活难于自理的),严格把控退出标准和程序,确保脱贫过程扎实、脱贫结果真实。2018 年动态管理工作中,新识别纳入贫困人口 339 户 968

人,回退脱不扎实户 25 户 75 人,核定稳定脱贫不享受政策 3673 户 16754 人,清退贫困人口 120392 人。群众一致认为,贫困户认定公道,应进则进、应退则退,更精准了,更让人信服了。

时任濮阳县县委书记的张宏义在访谈中谈到各级部门责任落实时也指出,为明确各级责任,着力激发责任、强化责任、压实责任,濮阳县出台了《关于进一步完善脱贫攻坚责任体系的意见》,从十个方面完善责任体系和压实责任落实。一是压实县级领导责任。明确了47 位县级干部特别是 13 个责任推进组组长的分管责任。县级领导干部对所联系乡(镇)和贫困村的脱贫攻坚工作负领导责任,对帮扶对象如期脱贫负首要责任。二是压实乡(镇)党政正职责任。21 个乡(镇)党政正职是本地脱贫攻坚第一责任人,对本乡(镇)脱贫攻坚工作负总责。三是压实村级脱贫责任组组长责任。500 个村级脱贫责任组在乡(镇)领导下工作,责任组长对所在村脱贫攻坚工作负总责。四是压实村支书和村主任责任。1934 个村支书、村主任对本村脱贫攻坚工作负主体责任。五是压实驻村第一书记责任。500 个驻村第一书记在乡(镇)和村级脱贫责任组领导下开展工作,对所驻村档卡信息的真实性、准确性和完整性负主要责任。六是压实驻村工作队责任。264 个驻村工作队在乡(镇)和村级脱贫责任组领导下开展工作,对所驻村脱贫攻坚、社会稳定、贫困人口精准识别、贫困村和贫困户精准退出及群众满意度等负具体责任。七是压实帮扶责任人责任。帮扶责任人对所分包贫困户档卡信息准确性、帮扶措施有效性、精准退出真实性、帮扶对象满意度负主要责任,周四到村开展帮扶工作。八是压实派驻单位主要负责人责任。派驻单位主要负责人是落实驻村帮扶工作的第一责任人,及时沟通协调,排除障碍,保障驻村重点工作顺利推进。九是压实县脱贫攻坚督查局责任。县委县政府督查局、县脱贫攻坚督查局在县脱贫攻坚领导小组领导下,履行好对乡、村、帮扶单位、帮扶单位责任人、相关职能部门脱贫攻坚工作的督促指导督查考评。十是压实县直各部门责任。24 个县直业务主管部门承担本部门行业扶贫职责,制定完善行业扶贫政策,督促政策落实和项目实施。

濮阳县在落实责任,强力推动脱贫攻坚方面,创新制定了一套行之有效的工作机制,确保脱贫攻坚工作高效协调运转。全县领导班子始终坚持高位推动,把脱贫攻坚作为县委常委会和政府常务会的常规议题,尤其是建立了 13 个脱贫攻坚推进组,所有县委常委、副县长任组长,明确各自的职责,协调推进。建立县乡村三级扶贫周例会制度。全县每周六都会召开脱贫攻坚工作周例会,专门研究解决脱贫攻坚工作中的各种问题。各乡(镇)结合实际情况,制定了周例会制、日办制等制度机制,确保政策落实不过夜。各村结合实际,每周召开一次扶贫工作会议,分析本周工作进展情况,查找其中存在的问题,研究解决办法。推进领导干部驻村制度。由县委书记、县长带头,全体县级干部、乡(镇)党政正职、县直单位一把手开展"工作一天、驻村一晚"活动,每周抽出一天时间,白天入村入户核查调研、查找问题,晚上召开座谈会,研究解决办法,提升了工作实效。许多干部把蚊帐、被褥、草席放在车上,走哪住哪,已经形成了常态。坚持"周四扶贫日"制度。全县各级各部门周四不得召开会议,召开紧急会议须经县委书记批准,单位主要负责同志组织带领包户党员干部到村入户开展帮扶活动。县委办每周三下发通知,明确本周四入村帮扶工作重点,使全县 8800 余名帮扶责任人带着具体任务下乡,有效解决了帮扶责任人下乡帮扶不知道干什么的问题,帮扶针对性大大增强。凡是县委、县政府和"两办"组织召开的会议,提前 20 分钟对参会人员进行脱贫攻坚知识测试,让各级扶贫干部主动学习政策、熟悉业务,切实提高理论水平和业务能力。

濮阳县的脱贫攻坚责任制,单从工作推进的角度看,至少包含以下九个方面。一是建立领导干部驻村制度。县委书记、县长带头,全体县级干部、乡(镇)党政正职、县直单位一把手开展"帮扶一天、住村一晚、同吃一顿饭"活动,密切了党群干群关系。县委书记对 174 个贫困村全部走访,并在 62 个村开展驻村活动,召开了 70 余场次的座谈会,为全县作出了表率。二是建立"周四扶贫日"制度。将每周四定为无会扶贫日,各单位主要负责同志带领包户党员干部进村入户开展帮扶。三是建立县乡村三级扶贫周例会制度。每周六召开全县脱贫攻坚工作周例会,专题研究解决脱贫攻坚工作中的问题;各乡镇结合实际情况,采取周例会、日办制等机制,确保政策落实不过夜;各行政村坚持每周四召开村级扶贫周例会,查找存在问题,研究解决办法。四是严格伴会随机考试制度。凡县委、县政府组织召开的会议,提前 20 分钟对参会人员进行脱贫攻坚知识测试,倒逼各级扶贫干部主动学习政策、熟悉业务,切实提高理论水平和业务能力。五是强化干部培训机制。依托县乡党校、乡村振兴讲习所、扶贫专线、微信群等平台和阵地,经常性对县职能部门干部、乡(镇)干部、村干部、驻村第一书记、督查干部开展扶贫政策和业务知识培训,使其成为扶贫工作的行家里手。各乡(镇)坚持每周六对乡镇干部、村支书、村长、驻村第一书记考试、培训,使其尽快吃透各项政策,提高工作能力。六是建立驻村第一书记经验交流机制。每月以乡镇为单位组织开展第一书记大论坛,通过演讲、座谈会、现场会等形式,让驻村第一书记交流工作经验、感受,相互学习、相互提高。七是建立技术下乡服务制度。对科技人员实行"关门断奶赶下乡"行动,要求农业、水利、林业、科技等部门中级职称以上的专业技术人员全部下乡,允许技术人员到龙头企业、合作社入股,兼职开展帮扶工作、指导产业发展。八是建立卫生保洁机制。坚持周五卫生清洁行动,发动广大群众自扫门前雪、室内尘;实行县乡村三级卫生检查机制,明确评比标准,实行奖惩、挂红黑旗;充分发挥保洁公司、公益岗作用,组建卫生治理专业队,突出治理重点,高标准做好农村环境卫生治理。九是强化督导问责机制。成立扶贫督查局和 20 个扶贫督战队,与县委县政府督查局合力督查,创新计分式督查、精准式交办、台账式整改、销号式验收、连带式问责"五步工作法",做到真督实查,确保责任政策和工作落实。一系列制度机制的完善,确保了脱贫攻坚高效协调运转。

为助力脱贫攻坚,确保如期实现脱贫摘帽,濮阳县委把村居巡察与脱贫攻坚紧密结合,扎实开展扶贫领域专项巡察。自十二届濮阳县委启动了第九轮巡察以后,12 个巡察组分别进驻郎中乡安头村、徐镇镇高黄庄村、子岸镇汪寨村,对 12 个乡(镇)144 个贫困村开展为期 45 天的扶贫领域专项巡察。专项巡察坚持问题导向,聚焦扶贫领域的热点和痛点问题:漏评、错退、贫困发生率超标、群众满意度低、村内基础设施不完善等影响户脱贫、村出列的核心问题;贯彻脱贫攻坚决策部署不坚决、不到位、弄虚作假、阳奉阴违,以形式主义、官僚主义应对脱贫攻坚工作问题;优亲厚友、吃拿卡要、截留挪用、变相加重群众负担、侵害群众利益的腐败问题。为确保工作的有效性和连续性,此次专项巡察启动后,巡察组坚持六天五夜工作制度,吃住在乡(镇)驻地,做到白天入村入户、晚上分析研判。为了及时把握巡察工作的方向和进度,为巡察组加压鼓劲,县委巡察工作领导小组也靠前指挥,坚持每周到巡察组驻地听取汇报。县纪委、县委组织部、县委巡察办联合组成了两个作风纪律督查组,对巡察组、被巡察单位进行全方位监督。访谈中,县委巡察工作领导小组有关负责人说:"我们通过明察暗访发现,巡察成员都能遵守各项纪律要求,展现了'纪律部队'的良好作风。"为强化成果运用,专项巡察坚持"边巡察、边反馈、边整改"的原则,有序推进各项工作。目前,已经反馈并整改 14 个村。针对发现的共性问题,县委高度重视,已责令被巡察乡镇认真整改,其他乡镇对照反馈问题自查自纠。有关县直单位同时开展了危房改造、到户增收、低保五保等专项治理,为服务大局、打赢全县脱贫攻坚战提供坚强保障。

脱贫攻坚是民心工程，更是良心工作，来不得一丝一毫的虚假，打不得一分一厘的折扣。内黄县围绕脱贫攻坚这个头等大事，坚持监督执纪聚焦脱贫攻坚、作风建设聚焦脱贫攻坚、反腐倡廉聚焦脱贫攻坚，全面整治扶贫领域突出问题，真正做到以作风攻坚促脱贫攻坚。一是通过抓惩治彰显强大震慑。扶贫领域腐败问题，侵害的是贫困群众切身利益，削弱的更是群众对我们党的信任。对此，县委态度十分鲜明，只要谁敢向扶贫领域伸手，立即一查到底，绝不手软，持续释放了越往后执纪越严的强烈信号。在日常工作中，紧盯扶贫领域贪占挪用、虚报冒领、优亲厚友等问题，以及扶贫项目分配、审批、招投标、验收等环节，仅2018年就查处了侵害群众利益不正之风和腐败问题14起，组织处理15人，党纪政务处分10人，移送司法机关2人。同时，既坚定打好反腐攻坚战，更注重"战后重建"，筛选扶贫领域典型案例开展以案促改，制作《"法盲"村官的悲剧人生》等警示片，以身边事教育身边人，做好执纪审查"后半篇"文章。二是通过抓作风严明纪律规矩。决胜脱贫攻坚，干部作风是关键。内黄县先后开展了作风建设年、作风攻坚年等活动，紧盯形式主义、官僚主义，把脱贫攻坚基础不扎实、识别不精准、退出审核不严格、政策落实不到位、资金管理不规范、精准帮扶不得力等，作为监督检查的重点，坚决杜绝"数字脱贫""形式脱贫"和"被脱贫"，以作风攻坚促脱贫攻坚。仅2018年，全县就查处了扶贫领域作风问题7起、25人，问责领导干部9人。三是通过抓监督高悬巡察利剑。该县把扶贫领域巡察作为深化政治巡察的具体实践，统筹推进常规巡察、专项巡察、机动巡察，使巡察更聚焦、更精准。十二届县委开展了4轮县级巡察，对扶贫、农业、民政、住建、发改、交通等42个涉农部门和4个乡（镇）进行了巡察，发现并推动解决了一批扶贫领域问题。同时，整合县委督查室、县政府督查室、县委巡察办力量，组建4个脱贫攻坚督导巡察组，一线督导，匡正作风。

第五章

开拓创新

在没有先例可循的情况下，中国共产党团结带领全国各族人民组织实施人类历史上规模空前、力度最大、惠及人口最多的脱贫攻坚战。大家一路走来，"摸着石头过河"，坚持发扬"拓荒牛精神"，不断地闯新路、开新局，造就了脱贫攻坚开拓创新的精神品格。

创新是一个民族进步的灵魂，是一个国家兴旺发达的不竭源泉，也是中华民族最深沉的民族禀赋。在脱贫攻坚实践中，我们党秉持开拓创新的进取品格，出台一系列超常规政策举措，不断改革创新扶贫机制和扶贫方式，着力提高贫困地区经济社会发展水平。一是创新扶贫开发理论。我们党立足国情，在继承发展马克思主义反贫困理论、总结提炼中国共产党减贫经验的基础上，立足新时代脱贫攻坚实践，不断深化对减贫规律的认识，成功走出了一条中国特色减贫道路，形成了中国特色反贫困理论，实现了我国乃至全球减贫理论的重大创新。二是创新脱贫攻坚制度体系。以改革为动力，形成了实现贫困人口"两不愁三保障"的目标体系、各负其责合力攻坚的责任体系、以精准为方略的工作体系、坚持综合治理的政策体系、加强资金保障的投入体系、"志智双扶"的动力体系等，为打赢脱贫攻坚战提供了制度保障。三是创新扶贫开发模式。创造产业扶贫、金融扶贫、教育扶贫、社会扶贫等措施；创新运用新兴技术助力扶贫，形成特色生态产业扶贫、资产收益扶贫、电子商务扶贫等新模式，并在各地减贫实践中取得了良好成效。正是在这种创新精神的激励下，近8年来，我国平均每年1000多万人脱贫，这个数字相当于一个中等国家的全国人口数量；三区三州、革命老区等深度贫困地区的农民走上了稳定致富的道路；提前10年实现《联合国2030年可持续发展议程》减贫目标，创造了减贫治理的中国样本，脱贫力度之大、规模之广、成效之显著，前所未有、世所罕见。

对于脱贫攻坚一线战场而言，脱贫攻坚是一项全新的系统工程，面临很多难啃的"硬骨头"。一线战场各级扶贫干部和群众积极探索创新举措，有效破解脱贫攻坚难题，充分表现出了开拓创新的脱贫攻坚精神。把上级的要求与本地实际相结合，创造性地开展工作，探索出一些务实管用的土办法、土招数，产生了很好的效果。通过对濮阳、内黄两县的脱贫攻坚调研发现，两县在很多领域都进行了开拓创新，本章将着重探讨健康扶贫、教育扶贫、危房改造等方面的开拓创新。

一、健康扶贫上开拓创新

致富路上一个也不能少，健康路上一个也不能掉队，这是濮阳县委、县政府向全县人民作出的庄严承诺。脱贫攻坚战打响以来，濮阳县认真贯彻中央、省、市关于健康扶贫工作的有关决策部署，深度聚焦农村贫困人口因病致贫、因病返贫问题，强力推动健康扶贫工程，夯实筑牢贫困人口健康"保障网"，形成了覆盖全面、救治有力、群众赞誉的健康扶贫新模式。仅在2017至2019年间，全县就共投入各类资金4.68亿元，救助农村贫困患者97.67万人次，帮助6484户因病致贫、因残致贫家庭成功脱贫；2018年度建档立卡贫困人口医疗总费用报销比例达92.45％，县域内就诊率达96.05％，均高于全省平均水平。全市民政系统医疗救助一站式结算工作现场会和全市贫困残疾人脱贫攻坚暨家庭无障碍改造工作现场会相继在濮阳县召开。2018年8月8日，《河南日报》专题报道了濮阳县健康扶贫工作经验做法。

（一）构筑"三道防线"，让贫困患者看得起病

濮阳县作为省级贫困县，因病致贫、因残致贫困难群众所占比例高、生活负担重、脱贫过程长、耗费资源多，是脱贫攻坚工作的重点和难点。濮阳县坚持把健康扶贫作为脱贫攻坚的长效之策，高标准设立了以县委书记任指挥长，县委副书记、县长任常务副指挥长的健康扶贫指挥部，整合卫计、人社、民政、财政、扶贫等各部门政策资金，先后出了《健康扶贫工作实施方案》《贫困残疾人脱贫攻坚实施方案》等相关政策文件22个，建立完善了目标责任制、联席会议制、督导问责制等一系列制度，形成了政策统筹制定、资金统一发放、部门协调联动的工作机制，构筑了贫困者从医保参保、住院报销到门诊救助的就医全链条、全方位保障"三道防线"，切实解决了困难群众因贫看不起病、因病加贫问题。

落实医保参保补贴，切实打牢基础。2016年至2019年，财政就先后投入资金2897.1万元，为672432人次贫困户、城乡低保对象每人补贴医保参保费用30元，为参保困难群众每人补贴70元购买大病补充医疗保险，为特困人员和确无能力缴纳新农合保险费用的困难群众予以全额补助。做到困难群众医保参保全覆盖，应保尽保，不漏一人。

完善住院报销体系，克服大病致贫。农民收入微薄，往往一场大病就会让一个小康之家倾家荡产。濮阳县积极探索医疗保障新

途径,不断完善住院医疗报销救助体系。2016年在全市率先建立大病医疗救助基金,出台《大病医疗救助基金实施办法》,救助贫困重病患者898人,救助金额997万元。2017年出台《贫困人口医疗补助实施方案》,对贫困户在县、乡医疗机构住院医疗费用,经医保报销后补助至90%,共救助贫困重病患者11545人,救助金额1503.38万元。

2018年,濮阳县又出台《关于完善医疗救助制度全面开展困难群众重特大疾病医疗救助工作的实施意见》,把贫困户、低保户、五保户等困难群众全部纳入救助范围,通过政府主导社保运作、民政兜底,建立起"四道保障体系"。一是优化医保报销政策。对困难群众住院医疗费用,全面落实基本医保、大病保险、大病补充保险三项报销政策。认真执行困难群众大病保险"一降一提高"政策,起付线由15000元降至7500元,报销比例分段提高至80%到95%。二是强化民政医疗救助。困难群众住院费用经医保报销后剩余的个人合规自付费用,在年度救助限额10000元内(重特大疾病限额20000元)按不低于70%给予救助。三是实施政府托底救助。出台《建档立卡贫困人口医疗保障托底救助工作意见》,对建档立卡贫困人口年度内住院医疗总费用报销救助比例达不到92%的,由财政托底补齐92%。四是加大大病救助力度。制定《农村困难群众重特大疾病大病救助工作意见》,对全县贫困户、低保户、五保户、重度残疾人因罹患重特大疾病,经医保、医疗救助后,全年个人负担累计费用仍超过3万元以上、超过家庭承受能力、基本生活出现严重困难的,给予年度最高10万元的大病救助。通过四道保障体系,全县建档立卡贫困人口住院总费用报销救助比例达到92.45%,五保、低保、重度残疾人等其他困难群众也实现了医疗救助全覆盖,牢牢筑起了大病致贫返贫的强大防线。

拓展门诊救助范围,解决慢病致贫。农民群众为了省钱,对治疗长期慢性病不舍得花钱、"小病拖成大病"是因病致贫老问题。为破解这一难题,濮阳县在认真落实门诊医保报销政策的基础上,不断创新门诊医疗救助新举措,于 2017 年 6 月在全省率先出台了《因病致贫人口门诊医疗补助实施方案》,新增慢性心力衰竭、类风湿关节炎、股骨头坏死等 11 种地方多发病纳入门诊医疗补助病种,按病种确定2400 元—8000 元不等的年支付限额,限额内门诊费用报销 65.9%。到 2018 年,进一步扩大保障病种,门诊重症慢性病由 8 种扩大至 17种,门诊重特大疾病由 10 种扩大至 35 种;进一步提高报销比例,困难群众在定点医疗机构门诊就医产生的合规医疗费用,限额内医保报销比例由 60% 提高到 85%,民政再给予 10% 救助;推行"三免一减"政策,贫困人口县域内门诊就医免除挂号费、诊查费、注射费,检查检验费优惠 10.9%;实施门诊再救助,对患重症慢性病和重特大疾病的贫困户、低保户,年度内门诊费用经医保报销和救助后,自付费用仍超过 1 万元的,给予适当比例的再救助,有效降低了贫困群众看病吃药的负担。

据统计,2016 年至调研前,濮阳县共为贫困户、低保户等困难群众医保补偿 217562 人次、3681776 元,实施民政医疗救助托底救助、大病救助共 86751 人次、7049.16 万元,为 8072 人次贫困患者减免一般诊疗费 71171 元,10751 名贫困重病患者享受门诊就医报销救助优惠政策,大大减轻了贫困患者就医资金压力,有效遏制了因病致贫返贫发生。濮阳县文留镇东邢屯村一名贫困户因患肠瘘、肠梗阻及相关并发症,2018 年住院治疗花费高达 9.3 万元。经医保报销和医疗救助后,个人负担费用仍达 8.36 万元,让这个本就贫困的家庭雪上加霜。2018 年 9 月底,县民政局为该患者发放大病救助金 5 万元,12月份再次发放托底救助金 6539 元,使该贫困户个人自付住院医疗费用仅剩 2.71 万元,从根本上缓解了生活压力,他对党和政府发放的"救命钱"感恩不已。

（二）健全"三级网络"，让贫困患者看得好病

针对长期以来基层医疗机构基础设施落后、技术力量薄弱难以满足群众就医需求这一短板，濮阳县全面实施公共卫生服务提升攻坚战，着力建立健全县、乡、村三级医疗服务网络，推动农村医疗卫生条件和服务能力明显改善，基本实现了"小病不出村、常见病不出乡、大病不出县"的目标。

加强基础建设，改善就医环境。坚持"小财政"办"大医疗"，不断加大对卫生事业的投入，大力实施县乡村三级医疗机构基础建设。2014—2018年争取各级财政资金并引入社会资本13.4亿元，推动县人民医院、县中医院、县妇幼保健院、县精神病院新院区建设，完成了仁济医院、光明医院新病房楼和20所乡镇卫生院、95个村卫生室的建设、改造、提升和设施配备，全县新增业务用房面积25万平方米，实现了每个行政村都有一个标准化村卫生室的目标，打造了以县级医院为"龙头"、乡镇卫生院为"枢纽"、村卫生室为"网底"的三级医疗卫生服务网络，有效地满足了群众的就医需求，极大地改善了群众的就医环境。

加强队伍建设，强化基层力量。为破解基层医疗卫生人短缺、结构不合理、服务能力不足等难题，该县积极采取一系列措施持续加强基层医疗队伍建设。一是启动三年人才行动计划。把引进高学历人才纳入政府重要议事日程，对全日制本科及中级以上专业技术人才统一调剂解决编制；积极探索人事代理制度，将公开招聘的专业技术人才与在编人员同工同酬，形成拴心留人的良好环境，建立了一支稳定的县乡医疗卫生人才队伍。三年各医疗机构共引进补充专技人员71名，全县公立医疗机构从业人员近2000人，有效满足了群众就医需求。二是建立人才培养机制。采取"传帮带""等额对调、对口支援"以及"走出去、请进来"的方式，形成"县带乡、乡帮村"的人才培养

机制。三年共投入培训经费 40 万元,请北京、省、市专家开展技术讲座 100 余场次,培养骨干医师 52 名,培养全科医生 48 名,县外进修 570 名,切实提高了县域内医疗机构常见病、多发病的诊疗水平。三是加大乡村医生培训力度。采取以会代训、专题培训、人乡人村指导督导等多种形式,对乡村医生开展医疗业务、医德医风、公卫服务、健康扶贫政策等业务培训 60 余轮次,受训人员 13 万余人次。同时加大监督考核力度,对乡村医生每年组织一次集中业务考试,对不合格村医取消年度校验直至注销行医资格,极大地激发了乡村医生学业务、比技能、提高行医能力和服务水平的积极主动性,切实打通了医疗便民服务的最后“一百米”。

加强技术引进,提高医疗水平。为扭转基层医疗机构服务能力弱、患者外转率高的问题,濮阳县一方面积极引入优质医疗资源,与北大一附院、省市人民医院、郑大五附院等开展技术合作,实现资源共享、技术共享、人才共享;将县中医院委托市中医院全面管理,建立新型医联体,带动全县中医医疗水平整体提升。另一方面,积极探索“互联网＋健康扶贫”新模式,构建上级医院与县乡医院远程会诊系统,实现专家与病人、专家与医务人员异地“面对面”会诊,使群众不出县就能享受到国家和省市优质医疗资源,有效减轻了群众就医负担。经过三年多的不懈努力,濮阳县医疗质量和服务水平得到全面提升,县中医院、县人民医院分别于 2017 年、2018 年成功创建“二级甲等”医院,县二院、徐镇卫生院、子岸镇卫生院先后获得全国“群众满意的卫生院”称号。

(三) 建立“三项机制”,让贫困患者方便看病

2018 年 9 月,在濮阳县人民医院扶贫病区,来自户部寨镇户部寨村的李金玉完成下肢静脉曲张手术后出院结算。“这次在医院住了 12 天,住院没有交押金,一共花了 5715 元,没想到医保报销和医疗救

助后,自己最后只交了482元。"李金玉说,看到结算单的那一刻,因担心医疗费用太高而悬在半空的心总算踏实了。这是濮阳县坚持"以病人为中心",实施医疗便民服务机制的真实写照,有效地解决了贫困患者看病难、负担重问题。

实施便民就医机制。为方便群众看病,濮阳县为住院困难群众打通便捷就医两条通道:一是实行住院贫困患者"就诊一路通"。在县域内医疗机构全面推行"先诊疗后付费"政策,率先在全市推行民政、医保、医疗机构三方无缝对接的"一站式结算"便民措施,实现了对贫困患者入院不缴费、期间不催费、出院时交自付费、回家后不用再跑腿报销费用的服务模式。截至调研时间,全县免收困难群众住院押金7243万元,"一站式"结算39131人次。住院和报销流程的优化、精神和经济双重压力的减轻,使得困难群众就医认可度大大增强。二是设立贫困患者就医绿色通道。各医院为贫困患者开辟"绿色就诊通道",设立贫困患者"爱心病房",全程提供检查、取药、住院等一站式服务。县人民医院设立了面积达1000余平米的贫困群众住院"爱心病区",并投入150万元购置了医疗设备,配备10名医护工作者专门服务困难群众,优美的环境、优良的设施、优质的服务得到了困难群众的广泛赞誉。

落实便民服务机制。为让广大群众少生病、不得大病,濮阳县四项措施为群众健康提供全方位、全周期服务。一是签约服务早发现。全县共建立106个家庭医生签约服务团队,签约服务覆盖所有贫困人口。签约服务团队的姓名、联系电话以及投诉电话公示牌和签约服务宣传政策在各村明显位置、各贫困户家中张贴,方便群众联系。签约服务团队从坐等患者到进村入户为困难群众提供服务,开展了"十个一"签约服务活动,即确定一个服务团队、签订一份服务协议书、制定一个健康指导、发放一张就诊优惠卡、建立一份健康档案、进行一次政策宣传、每年一次免费健康体检、每月一次随访服务、每户一份《防病知识手册》、每户一个爱心保健箱。二是疾病筛查早治疗。为贫困人口中的65岁以上高血压、糖尿病患者每年筛查一次；为35—64岁农村妇女进行一次免费乳腺癌、宫颈癌筛查；为贫困育龄夫妇免费孕前优生健康检查；为贫困孕产妇免费血清学、四维彩超筛查；为贫困家庭新生儿"两病"筛查。三是巡诊义诊早诊断。持续开展"百名医生进千村送万家"义诊巡诊活动，与河南省豫医联盟结成帮扶对子，争取省市"红会送医计划"16次，81名医技专家组成的"濮阳县精准扶贫义诊团"对174个贫困村6轮巡回义诊，服务群众8万多人次，捐赠药品53万元，开具健康处方4万多份，赠送价值50多万元的爱心药箱及常用药品1.6万多份，有效防范了困难群众常见病高发趋势。四是健康教育早预防。开展公民素养66条和以"三减三健"为主要内容的健康知识普及行动，对全县所有贫困村集中宣讲健康知识600多场次，发放各类健康知识手册10万余份，引导群众形成健康生活方式。

建立门诊慢性病清零机制。为方便群众慢性病鉴定办证，濮阳县于2018年5月出台了《进一步做好农村贫困人口门诊重症慢性病、门诊重特大疾病有关工作的通知》，将发病率较高的高血压并发症和脑血管意外后遗症两种病种纳入困难群众慢性病保障范围，把鉴定发证权限由县医保中心下放至由乡镇人社所、卫生院组成的乡镇慢性病鉴定小组，让群众少跑路、不出乡、一次办成。对年迈多病、长年卧床行动不便的患者，由医保部门带领专家上门服务，符合条件的当场鉴定办证。为保证慢性病政策全覆盖，安排各乡（镇）统一组织，对贫困人口逐村、逐户、逐人排查，对所有符合规定病种、规定条件的贫困人口统一时间、统一地点，现场鉴定办证，逐项清零退出，有效解决了群众办证程序繁琐的问题。截至目前，全县共鉴定发证门诊重症慢性病及门诊重特大疾病患者19690人，其中覆盖建档立卡贫困人口4892人，使每一名贫困重症慢性病患者享受到就医优惠政策。

(四)实现"四个全覆盖",让贫困残疾人生活"无障碍"

2018年,濮阳县共有持证残疾人35081人,其中建档立卡贫困残疾人7134人,由于特殊生理原因,残疾人脱贫更是难中之难。为实现"小康路上一个也不能少"的工作目标,让党的政策惠及每名贫困残疾人,濮阳县委、县政府提高政治站位,强化机制创新,以"四个全覆盖"为目标,全面强化残疾人社会保障机制,成功帮助194户因残致贫家庭顺利脱贫。

优化服务,残疾人证办理全覆盖。为确保残疾人办证全覆盖无遗漏,县健康扶贫指挥部在坚持"月筛、月报告、月清零"机制的基础上,先后组织3轮残疾证办理集中清零活动。为解决贫困残疾人行动不便、鉴定费用负担重等问题,县财政拨付专项鉴定经费20万元,由县残联牵头组织10余名鉴定专家,成立4个上门服务工作队,常年深入到全县20个乡镇及174个贫困村上门免费鉴定办证,白天鉴定不完,就住在村里晚上继续鉴定,被群众誉为"残疾人的贴心人"

创新政策,贫困残疾人优惠政策全覆盖。在全面落实残疾人"两项补贴"政策的基础上,于2018年6月出台了《进一步加强困难残疾人生活保障工作的意见》,将建档立卡一、二级重度残疾人全面纳入低保;对建档立卡贫困户中存在一户多残的家庭,按照政策以户为单位纳入低保;由县财政出资,对于未享受五保、低保待遇的三、四级建档立卡贫困残疾人,每人每月发放生活补贴。2016年以来累计发放困难残疾人生活补贴195万元,重度残疾人护理补贴资金2445万元,县补贴39.4万元。

强化责任,贫困残疾人家庭无障碍改造全覆盖。为切实解决贫困残疾人生活及生产出行问题,2018年县政府设立专项资金500万元,对全县有改造需求的1307户贫困残疾人家庭,结合"六改一增",

根据其房屋结构以及残疾人实际需求,实行"量体裁衣"式的个性化无障碍改造,为其平整庭院地面、改造坡道安装扶手抓杆,新建或改造卫生间、厨房等。同时,组织各乡镇对建档立卡贫困残疾人辅具需求进行精准调查,按照"本人确认乡镇汇总、残联购买、乡村发放"的程序,为建档立卡贫困残疾人免费发放辅具1826件。2019年全县预算残疾人无障碍改造专项资金600万元,辅具适配专项资金300万元,以确保残疾人生产生活"无障碍"。

着眼发展,残疾人就业培训全覆盖。在做好残疾人保障工作的同时,把激发残疾人内生动力、扶持残疾人创业自强作为一项重要课题,研究出台了《关于扶持鼓励残疾人就业创业的实施意见》,县财政拿出100万元成立残疾人就业创业基金,用于残疾人培训和就业、创业。实行培训跟踪随访机制,加强就业服务,对培训后就业创业人员进行三年跟踪服务,及时发现和解决他们就业创业过程中遇到的困难和问题,扶助他们稳定就业创业。在各行业推进技能扶贫,截至调研时的三年来,全县共培训有劳动能力的残疾人3648人,实现稳定就业1680余人,并涌现出了一大批残疾人自强创业典型。如:海通乡何锁城村建档立卡贫困残疾人何留宽,肢体三级残疾,在乡政府、驻村工作队及县残联的帮扶下,接受养殖技能培训后,申请办理贷款10万元,投资承包了6亩鱼塘,并由驻村工作队垫付资金帮助引进秋田犬养殖项目,使该户年纯收入达到5万元以上,实现了整户脱贫。

二、教育扶贫上开拓创新

扶贫先扶智,治贫先治愚,教育扶贫是阻断贫困代际传递的治本之策。自脱贫攻坚以来,濮阳县全面发力,综合施策,逐渐形成了教育脱贫攻坚的濮阳县经验。2016—2018年,该县共资助贫困学生4504人,发放资助金6354.44万元,为11634名贫困大学生、研究生办理助学贷款 8236.7 万元；动员社会捐资助学 510 万元，资助贫困学生 3512 人；对适龄儿童进行动态管理，确保每一个孩子都能入学，全县义务教育净入学率 100%，实现了"人人有学上、个个不辍学"的目标；职业教育在校生 8724 人，全省领先，实行产教融合，校企合作，95% 以上的学生都能实现有质量的就业，月均收入在 4000 元以上，实现了一人就学全家脱贫，"全国农村职业教育与成人教育示范县"通过复审。濮阳县经验得到了国家、省、市有关部门及媒体的肯定和推广。濮阳市教育扶贫工作、全省"国培计划"送教下乡培训工作、全省职业教育教学模式改革、全国农村小规模学校联盟、全国"核心素养与课程改革"、中国网"寻找中国好教育走进濮阳县高峰论坛"等多个现场会相继在县召开，中国好老师公益行动计划和全国多家教育公益组织走进县城，《河南日报》《教育时报》《河南教育》等多家媒体也相继以《一个都不能少》《濮阳县教育扶贫四策并举出真力》等为题报道了濮阳县教育脱贫攻坚工作。

（一）创新职业教育，舒缓就业压力

濮阳县是农业大县，农业人口 112 万人，有 2 所职业学校，国家级重点和省级重点各一所。职业教育对脱贫攻坚具有重要意义。在教育扶贫工作中，濮阳县充分利用河南省职业教育强县优势，加强职业教育和技能培训，坚持以"入学一人、就业一人、脱贫一家"为目标，为贫困家庭脱贫致富搭建平台。

创新办学模式，促进就业脱贫。深入推进职业教育教学模式改革，强化校企合作，产教融合，全面提高职业教育服务脱贫攻坚贡献的能力。先后与德国柏林职教集团、韩国京东大学台湾三之三教育集团、京东、阿里巴巴、北京邮电大学、省电商协会、省汽车行业协会、海马等共建人才培养实训基地 35 个，建成了河南省德国工业机器人专业实训基地、京东电商濮阳区域运营中心，可提供 800 余个就业岗

位,年培训农村转移就业劳动力 1200 余人。2018 年,两所职业学校在校生 8724 名,比 2015 年增加 5304 人,共吸纳建档立卡贫困家庭学生 673 人就读;2016—2018 年,两校在省级、国家级中职生技能大赛中,获得全省综合成绩第一名和全国中职组特等奖的好成绩。启动职教圆梦行动,专项招录建档立卡家庭学生 355 名,帮助 3880 名建档立卡贫困家庭劳动力和学生接受职业技能培训,通过大力推行工学结合岗实习等培养模式拓宽学生就业渠道,95％的学生实现有质量的就业,人均月收入 4000 多元。海通乡张称湾村建档立卡学生刘夺,2016 年父亲因病去世,家庭陷入贫困,刘夺同学到县职高入学,2018 年到昆山沪光汽车仪征电器公司实习,月工资 4500 元,使家庭摆脱了贫困。王称堌镇武祥屯村建档立卡学生刘平平,父亲遭遇车祸丧失劳动能力,家中姐弟三人均为在校生,所有的重担落在了妈妈身上,家庭负担十分沉重。2017 年,刘平平到县职教中心就读,2018 年,刘平平在学校与京东共建的"京东濮阳区域运营中心"实训,一天最高接单量达到 615 单,获得了"全国京东校企合作风云人物大奖",月工资 4000 余元,实现了一人就学全家脱贫。以刘平平为原型拍摄了全国首部教育扶贫励志网络电影《凤鸣京东》,讲述了她刻苦努力、奋发图强、不断成长立志成才,掌握一技之长,努力通过自己的双手与智慧帮助家庭脱贫致富的典型事迹。该电影先后被人民网、中国网等 50 多家网站转载,诠释了濮阳县职业教育助力脱贫攻坚的新举措和新成效。

拓展技能培训,助力脱贫攻坚。濮阳县充分发挥职业技术和人才资源优势,提高职业教育服务脱贫攻坚贡献的能力,职业教育已经成为濮阳县阻断贫困发生和传递的重要防火墙,以"培训一人、安置一人、脱贫一家、带动一片"为目标;积极面向社会开展电商、烹饪、面点制作、保育员、汽车驾驶、焊工等职业培训和技术服务,帮助广大群众走上了脱贫致富、持续发展的康庄大道,选派专业骨干教师送教下乡,开办精准脱贫技能培训班;创新培训模式,集中授课、分散实习、进场参观,入户指导、跟踪服务,提升贫群众脱贫技能,助力产业扶贫,巩固脱贫成效。2016—2018 年,共举办各类职业技能培训 142 期,受训人员 11313 人。王称堌镇建档立卡户李玉峰参加养殖培训,提振了脱贫信心,增强了脱贫意识,养殖鹌鹑 20000 多只,年均收入 8 万余元,2018 年已光荣脱贫。

(二) 创新工作机制,破解攻坚难题

狠抓推动机制。建立教育管理干部包乡、包村、包户的三级工作责任制,下沉一级,实行点对点的联系对接和帮扶,每周至少一天工作在乡村、吃饭在基层学校。建立县乡校三级教育系统脱贫攻坚周例会制度,专项研究解决教育脱贫攻坚工作中的问题,截至调研,已召开教育脱贫攻坚周例会 48 次。各乡(镇)中心校、中小学校结合实际情况,制定周例会制度、日办制等制度,对标对表抓落实,确保工作落实不过夜。建立教育扶贫督查机制,对表现突出的 11 名干部予以提拔重用,对工作不到位的 9 名干部进行问责。

动态建设教育扶贫数据库。面对资助对象、项目、标准、居住地等多种复杂情况,县教育系统主动作为,破解有资助政策无精准资助对象难题,动态对接全国扶贫数据库、学籍库建设教育扶贫数据库,构建教育资助信息库,形成了一套行之有效的教育资助工作机制。

创新宣传机制。开展万名教师访万家活动,全面宣讲脱贫攻坚政策。充分发挥教师家访的优良传统,将教师家访学生成长环境、访问学生发展困难与脱贫攻坚结合起来,开展教育扶贫宣传"五个一"(一册、一卡、一栏、一书、一活动)活动。"一册"指《教育扶贫政策汇编》宣传册,发放到各乡村、中小学校及所有参与扶贫工作的干部职工,举办教育扶贫政策宣讲和专题培训会;"一卡"指《教育扶贫学生

资助政策明白卡》和《教育扶贫资助问答卡》,发放到贫困户家中;"一栏"指教育资助宣传栏张贴到村务公开栏等醒目位置;"一书"指《教育资助金使用承诺书》和《教育资助温馨告知书》,确保教育资助发放到位,合理使用;"一活动"指"万名教师访万家"等活动,充分发挥教育工作育人功能,家校联动,打通教育惠民"最后一公里"。开展小手拉大手活动,全面营造脱贫攻坚氛围。教育脱贫攻坚把感恩党和政府的好政策、励志脱贫、致富光荣等纳入脱贫攻坚良好环境氛围建设范畴。首先从基层学校发端,而后广泛发动全县中小学生开展的"大手拉小手、扶贫路上一起走"系列化活动,将脱贫攻坚纳入国情教育,将参与家庭脱贫致富奔小康规划成不同的德育活动小主题,创编了《扶贫歌》《志气歌》,开展"我听家长讲扶贫""我给爸妈讲政策""我们家的脱贫致富小故事"等多样化小活动,利用手抄报、问卷调查、主题班会、亲子互动、文艺宣传小分队文艺演出等多种形式,拓展了扶贫政策宣传渠道,发挥教育扶贫的教育和教化功能,推动了感恩教育和励志教育。

(三)汇聚社会捐助,传递爱心能量

拓展教育资助内涵,引领社会善款聚焦。成立濮阳市教育基金会濮阳县工作部,联系"胡立新教育基金"入驻濮阳县,各级慈善总会捐资助学,请社会公益组织对接濮阳县,积极组织社会各界捐资助学,相继举办"金秋助学""阳光爱心助学""慈善晚会"等多场社会公益助学活动,濮阳兴隆国际有限公司、濮阳中天置业有限公司等纷纷拿出数十万元作为教育资助基金,濮阳训达油脂有限公司在八公桥镇专门设立"训达教育基金",用于资助贫困学生完成学业。贫困家庭学生付国栋,2017年被华中科技大学录取,父亲患有心脏病,妹妹患有小儿麻痹症,大学学费愁坏了一家人。慈善捐款为付国栋资助10000元,使他顺利走进了大学校门,解决了他们家庭的后顾之忧。

该县已形成了政府主导社会支持、广泛参与的支教助学格局。

总的来看，打教育脱贫攻坚战不仅靠各位脱贫工作者的开拓创新精神，也同样需要依靠的是工作合力与责任担当。脱贫攻坚涉及社会各个领域，各个部门，靠的是通力合作，形成合力。全县上下联动，县、乡、村三级齐动员，社会部门共同参与，构织了教育扶贫保障防护网。家庭学校、部门行业、政府村街左右协调，信息互通共享，推动了工作不留死角、不留盲区，教育资助不漏户、不漏一人。教育系统党员干部、一线教师齐上阵，学生和家长共参与，融入"小手拉大手、扶贫路上一起走"活动，密切家校合作，增进感情，群众满意度持续提升，形成了强大的工作合力。

教育是国之大计、党之大计，教育扶贫是惠及民生的德政工程、良心工程。治贫先治愚，治愚靠教育，一人上学，一家智慧，教育扶贫是阻断贫困代际传递的治本之策，教育脱贫攻坚是社会的良心。教育系统有关部门、乡村两级带着爱心做工作，怀揣公益搞扶贫，不怕麻烦，不计得失，以开拓创新精神，以脚踏实地的工作作风，走访万家，探访万人，送去党和政府的温暖，传递社会爱心，激励贫困家庭励志脱贫，鼓舞寒门学子求学上进，成才回报社会，汇聚社会正能量成就社会更多的良心公益，使得教育脱贫攻坚真正成为了一项良心工程。

三、危房改造上开拓创新

农村危房改造是实现脱贫工作"两不愁、三保障"的重要内容，是贫困群众的基本生活保障、是民生底线。脱贫攻坚战全面打响以来，濮阳县以习近平总书记关于精准扶贫工作的系列论述为根本遵循，以脱贫攻坚统揽经济社会发展全局，坚决限时实施危房清零，不犹豫、不含糊，坚持解放思想与把握政策并重，大胆创新与守住底线并重,规范程序与强力推进并重,共投入资金4亿元,所有困难家庭都实现了"住有所居,居有所安",全县高质量完成了危房改造清零工作。

(一)任务艰巨复杂,形势严峻迫切

濮阳县县域面积大,995个行政村,农村人口112万人,经过四轮精准识别"回头看",共确认贫困人口27251户、109484人,这些贫困户大都房屋破旧,或者是危房户,或者是危房边缘户。尤其是132个黄河滩区村,长期受到"黄患"的影响,家家竞相打台盖房,贫困家庭没钱翻盖房子,居住的房子几年后就处于低洼地,很快就会变成危房,整个沿黄滩区就是危房比较集中的区域。全县的危房面大点密,情况复杂,短时间内实现危房改造清零工作,任务复杂繁重,形势严峻迫切,存在着一道道障碍,面临着一系列困难。

一是危房等级界定难。全县农村地区地质条件不一,房屋结构不一,材料、年限也不同,所处的地理环境也有差别,尤其是缺少专业鉴定技术队伍,给全县危房鉴定工作带来了较大难度。二是施工队伍短缺,由于同时启动实施大规模的危房改造工程,导致施工队伍紧缺,甚至是一个乡镇区域内找不到一个施工队伍。三是群众思想参差不齐,改造意愿步调不一致,有的目前住在危房中,但想缓一缓等经济条件好了再修建条件更好的房子;有的没有改造启动资金,对房屋改造没有积极主动性;有的要求先补贴后建房,要求政府负责建起房屋后再搬离旧房子;有的无房户没有桩基地,要求安置一块桩基地;有的五保户无儿无女,甚至没有亲戚朋友资助,没有改造意愿;有的新房子建起,旧房子舍不得拆,甚至还在旧房中居住。

面对这些情况、问题和紧迫的改造任务,濮阳县上下切实提高思想站位,将危房改造作为"脱贫攻坚战"必须完胜拿下的"阵地",咬定目标苦干实干,不惜人力、物力、财力投入,把"危房不住人、住人无危房"的工作原则作为一条铁律,刻在每位帮扶队员的心中,使危改工作与全县脱贫攻坚大局、乡村振兴战略同频共振、同步推进。严格执行"两不愁、三保障"的相关精神,精心组织、扎实推进,聚焦建档立卡贫困户、低保户、农村分散供养特困人员和贫困残疾人家庭四类重点对象住房安全问题,下足"绣花"功夫,做实精准文章,用活资源,因户施策,2018年,全县危房改造清零与"人脱贫、村出列、县摘帽"同步完成。

(二)用足用活政策,严格保障成效

濮阳县针对众多的危房改造户,认真研究和分析,不搞"大呼隆一刀切",确定了"因户而异、一户一策、先难后易、逐个突破"的工作思路,逐户"过筛子"、逐户"配钥匙",8000多名干部带着感情入户走访,与群众攀亲、做朋友,把群众当亲人,把群众的事当成自己的事,逐家逐户摸底,了解真实情况,掌握切实数据,用足用活政策,下了一番硬功夫,啃下了一个又一个危房改造的硬骨头。

开展巩固提升。一方面,濮阳县在全面实施危房清零的同时,又投资9200万元,大力开展"六改一增"工程,对10531困难群众和边缘户广泛实施改院、改厕、改厨、改门窗、改墙(地)面、改照明、增添实用家具,全方位提升群众居住质量。如:郎中乡赵堂村赵怀菊一户,之前家里厨房破旧,甚至自家没有厕所,生活居住环境极差。通过实施六改一增,厨房进行了维修,又新建了厕所,硬化了地面,生活环境显著提升,赵怀菊本人写了一封感谢信,对政府表达感激之情。另一方面,开展"督促子女履行赡养义务,保障老人住房安全"活动。针对危房独居老人户,通过签订《孝德赡养协议》履行赡养义务、村委调解、司法援助等方式,1000余户独居老人户实现安居。如:庆祖(镇)潘家村老人潘德濮长期住在危房中,通过乡、村两级人员劝解,签订了《赡养协议》,孩子将老人接回自己家在楼中居住。

实施台账管理。为确保危房改造清零的高质量,濮阳县还开展

了村级房屋档案建立工作,排查所有农户房屋,将房屋分为安全住房、疑似危房、C、D级危房三类,分门别类建立台账,台账将所有房屋登记造册,有房屋照片、有房屋说明、有房主家庭情况、有直系亲属家庭及住房情况等,疑似危房不是唯一住房的还要有安全住房的图片和说明。对住房保障问题要做到该改造的改造、该修缮的修缮、该提升的提升、该鉴定的鉴定、该兜底的兜底,务必确保危房及疑似危房中不住一人。胡状镇雷庄村针对改造量大、情况复杂的情况,由住建局派驻技术人员对全村房屋进行分类,明确专人完善村级房屋档案,对存在的问题详列清单,限定时间节点,一个问题一个问题销号,成为建立村级房屋档案的试点,并制作培训宣传片,在全县推广经验做法。

强化督导考核。濮阳县住房保障指挥部成立督导检查组,实施跟踪督导检查,全程强化监管,全面确保"六个精准"即危房存量精准、对象认定精准、身份信息精准、贫困类型精准、房屋危险等级精准、各级责任精准。通过大力宣传、政策解读、专业改造、资金保障督促检查、逐户销号等措施,截至调研前,共已投资4亿元,全县1.8万户住房困难户全部得以安居,群众的获得感和幸福感大幅提升。

(三)强化四个保障,完善长效机制

强化组织保障。成立了县脱贫攻坚住房保障指挥部,县住建局等部门和各乡(镇)主要负责同志为成员,实行"一把手"负责制,研究制定了《农村在住危房清零专项行动方案》。同时,强化各级干部责任,采取县级干部包乡(镇)、乡级干部包村、村干部包户的工作方法,主要负责同志靠前指挥、亲自过问,分管同志尽职尽责、抓好落实,实行危房改造例会制度,做到"问题处理不过夜",全力确保危改工作高效推进。

强化技术保障。发挥住建部门行业优势,抽调100名高职称、业

务精的专业技术骨干,协助各镇逐村逐户排查危房、制定改造方案、估算改造费用。增加巡查频次,要求工程建设管理员在施工环节到现场指导并做好记录,存在不安全因素的要求立即停工整改。同时,广泛开展合格、环保新型建材推广,加强施工队伍和农村工匠培训,提升工程质量水平,切实把实事做好、好事做实。例如:根据贫困户实际情况,王称堌、柳屯两镇因户施策确定了水泥预制吊装房,既保证了房屋质量,又缩短了改造工期,降低了资金成本。

强化资金保障。2014年以来,共争取上级补助资金近2亿元,其中2018—2019年,共争取中央补助资金1亿元、省级配套资金222万元,共计1.2亿多元,改造完成10373户,在此基础上,县级又投入5410万元用于四类重点对象改造,另安排非四类重点对象、黄河滩区迁建临时过渡安置房3037万元,同时"六改一增"、拆除残垣断壁、危房投入1亿多元,共计投入资金3.08亿元,为农村危房改造顺利实施提供了坚实保障。同时,乡(镇)根据农户困难类型、房屋危险等级、改造方式和群众自筹能力,因户施策分配资金,对特别困难户实施资金兜底,资金以"一卡通"形式发放至农户。

健全管理机制。把农村危房改造与人居环境改善相结合,引导群众转变生活方式、改变生活习惯。投资2亿元高标准建设农村垃圾处理场和19个乡(镇)垃圾中转站,开足乡(镇)垃圾中转站运营马力,增加垃圾压缩运输车清运次数,调动保洁员的积极性,完善"户分类、村收集、乡转运、县处理"的垃圾处理长效机制,全年垃圾清运量达4万吨,顺利通过省级达标验收。不断改善农村人居环境,提升村容村貌、户容户貌,拆除村庄残垣断壁78万平米、危房2.4万间、露天厕所950间、废弃牛栏猪舍1110座,极大改善了村庄村民生活环境。

访谈当中,濮阳县相关领导还说:

群众支持是危房改造清零工作成功的制胜法宝。群众满意不满意,高兴不高兴,是我们工作的出发点和落脚点,危房改造工作直接关系到广大贫困群众的福祉,是提升群众幸福指数最务实的抓手,做到了想群众之所想,急群众之所急,深受绝大多数困难群众的大力配合和全力支持,使整个工作得以顺利推进,并能按时实现清零目标。

作风优良是危房改造清零工作成功的有力保障。2018年农村危房改造是濮阳县发展史上具有里程碑意义的一件大事,改造户数全省最多,四类重点对象改造10373户,比全市其他县区改造户数总和还多。干部作风怎么样,直接决定着整个工作的执行力、推进力和成效。广大干部用政治担当、作风担当、责任担当,打响了无数次集中攻坚,各级领导干部以上率下,使"帮扶一天、住村一晚"成为常态,广大帮扶干部把老百姓的事看成自家的事,与各家各户共同研究危改方案,从危房鉴定、拍照、收集资料、日常监管,到最后竣工验收、资金拨付等等,平均到每户需要走四五趟,累计路程达2万5千米,相当于完成了一次农村危房改造的"长征"壮举。他们以辛勤的付出,换来群众的理解、支持和配合,实现了大诗人杜甫"安得广厦千万间,大庇天下寒士俱欢颜"的千年夙愿。

资金保障是危房改造清零工作成功的坚实基础。千方百计申请上级资金,不惜代价坚决配备到位县级资金,确保资金的全额保障,一分不少。累计投入资金4亿元,其中四类重点对象改造投入2.4亿元,4959户一般户和滩区迁建村改造投入3037万元,"六改一增"投入9200万元,为上万户群众提升生活条件,940万元用于村容村貌、户容户貌的提升,从聚焦四类重点对象到兼顾一般农户,从危房鉴定全覆盖到建立村级房屋档案全覆盖,从建新房到拆危房,从贫困村到非贫困村再到黄河滩区迁建村,农户不仅住上了新房,厨房、厕所等都应改尽改,村容村貌、户容户貌焕然一新,大大提升了群众的获得感和幸福感。

　　总体而言,从濮阳县的农村危房改造工作可以看出,他们坚持把握政策与解放思想并重,大胆创新与守住底线并重,规范程序与强力推进并重。不仅对建档立卡贫困户等四类重点对象做到应改尽改,还对非四类重点对象居住的危房同样进行改造;不仅对C、D级危房进行维修或新建,对唯一住房虽不属于危房,但房屋破旧、透风漏雨等属于疑似危房的,同样采取综合措施进行修缮,切实改善房屋居住条件;不仅对四类重点对象危房改造进行补贴,还投入3037万元对4959户一般户和滩区迁建村改造进行补贴;不仅对贫困户的庭院、厨房、厕所、围墙、门窗、家具等进行"六改一增",而且配备了桌椅板凳、暖气片、电风扇等,四季有换洗衣服。村容村貌、户容户貌焕然一新,广大贫困群众真正实现了"安得广厦千万间,大庇天下寒士俱欢颜"的安居梦想。

第六章

攻坚克难

贫困之冰，非一日之寒；破冰之功，非一春之暖。党的十八大以来，我们党把脱贫攻坚作为全面建成小康社会的底线任务，组织开展了声势浩大的脱贫攻坚人民战争。习近平总书记在全国脱贫攻坚总结表彰大会上强调："党和人民披荆斩棘、栉风沐雨，发扬钉钉子精神，敢于啃硬骨头，攻克了一个又一个贫中之贫、坚中之坚，脱贫攻坚取得了重大历史性成就。"①无论在中国共产党百年艰苦创业的历史上，还是在中国共产党七十余年治国理政的历史上，这都是一个标志性事件，它具有跨越时空的强大力量。习近平总书记还指出，"做好扶贫开发工作，尤其要拿出踏石留印、抓铁有痕的劲头，发扬钉钉子精神，锲而不舍、驰而不息抓下去"②，"脱贫攻坚战不是轻轻松松一冲锋就能打赢的，从决定性成就到全面胜利，面临的困难和挑战依然艰巨，决不能松劲懈怠"③。

---

① 《在全国脱贫攻坚总结表彰大会上的讲话》，人民日报，2021-02-26。
② 《习近平谈打赢脱贫攻坚战：要真扶贫、扶真贫、真脱贫》，人民网-中国共产党新闻网，2018-09-25。
③ 《习近平：在决战决胜脱贫攻坚座谈会上的讲话》，人民日报，2020-03-07。

事实充分证明,攻坚克难精神保证了脱贫攻坚战打得赢、打得好。面对这场"过隘口""攻山头""啃骨头"的硬仗,广大扶贫干部拿出"敢教日月换新天"的气概,鼓起"不破楼兰终不还"的劲头,保持斗争精神,提高斗争本领。脱贫攻坚越到最后紧要关头,时间愈加紧迫、任务更加繁重,越容不得松口气、歇歇脚。特别是突如其来的新冠肺炎疫情,给脱贫攻坚带来的困难和挑战。广大扶贫干部攻坚克难,以久久为功的韧劲、锲而不舍的毅力,一任接着一任干,一张蓝图绘到底,确保脱贫攻坚任务的顺利完成、成果得到人民群众的认可。正如全国脱贫攻坚楷模毛相林所说:"山凿一尺宽一尺,路修一丈长一丈,就算我们这代人穷十年苦十年,也一定要让下辈人过上好日子。"在攻坚克难精神的引领下,广大扶贫工作者同贫困群众一起,敢于斗争、敢于坚持、敢于接力,彻底解决了困扰中华民族几千年的贫困难题,创造了"当惊世界殊"的减贫奇迹。

一、驻村队伍以热血赴使命

两个十年《中国农村扶贫开发纲要》确定了政府主导、分级负责的责任落实机制,要求各级政府对本行政区域内扶贫开发工作负总责,实行党政一把手负总责的扶贫开发工作责任制。为打赢脱贫攻坚战,各级党员干部勇担扶贫重担,细致落实各项扶贫开发任务,以攻坚精神向扶贫脱贫宣战,用攻坚精神诠释了广大党员干部为实现我们党第一个百年奋斗目标而坚定奋斗的信念追求,进而形成了分工明确、责任清晰、任务到人、考核到位,既各司其职、各尽其责,又协调运转、协同发力的扶贫开发格局。驻村队伍是党派到群众身边的干部,是基层群众的贴心人,担负着扎根基层奉献人民的伟大使命。广大驻村干部深入基层,坚守中国共产党人的初心和使命,以实际行动来回馈党和人民的信任。

他们得"民心"。民心，即民情、民意，民之所盼所思。"人所归者天所与，人所畔者天所去。"作为驻村扶贫工作队员，他们入村工作，非亲非故，民情不熟，必须以遍访为基础，熟知村情、民情，方能施策精准、符合民意。就脱贫攻坚而言，他们更要知贫情、户情，对标对表帮助群众分析致贫原因，按照政策规定帮助群众理清发展思路，摸清群众真实意愿，采取政策许可、办法可行、群众满意的扶贫措施，实现"精准"与"认同"的统一。同时，作为驻村帮扶干部，他们放下姿态、跳出"专业"，换位思考把群众作为自己的父母、兄弟、亲戚、朋友……用心倾听群众怨言、上心群众诉求、解答群众疑问、疏解群众心结，用"热情"换群众"暖心"、用"贴心"换群众"舒心"。

他们更"专心"。"不一于汝，而二于物。"驻村扶贫，他们牢记中央规定的十条主要任务及各级规定的职责，积极协助村全力推进脱贫攻坚工作，这是驻村扶贫工作队的"主责"，必须坚守脱贫攻坚这条主线不动摇。他们以"身在兵位、胸为帅谋"的全局观，团结工作队员和村组干部，心无旁骛，紧紧围绕村列出标准，研究上报项目，推进实施，既不调高胃口、也不降低标准，逐条按期补齐；并针对户脱贫"两不愁三保障"和饮水安全指标，对所有农户进行网格化管理，坚持遍访要求，及时动态摸清农户短板弱项，精准落实帮扶措施，逐户销号管理。同时，结合村情实际，广大驻村工作队还利用自身优势特点，立足有效衔接乡村振兴战略的实施，力所能及为所在村构建脱贫巩固二十条标准的基础，帮助村"两委"和村组干部建强基层党组织、坚定理想信念、提升履职能力、建立完善有关议事机制和治理机制，努力打造"不走的工作队"。

他们有"公心"。"公正无私，一言而万民齐。"脱贫攻坚时期，党中央、国务院及各级党委政府的项目资金投入力度之大，前所未有。这么多的"蛋糕"到了基层，如何切分成了必须关注并管住的问题。虽然各级制定了很多切实可行的监督管理措施和运行机制，但一切政策和工作的执行者,都是人,离了人的公心和执行的公正,再好的政策落地都会出现偏差和走样。所以,广大驻村干部对标中央及各级规定,心怀"监督就是关爱"的理念,全面参与所驻村各项扶贫资金项目的研究和实施,尤其对产业扶贫、低保、金融扶贫、易地扶贫搬迁、农村危房改造等方面,落实全过程监管,坚持落实公告公示制度,及时校正偏差,杜绝虚报冒领、优亲厚友等违纪违规行为,坚决做到公开、公平、公正,确保政策落实精准,切实提振群众对党和政府的信心,夯实基层治理基础。

他们献"爱心"。作为机关干部,下沉基层一线驻村扶贫,既是时代需要、工作需要,也是大好的锻炼机会,这将成为他们人生之"一笔财富"。驻村工作队同志倍加珍惜与老百姓的这份缘分,他们走入农村,与不同的老百姓打交道,在落实脱贫攻坚任务工作之外,也会面对群众不同层次、不同类型的诉求,也会发现群众若干困难。他们不仅仅是为完成工作而干工作,可以看到的是,他们是本着全心全意为人民服务的思想,始终都在努力为群众解决最直接、最关心、最现实的困难,尤其是政策不能覆盖的困难,努力通过社会帮扶、挂钩帮扶、爱心机构等渠道,甚至是自身能力或身边资源,帮助协调解决。"爱人者人恒爱之",他们从情感上拉近了与群众的距离,以"爱心"换来与群众"交心"。

他们怀"诚心"。到村以后,驻村扶贫工作队员与村"两委"干部就成了一个战斗整体,大家同吃、同劳动、同工作,同志之间既有战斗之谊,也会有工作分歧。"虽无才力可人群,偶有诚心与古亲",作为机关下派的驻村扶贫工作队员,他们充分理解村干部的不容易,包容村干部的不足,满怀诚心,发挥派驻单位的优势和自身能力,力所能及帮助村"两委"和村干部解决一些因公、因私的困难;对工作中出现的问题,多是本着对战友关心的角度,互相补台,帮助指出不足、予以纠正,帮助树立村干部在群众中的良好形象;同时,广大驻村干部多是站在中间人的角度,帮助调解同志间的工作分歧和矛盾,协调各方关系,努力打造一支团结有力的战斗队伍,构建起了决战决胜脱贫攻坚的强大合力。

(一)高位推动

脱贫攻坚是中国当前重要的民生工程,也是重大的政治任务。驻村队员高度重视脱贫工作,切实承担起扶贫脱贫使命,统筹协调,自上而下地形成了脱贫攻坚有力的组织机构与实施架构,强力推动各相关部门与扶贫干部履责尽责、保质保量地完成了各项脱贫攻坚任务。党执政以来,凸显出了集中力量办大事的政党优势,在推动国家战略布局方面能够形成自上而下的强劲推动力。自脱贫攻坚战打响以来,按照中央要求,各级领导部门形成了"省—市—县—乡—村"五级书记一起抓扶贫的攻坚机制,统筹了各级领导力量与成效落实,极大地推动了各地区脱贫工作强力高效开展,又一次让全国乃至世界人民为"中国力量"而赞叹不已。各贫困县统筹各部门力量,形成扶贫合力,目标直指脱贫摘帽。脱贫攻坚以来,各县将扶贫脱贫提升到应有的政治高度,突出中国共产党集中力量办大事的政党优势,统筹各部门全力投入到脱贫攻坚战中去,为全县脱贫摘帽贡献出了巨大力量。

以濮阳县为例,可以清晰勾勒出其高位推动脱贫攻坚的路线图。

为了坚定打赢脱贫攻坚战的信心决心,该全县驻村队员勠力同心、攻坚克难,狠抓扶贫政策落实落地,各级各部门始终保持较高的政治站位,始终保持尽锐出战、合力攻坚的态势,始终做到高标准、高质量、严要求,坚持不懈,敬终如始,确保夺取收官之战全面胜利。每当号令发出,驻村队员迅速把思想和行动统一到中央和省、市脱贫攻坚决策部署上来,坚定信心决心,以大决战的状态、倒计时的节奏,迅速掀起决战决胜脱贫攻坚的工作热潮。进一步聚焦短板弱项,紧扣

"两不愁三保障"核心标准,瞄准突出问题和薄弱环节,及时查缺补漏,确保高质量完成脱贫指标。进一步把准时间节点,扎实开展脱贫成效自查评估工作。连续三年,濮阳县在全省脱贫考核验收评比中位居前列,一些经验做法得到了国家乡村振兴局、省委省政府的肯定,调研发现习近平总书记提出:

坚持站位全局抓脱贫、跳出脱贫抓脱贫是突出特点。以脱贫攻坚统揽经济社会发展全局,坚持做到"五个统揽",推动脱贫攻坚全面开展。脱贫实践中,濮阳全县各级各部门领导干部始终突出问题导向,切实找准补齐工作中的短板,坚决完成脱贫攻坚政治任务。对脱贫攻坚工作中存在的问题、扶贫领域作风问题,县区党政主要负责同志须亲自检查、亲自研究、亲自下沉一线推动解决。各级各部门都是本着"问题再小也不放过"的原则,逐村逐户逐个项目开展排查整改,推动问题尽快见底、彻底清零。切实加强各级各部门的领导,严格落实四级书记抓扶贫的责任机制,各级书记带头开展一轮又一轮的遍访行动。各级各部门都坚决弘扬"勤勉敬业、敢于担当、马上就办、持之以恒"的工作作风,以作风攻坚力促脱贫攻坚。

(二) 敢为人先

"人不率则不从,身不先则不信。"敢为人先是一种带头精神,敢为人先是一种担当精神。大事难事看担当,越是艰险越向前。广大驻村干部敢为人先,无私无畏。他们在一线把脉前沿阵地,开具"强筋药方",以"不破楼兰终不还"的勇气和毅力,带头同贫困群众一起奋战,以慎始慎终的态度,未雨绸缪地预判,严谨细致的作风,带头担当的韧劲,为广大贫困群众筑起脱贫致富的光明道路。

内黄县中医院的安艳芳派驻到马上乡赵信村任第一书记之初,没少吃闭门羹。但她认识到做老百姓的工作,就要让老百姓的心热起来。于是,她首先深入群众,吃透村情,了解民情,沟通感情。但刚开始去村民家的时候,由于大家对她不了解,吃了很多闭门羹。随后,她就转换角色,以中医院工作人员的身份,带着食物相克表,入户宣讲健康养生知识,很受欢迎。在此基础上,她深入了解村情民意,走访贫困家庭,积极宣传党的扶贫政策,了解群众对脱贫致富的迫切愿望和需求。就这样通过一户一户地走访,亲人似的唠家常,拉近与群众的距离。她先后走访农户400多户,记录走访笔记18本近60万字,吃透了村里基本情况,并将贫困家庭、致贫原因、致富需求等一一登记造册,为每户、每人量身制定了脱贫措施和计划。70多岁的白付生老人患有迟发性脑病,儿子白健伟患肝硬化,孙子、孙女上学,家里厨房年久失修漏雨,了解清楚他家情况后,对症施策、靶向治疗,安艳芳先后为白付生和儿子白健伟两人办理了低保,申请了门诊慢性病,为白付生办理残疾证,享受残疾人补贴,为他的孙子、孙女办理了教育补贴,为白付生的儿媳妇找到公益岗位,并把他家的土地入股到扶贫基地,每年享受各项补贴近两万元。白付生的妻子张东连逢人就说:"安书记人好得嘞!有啥困难,给安书记一说,她就想办法帮助,真是太好了,现在这共产党的干部都真好!"80岁的贫困户吕麦凤老人,丈夫偏瘫卧床10年。安艳芳为吕麦凤老人申请了危房改造,还为这个贫困家庭办理了低保、残疾人补贴等,也不记得往吕麦凤老人家里跑了多少趟。后来,每次安艳芳还没进门,吕麦凤老人就到门口迎接,"听到脚步声,就知道闺女到了。"时间一长,大家都知道安艳芳到村里来是为大家办实事的,特别是她把这里当自己的家乡一样,和当地的村民打成一片,为每一个家庭、每一个人制定脱贫致富措施,为大家描绘致富的美好愿景,并帮助他们一步步实现,既暖热了他们的心,又激发了大家对脱贫致富的热情。

该县的王志奎被派驻到长庆路办事处司马村任第一书记时,起初也是非常困难。他就坚持让一切归零,用脚下充满泥土的心态开展起工作。他来到村里的第一件事,就是"拜师"。王志奎找到办事处的扶贫专干和包村干部,向他们虚心请教扶贫业务知识。他告诉大家,来到这里,他只有一个身份,就是司马村的第一书记,一切从零开始。六个精准、五个一批、四个必到等专业名词的内容,扶贫手册的填写、户档村档的制作、扶贫开发系统的操作。在学习、遗忘、再问、再学、再记的反复的过程里,王志奎硬是啃下了这些"专业课"。他认为,作为驻村第一书记,业务不过关,是坚决不行的。他刚来的第一天就进入角色,拿着笔记本跟村扶贫工作队队员卜令中了解扶贫工作情况,记录扶贫中的重难点问题,给大家起到了很好的示范带动作用。王志奎除了学习业务知识,其余时间也没有一刻闲着。全村 410 户农户,一家家跑,一家家自我介绍,一家家留号码。也有过碰壁的时候,有时候村里其他同志没有时间带他去走访,他就自己一个人问着路去,有的群众怕是骗子,都不让上门,让王志奎哭笑不得。特别是晚上,当村里其他同志下班回家后,他所带领的扶贫工作队就成了"留守人员"。王志奎就制定走访表,每天晚上走访几户人家,一有新的帮扶政策,第一时间送上门。有一次,乡里开小额信贷宣讲现场会时,贫困户李社民因为干农活没去参加,王志奎晚上就专门跑去告诉了他,跟他讲收益和风险。等到李社民听了政策后,懂了,就去办好了手续。今年李社民已经拿到了 5 万元的贷款,这笔钱又可以帮他扩大自己的养殖规模。

王志奎在村里还有一个别样的称呼:爱管"闲事"的第一书记。他的到来不仅仅给司马村增强了扶贫工作力量,也在村里充当了"排头兵",处理各种矛盾,决策各类事务。王志奎从不推脱,担起责任,出谋划策,带领司马村村两委出色地完成了上级布置的各项工作任务。入驻司马村后,王志奎发现村里的道路建设非常落后,村里大小 7 条街道,又窄又乱,道路上既有村民堆积的砖石、树木等闲置物品,也有种植的蔬菜,不仅缺乏美观又影响交通。王志奎就召开了村民大会,把修建道路、改变环境的想法,和村民进行了交流,大多数村民表示赞同,可是在道路清障的时候,有几位村民迟迟不理,他就一家一户地做工作,一次不行,两次,两次不行,三次。最终得到了村民的认可,开启了投资 72 万元进行整村道路建设工作,硬化街道 5422.5 平方米,铺设路沿石 3000 米。道路两侧栽种绿化树木 8.5 万棵,安装路灯 120 盏,修建群众活动广场 2100 平方米,建设基层组织活动场所和文化书屋 210 平方米,添置健身器材 20 件。明显改善了人居环境,提升了司马村的文明水平,也为创建富裕生活奠定了坚实基础。

张存亮是濮阳市委市政府督查局驻梨园乡殷庄村的第一书记。2014 年的濮阳县梨园乡殷庄村黄河滩区,一穷二白。家家户户只靠几亩薄田为生。上百亩的废弃坑塘,雨雪难以行走的泥土路,避水台上,住着 123 户村民,却有 98 户贫困户。虽说张存亮豪情壮志在胸,想着终于有机会可以为老百姓做点事情了。可全村几乎都是贫困户的村怎么扶? 满目尽萧条,尘土飞扬的土路,往村里去的必经小桥还是危桥,随时都有坍塌的危险,杨絮、柳絮漫天飘,鹅毛大雪一样。村委办公室是简易房,办公用具都没有,村里过了收麦,收秋,村民啥都不干。年复一年周而复始的生活,就是一眼望不到头的穷日子。怎么才能走出贫穷和落后? 怎么才能带领大家富起来? 那时那刻,张存亮感到了肩上沉甸甸的责任。细细斟酌下来,他决定从以下几个方面开展具体扶贫工作:

第一,逐梦先筑路,纽带心连心。黄河滩的泥土路不是一般的土路,除了难走,更多的是危险。村里通往外界的小桥也是危桥,根本不能过车。平时还好点,天气不好的时候,老人接送孩子上学都害怕不敢走。村里人出行这些年都是从南环路绕行,每天多走两公里的路程。而南环路也是土路,在几个坑塘之间,路面也不宽。雨天的泥泞和两边的深坑都让人望而生畏。祖祖辈辈在这样的环境下生存、无奈、认命。修路的资金可不是小数目,需要扶贫的也不是只有殷庄村。张书记一趟趟地向上级主管部门反映情况,请求支持。只有打通路,养殖业,水产业,各种项目,才能走出去引进来。才能让脱贫的梦想生根发芽。上级主管部门落实情况后,终使扶贫工程设施款533万到位。张存亮和乡亲们一起拉土,填边边角角的坑坑洼洼,南环路、危桥、村里的直通路,做梦都不敢想的事,硬是排除万难,路路畅通了。村与村相连的南环路,不但成了出行的方便路,还成了几个村的乡亲们的健身、观景路。跑步健身,两边坑塘种树,鱼儿游,池塘里放鸭,放鹅,好环境让美丽的鸟儿也来栖息。另外还在村里新建了59个路灯,打了12眼机井。在通往幸福的路上,乡亲们有了底气和信心。

第二,南土北调,变废为宝。村里到了春天的时候到处都飘着杨絮、柳絮,除了造成了空气污染,还引发了火灾。有两辆车,一家农户,都在火灾中雪上加霜。当断不断,必有后患。张书记想出奇招,从南边的废坑挖土,填平北边的坑塘。这边注水养鱼,养蟹,养鹅,那边种上树,树下还不耽搁种庄稼种菜。美好的蓝图,被部分村民们因为眼前的个人利益而极力阻挠。当时不解苦心没有格局的村民们,对张存亮指责、谩骂,还有人扬言抱着杨树共存亡。真是让他哭笑不得。挖土机就在那无奈地对峙着,"开工!"张存亮没有半点犹豫。"乡亲们,张存亮以人格承诺,这个村所有的人都是自己的亲人,从今以后,自己就住在这里,大家有啥气,随便在我身上出,打不还手,骂不还口。直到大家活的穷变富的那一天为止!"负面的情绪被这样的承诺渐渐融化,大家都纷纷表态:"不就是荒芜了多年的废坑塘吗?让他折腾折腾试试吧。"如今的画面,都是昨日的艰辛。鱼塘里投放的鱼苗欢快地游,各种树木栽遍每一处阡陌。白蜡,女贞,大叶乔木,六万余棵。树下的麦田也格外得青。谁家的坑塘等着分红好收成吧,260多亩一人多深的坑啊,都变成了绿洲风景。张存亮数不清,自己的手,磨了多少血泡。最终,变废为宝,也是他在这个受命脱贫攻坚的小村庄,打下信任和魄力的一战。

第三,敢为天下先,全村土地流转。民以食为天,每家的几亩薄田,就是安身立命的根基。而在难以控制灾情的黄河滩区,旱涝不能保收。许多时候,一亩地经过一年挥汗如雨的收成,却不足千元。春耕秋收的体力活,家家户户年富力强的劳力,都困在村里。正当张存亮一筹莫展的时候,汇源肉羊养殖抛来了合作意向的橄榄枝。承包全村的土地,每亩地每年租金1003元。这可是大好事啊,这样下来村里所有人的土地收入比每年自己辛辛苦苦种地还多,还能把所有的人力腾出来。这让张存亮觉得特别激动的大好事却遭到了全村的反对。老百姓说,没有了土地,怎么活下去?吃什么,喝什么?全村123户,他亲自走进每一户。不是已经很穷了吗?为什么不思"变"?土地只是被租用了,收入和自己种着一样,大家可以长年出去务工挣钱,没有农忙时节收麦收秋的后顾之忧了,河滩还有天然牧场,不想外出的在家搞养殖,政府扶持牛羊养殖。想学技术的,免费培训,补贴培训费,包找工作。真心换来民心。这么好,这么多的好政策,有人开始扭转态度和思想了。活就活它个穷变富,活就活它个换新天。乡亲们吃了许多定心丸,把赖以生存的一千多亩土地全部流转了。地包出去了,张存亮感觉肩上的担子和责任更重了,一定不能只让乡亲们只吃上饭,必须脱贫富起来。

张存亮和市督查局积极协调,把建筑工程师请到村里,教会村民木工、瓦工。现在这些技工,出去务工每天都有200元的收入。不愿出村的,张存亮就向上级申请省扶贫资金30多万元,把牛、羊,送到每个贫困户家里。让大家吃下定心丸,勤劳就会脱贫。村里上了年纪的乡亲和干不动重活的妇女怎么办?张存亮又开始外出考察,寻找合作。经过筛选,他寻找到了制伞,假发初步制作、分拣头发和藤椅制作,投资5万多元,安排30名年老村民就业,这是最轻的活儿,年龄大的妇女,在家里分拣头发,制作雨伞零件,每天的馒头钱、菜钱都出来了。

殷德文的女儿在南方外企内衣加工厂工作,收入不错。张存亮知道这个情况后,察觉到了商机,找到她们,为什么不考虑把加工"带回村"呀?让村里的妇女既能照顾家,又能挣收入?殷德文眼睛一亮,说干就干,让女儿把想法和厂里一说,厂里完全赞同。农家小院,拉回机器,厂家发来布料,就成了小小加工厂。缝纫机,裁布料,这可都是农村女子的强项。没有强制工作时间,闲了就来干活,打卡计件,干多少活就拿多少钱。可把在家不能出村的女子们高兴坏了,勤劳的人们不辞辛苦,每人每月都有几千块钱的收入。殷德文带领乡亲们致富,还竞选上了村支书。访谈当中,张存亮激动地举起手说道:

> 看前面,就是这一户没有落锁的人家。院里有些异味,这是村里原来最穷的贫困户殷中修的家。爱人瘫痪了十几年,儿子意外烧伤成残疾人。每年的医药费压得活不下去,我刚来的时候,殷中修对我说,活够了,不想作难了,想推着残疾妻子一起投黄河,问残疾孩子能不能托付给政府……看到这样的家庭情况,我心疼如刀割,一定要让这样一个家,每个人都活下去……知道他原来养过猪,有养殖经验。我就给他申请了两头牛,两只羊,让他通过勤劳,改变现状,和他达成驻村第一帮扶对象。原来的两头牛已经发展成了9头,后院还养了好几头猪,每头牛能卖上万元,殷中修怎么也没有想到,吃饭都成问题的家,如今年收入十几万。村民们都说啊,提起张书记,他都感动得想跪下。瘫痪在床的老大娘,看到我,笑着哭。尘世间,最深的感恩,无声而憾心……

所有数字的美好转换都见证了张存亮这五年的驻村攻坚克难

的政绩。只有两户没有任何劳动能力的贫困户由国家承包,其余全村脱贫。村里现在没有一个闲人,养鸡专业户四户,养牛专业户六户,养猪专业户一户。村里荒地全部开垦,与郑州绿化公司签订合同,收益四六分成,村民六,公司四。三年后树木成品,预计可为村里创收1200万左右。家家有收入,人人有进项,目前通过实施精准帮扶,扎实推进各项政策落实。2014年脱贫22户脱贫人口76人,2015年脱贫21户67人,2016年脱贫3户脱贫人口17人,2017年脱贫1户脱贫人口4人,2018年脱贫25户脱贫人口120人。目前政府兜底2户,兜底人口8人,贫困人口发生率1.17%,走在了脱贫的前端。

五年的驻村,遇到的重重困难,酸甜苦辣,只有张存亮自己知道。简陋的住所,厨房卧室一体,每个冬天,都是和衣而卧,第二天早起,感觉身子都是冷的。有时候加班饿了,他就在电饭煲里熬点吃的。什么样的环境都没有摧毁张存亮来到这里的初心,光荣地完成了党和组织交给他的脱贫任务,组织也把肯定和荣誉给了他。2015年,张存亮被评为濮阳市政府黄河滩区扶贫开发优秀帮扶队长、2017年被评为全市优秀共产党员、全市推进重点工作表现突出先进个人和濮阳市五一劳动奖章获得者,2018年被河南省评为优秀第一书记。访谈最后,张存亮自豪地说道:"脱贫路上,我在偏远落后的黄河滩区,秉承共产党员人定胜天的信仰,把荒滩变锦园,让幸福指数,日益增长。"

(三)扎根前行

扎根基层是驻村同志的职责与使命。2018年7月,习近平总书记在全国组织工作会议上指出:"培养选拔优秀年轻干部要放眼各条战线、各个领域、各个行业,注意培养有专业背景的复合型领导干部。对有潜力的优秀年轻干部,还要让他们经受吃劲岗位、重要岗位的磨炼,把重担压到他们身上。"年轻干部是党和国家事业的接班人,只有给他们压上重担之"重",才能避免年轻之"轻",促使优秀的年轻干部脱颖而出,从"潜力股"成长为"实力股"。一些年轻干部往往缺乏在基层中摔打历练、与群众面对面交流以及"脚踩黄泥"的实践经验,需要在基层工作中不断磨砺。各级领导干部必须经常深入基层,深入群众,扎扎实实工作,把党的路线、方针、政策落到实处。党的基层组织和广大党员,都要联系群众,宣传群众,组织群众,充分发挥战斗堡垒作用和先锋模范作用。全体共产党员和党员干部,都要带头学雷锋,一切为群众着想,做人民的公仆。

扎根基层是驻村队伍的责任担当,扎根基层是同人民群众最直接的联系方式。扎根,本意是指植物根系向土壤里生长,《汉语大辞典》对"扎根"二字的定义是:使生根固定。"扎根"常用来比喻深入到人或事物中去打下基础,即根扎得越深,树长得越高,步踏得越实,路走得越远。基层,即指最底层,指各个组织中最靠下的一层。狭义上,基层是用来表示政府行政机关组织中最低的一层组织单位,即城市中的居民委员会和农村中的村民委员会。广义上,基层是指在居民委员会和村民委员会范围内,一种政治层面上具有能跟群众建立最直接联系,方便密切联系群众,紧密关注群众的社会环境。扎根基层,广泛意义上指的是党的基层组织和广大党员深入基层一线,深入人民群众当中,扎扎实实工作,密切联系群众、宣传群众、组织群众,充分发挥战斗堡垒作用和先锋模范作用。人民群众是中国共产党的力量源泉和胜利之本。能否始终保持和发展同人民群众的血肉联系,直接关系到党和国家的盛衰兴亡。党必须把为人民谋利益作为自己全部活动的出发点和归宿。党在长期斗争中创造和发展起来的一切为了群众,一切依靠群众,从群众中来到群众中去的群众路线,是实现党的思想路线、政治路线、组织路线的根本工作路线,是中国共产党的优良传统和政治优势。历史经验反复证明,什么时候党的群众路线执行得好，党群关系密切，我们的事业就顺利发展；什么时候党的群众路线执行得不好，党群关系受到损害，我们的事业就遭受挫折。中国共产党执政以后，有了更多更好的为人民服务的条件。广大党员同志扎根基层，深入到人民群众中去，实实在在地为人民群众谋利益，是实现这一条件的最直接有效的方式。

党员干部扎根基层要对人民群众负责，担负起让老百姓过得更好的伟大责任。中国共产党的宗旨是"全心全意为人民服务"。我国是人民民主专政的社会主义国家，是人民当家作主的国家。国家是人民意志的执行者，是人民利益的捍卫者。因此，中国共产党必须对人民群众负责，让老百姓过得更好。无论时代怎样发展，中国共产党必须坚持"从群众中来，到群众中去"的真理，时刻以人民为中心，从群众中寻找智慧，听取百姓的心声，制定与之相应的政策，形成全国人民团结统一，干部群众一条心，共建和谐新未来的美好局面。广大基层党员同志深入基层，密切同人民群众的联系，领导着人民群众不断胜利前行，是深刻贯彻执行"全心全意为人民服务"宗旨的责任担当。

一年锁城行，一生锁城情。孙红军，一个有着15年党龄的组工干部，积极响应濮阳县委号召，到海通乡商锁城村任第一书记。但当孙红军走进商锁城村，一些情况让他吃惊：商锁城村是重点贫困村，由5个自然村组成，全村共有506户2291人，其中贫困人口有34户125人，村内无集体经济，村活动场所空无一物，大部分街道没有硬化，没有文化广场，等等。眼前的一切让孙红军的心凉了半截。这样的一个村要脱贫谈何容易，孙红军心中不禁暗暗发怵。驻村工作队带着困惑，遍访了村里的群众，与党员和村民代表彻夜长谈。渐渐地致贫的原因清晰显现。孙红军认识到身负的重担，他想，组织派自己来当第一书记，就要履行肩负的使命；脱贫攻坚，就要担当致富的使者，逢山开路、遇水搭桥，定叫旧貌换新颜。

孙红军刚来商锁城时,由于该村是由5个自然村组成,遇事各表一章的现象常有,这样的班子怎能担当起脱贫的重任? 为此,孙红军主动创造机会与村两委成员交流,鼓励引导他们用党性的光辉和村民的福祉战胜个人思想上的瑕疵,把心拴在村内各项事业的发展上,凝聚在脱贫攻坚上。为了进一步加强阵地建设,县委组织部专门为村里配备了办公用品,完善了各项工作制度,使商锁城逐步走上了规范化、制度化的路子。工作中,孙红军带领工作队员和村干部一道到群众家中访贫问苦、敬老扶幼,在守望相助中增进了了解、融洽了感情,也得到了群众的好评。在 2017 年的村党支部民主生活会上,大家敞开心扉、推心置腹、畅所欲言,认清了不足、增进了感情、鼓足了干劲、提高了凝聚力。

　　不忘初心,方得始终。脱贫攻坚是党的第一民生工程,深入乡村参与帮扶,是每一名党员干部应有的担当和情怀。孙红军长期在机关工作,农村工作不熟悉,能争取的社会资源并不多。为了给群众多些帮助,积极出主意想办法。有人想搞水产养殖,他联系市县水利局水产专家来指导;有人想发展家庭式加工业,他带领他们去梨园乡取经;村里土地盐碱影响农作物产量,他请求县农业局专家来指导;有人想外出务工,他就帮助他们联系用工企业。为了立足发展后劲,协助村里上马光伏发电、成立莲藕种植合作社等造血项目,贫困户也通过转移就业、到户增收土地流转等方式增加了收入。现在,乡亲们的腰包鼓了,村内的两层小楼多了,商锁城村已悄然踏上了致富之路。

　　孙红军是农村长大的孩子,也有家,有年迈的父亲和年幼的孩子,而今重任在肩无法照看他们。"人民如父母,锁城是家乡。"孙红军在心中默默这样承诺。为解决困扰已久的出行难、浇地难等问题,他多方奔走,积极争取。如今,村里打了机井,通了自来水、硬化了街道、拓宽了河道、建设了教学楼,正准备安装太阳能路灯、建设文化广场和卫生室!

无数个日夜付出的心血与汗水温暖着每一个家庭，也收获着百姓内心的认同：当整修道路时，乡亲们看到满身汗水的村干部和驻村工作队，纷纷从家里拿出切好的西瓜、端出盛好的热水。让孙红军感动的还不止这些，每当到吃饭的时候，乡亲们总会送来自家种植的黄瓜、豆角，送来煮好的鸡蛋等等……这些充满亲情的关怀让孙红军流下了眼泪，锁城人民早已把孙红军当成了自己的亲人。

朱彦辉在濮阳市移动公司濮阳县分公司任管理员工作，于 2017年 5 月被县组织部派到白堽乡庞楼村任第一书记到村帮扶。原来村内胡同未硬化，没有文化广场，没有太阳能路灯，存在贫困户识别不精准现象。朱彦辉驻村工作后，在扶贫对象精准识别和认定方面，严格执行农民人均纯收入标准。即根据农民人均纯收入以上年度的国家农村扶贫标准为基本依据（2017 年标准人均年收入 3208 元），对符合条件的农户整户识别。然后，统筹考虑"两不愁三保障"因素。不愁吃，口粮不愁，主食细粮有保障。不愁穿，四季有换季衣服，日常有换洗衣服。义务教育，农户家庭中有子女上学负担较重，虽然人均收入达到识别标准，但也要考虑纳入扶贫对象。基本医疗，农户家庭成员因患大病或长期慢性病，影响家庭成员正常生活，需要经常住院治疗或长期用药治疗，刚性支出较多，虽然人均纯收入达到识别标准，也要统筹考虑纳入扶贫对象。住房安全，农户居住用房是 C、D 级危房的，虽然人均纯收入达到识别标准，也要统筹考虑纳入扶贫对象。之后，朱彦辉同驻村队员每天都走访入户、落实扶贫政策、推进帮扶措施、解决村里的实际问题，与村里互联互助、协调一致帮扶，工作中一对一结对帮扶，贫困户分包帮扶，工作队与村两委配合非常默契。他们一起建强基层组织，包括加强村"两委"班子建设，加强党员队伍建设和发挥村级组织活动场所作用；一起推动精准扶贫，制定发展规划，发展特色产业，落实对贫困户的具体帮扶措施，发展壮大村集体经济；一起为民办事服务，加强基础设施建设，完善便民服务制度；一起提升治理水平,完善民主管理制度,积极推进美丽乡村建设,维护农村和谐稳定。现在村内道路及胡同全部硬化到户,新建文化广场及文化活动室,还安装了太阳能路灯40盏。并且理顺了村级扶贫档案,村里贫困户识别工作开展顺利。当前,村内已经流转土地230亩搞莲藕种植。贫困户土地流转每亩1000元,带动贫困劳动力15人就业,每月1500元的收入。扶贫就业超市一个,带动了一户贫困户就业。

为了多渠道致富,苏雄飞和驻村工作队成员主动作为,协调濮阳县王称堌镇党委政府,争取县级项目资金,在孟楼村西建600平方就业扶贫工厂一座,并招商"都来"童车加工,现该就业扶贫点共计带动孟楼村20户贫困户就业,月收入2000元左右,让孟楼村百姓在家门口就可以打工挣钱。濮阳县检察院作为王称堌镇孟楼村的帮扶单位,始终把服务大局作为第一要务,立足职能,主动担当,积极作为,扎实推进脱贫攻坚工作。从2014年以来濮阳县检察院为了彻底改善孟楼村的落后面貌,共计协调各类资金1000余万元,用于该村的基础设施建设及村集体经济发展,使孟楼村原来的落后面貌焕然一新。同时,濮阳县检察院为驻村扶贫工作提供强有力的人员保障:选派3名年轻、工作能力突出的干警,由第一书记带头长期吃住在村,坚持五天四夜工作制度,并为每户贫困户明确帮扶责任人一名,由院内科室正副职担任,坚持每周四帮扶日入户开展一对一的帮扶工作。

扶贫工作中问题很多,处理的办法也很多。苏雄飞在访谈中说道:

> 我们在扶贫工作中遇到过这样或那样的问题很多,处理的办法也多种多样。我们驻村工作队在濮阳县委县政府的要求下,成立党员互助组与"五老"扶志组,建立健全了村内广播站,

解决问题充分发挥了"一站两组"的作用。

比如一般户对扶贫政策有意见,觉得贫困户享受政策多,实惠多,自己也是孟楼村百姓,却没有享受到国家的扶贫政策。遇到这样的情况,我们驻村工作队,充分发挥村内党员的先进作用,采取党员包户的形式,让党员到各户当中宣传扶贫政策,做思想工作,并成立村内"五老"组,让村内德高望重的老人给有意见的一般户开会,做他们思想工作,还利用村内广播站、宣传栏等形式播放宣传村内扶贫前和扶贫后的前后变化,让一般户知道自己也是国家扶贫政策的受益者,从而消除矛盾,提高群众满意度。

内黄县中医院的安艳芳作为驻村第一书记先后走访农户400多户,记录走访笔记18本近60万字,吃透了村里基本情况,并将贫困家庭、致贫原因、致富需求等一一登记造册,为每户、每人量身制定了脱贫措施和计划。访谈中,安艳芳回忆自己同老百姓一个心思打拼、奋斗的历程时,还激动地说道:

其实啊,百姓的心热了,村庄的面貌美了,群众的腰包鼓了,我的家庭也被感染了。有时,驻村工作很忙,我就把上小学三年级的儿子接到村室,耳濡目染,儿子也成了宣传员。他的班主任对我说,让用"精准"两字造句,我儿子组了"精准扶贫,不落一人"!听到这些,我开怀大笑,不愧是扶贫干部的孩子。我儿子的作业,有一道题是这样的:"如果你有一支神笔,你最想画什么,为什么?"我儿子的回答是:如果我有一支神笔,我最想画好多好多的机器人,可以帮助妈妈去扶贫。在乡政府工作的丈夫,也主动请缨,到我驻的村去帮扶贫困户。别人开玩笑:一人扶贫,全家动员!

通过大家辛勤的付出,也得到了回报。赵信村由一个贫困村变成了远近闻名的明星村。赵信村先后获得内黄县"脱贫攻坚先进集体""红旗党支部"等称号,我本人也荣获"河南省优秀第一书记"等荣誉称号。用我自己的话说:"荣誉只是一时的称号,富民强村永远在路上。下一步,我将继续发挥一名党员的先锋模范作用,认真履行第一书记的职责,我会以坚持不懈的努力,让全村老百姓早日过上小康生活!"

2015年,贾艳杰根据内黄县委县政府工作部署和内黄县公共资源交易中心研究决定,被选派为南沟村后街驻村第一书记。楚旺镇南沟村后街,位于内黄县楚旺镇东北约4公里处,与河北省魏县张二庄乡接壤,素有河南北大门之称,该村共有6个村民小组,480户,2056人,耕地面积2100亩。多年来,受地理环境、交通等条件限制,南沟村后街发展受限,特别是水、电、路等形势十分严峻,是楚旺镇出了名的贫困村。刚到这里来的时候,贾艳杰深感压力很大。他决定要从零开始、脚踏实地、真打实干,确立了吃透、摸准、抓精的"精、细、实"工作思路,迅速组织召开两委班子会、党员大会,逐户走访,吃住在村,对村民们的生活情况、主要经济来源、种养殖情况等进行了充分了解,并建立民情民意档案。在此基础上,贾艳杰不断激发两委班子成员和党员群众"盼脱贫,想致富"的积极性和奔小康的欲望,积极带领驻村工作队和两委班子,从该村三年帮扶计划的制定,到帮扶措施,一步一个脚印,攻坚克难,在落实中找问题,在问题中找突破。结合村基础设施薄弱的实际,贾艳杰紧紧抓住全县脱贫攻坚工作的有利形势,找政策、抓关键,先后全力争取到各类扶贫项目资金386余万元,在村里建设了新村室,新修了柏油路,建了公厕,配全了体育器材,搞起了文化大舞台和文化广场,村居环境得到实实在在的改变,老百姓真真切切地感受到扶贫工作带来的"好日子"。在村级阵地建设上,贾艳杰从大处着眼,从细节入手,努力争取南沟村后街2家帮扶单位的大力支持,积极协调到帮扶单位资金 15 万余元,为村级活动室增添了办公家具,建设了孝老爱亲文化墙,对贫困户家庭环境进行了改善,实现南沟村后街旧貌换新颜。

朱彦辉是 2017 年 5 月被濮阳县组织部派到白堽乡庞楼村任第一书记到村帮扶的。原来村内胡同未硬化,没有文化广场,没有太阳能路灯,存在贫困户识别不精准现象。现在村内道路及胡同全部硬化到户,新建文化广场及文化活动室,还安装了太阳能路灯 40 盏。并且理顺了村级扶贫档案,村里贫困户识别工作开展顺利。

濮阳县的苏雄飞在谈及驻村前后村里的变化时,也提到:

> 我与驻村工作队两名队员是 2018 年 4 月份开始到王称堌镇孟楼村开展帮扶工作的。扶贫之前的孟楼村入村出村没有一条像样的道路,入户的胡同都是泥土路,村内垃圾到处成堆,房屋破旧,基础设施落后。该村濒临黄河,村里百姓常年遭受水进人退困扰,部分老百姓的生活只能解决自己的温饱问题,看病难、上学难的问题突出。村民经济收入主要以务农、外出务工收入为主,村内无村办企业,发展集体经济难度大,全村共有贫困户 77 户 335 人,贫困户发生率在 50% 左右,是一个典型的深度贫困村。
>
> 经过驻村工作队不懈努力,孟楼村各项基础设施全部兴建完成,入村南北两条主干道公路全部修通,入户胡同全部建设为油漆道路,打机井 17 眼,安装路灯 35 盏,修建生产桥梁 18 座,建设一座规范化农村文化活动广场及健身娱乐器械,在孟楼村小学建设少年宫一所,机井配套电网工程 4000 米,村美化墙建设 1500 米。粉刷扶贫宣传标语 30 条,建设爱心超市一座,为解决孟楼村孩子上学难问题,在孟楼村东建设一所标准化幼儿园,投资 300 余万元(主体工程已经建设完毕)。

2018年孟楼村流转村内土地730亩,成立孟楼农业发展有限公司与河南中翔草药有限公司合作全村进行大规模艾草种植,并计划2019年在村东建一座2000平方米的艾草加工厂,进行艾叶及艾根的深加工,大力发展了村集体经济,从根本上消除本村贫困。2018年兴建"都来"童车加工扶贫工厂一座,带动20户贫困户就业,月收入2000元左右。

孟楼村于2018年9月底共脱贫73户326人,剩余4户9人。并且对照村出列目标,各项基础设施都已建设完毕,村集体经济、村办企业发展良好,为孟楼村退出贫困户村行列打下坚实基础。现在的孟楼村已成为王称堌镇的先进村,村民家家有产业,户户奔小康,已经呈现出一派蓬勃发展、欣欣向荣的新景象,实现整村脱贫。

总的来讲,自驻村工作开展以来,各位驻村队员紧紧围绕落实"建强基层组织、推动精准扶贫、为民办事服务、提升治理水平"四项职责任务,以对党绝对忠诚、对事业高度负责、对人民无限热爱的政治品格和高尚情怀,扑下身子、扎根基层、融入群众、担当奉献、克难攻坚,在加强农村基层党组织建设、推动脱贫攻坚等重点任务中做了大量卓有成效的工作,得到了社会各界和当地干部群众的一致认可和广泛赞誉。选派第一书记驻村工作,是脱贫攻坚的重要工作方式,是组织的信任,更是贫困群众的深切期盼。驻村干部,使命光荣、责任重大,是你们,以扎根基层,无私无畏的攻坚精神在这场脱贫攻坚战中冲锋陷阵、建功立业。

二、基层干部以行动践诺言

打赢脱贫攻坚战,重点在一线,关键看干部。党的十八大以来,党中央把脱贫攻坚摆在更加突出的位置,打响脱贫攻坚战,全党全国上下同心、顽强奋战,取得了决定性进展和历史性成就。打好脱贫攻坚战,关键在人,全国基层扶贫干部奋战在脱贫攻坚一线,做出了重要贡献。

（一）忠诚担当,自觉引领

习近平总书记高度重视基层干部,指出:"基层干部离群众最近,群众看我们党,首先就看基层干部。基层是加强党的执政能力建设的基础,基础不牢,地动山摇。"基层是国家各项方针政策的"落脚点",基层干部是聆听群众心声的"传声筒",是改革、发展、稳定的"第一线"。有人说,基层干部是"铜头铁嘴橡皮肚子飞毛腿",形象地说明基层干部敢挑重担、能说会道、包容忍耐、办事利索。在基层一线,党员干部不仅可以面对面地感受群众的喜怒哀乐,还能真正沉下去触摸到最直接、最真实、最具体的社情民意,不仅可以丰富党员干部的人生阅历,同时也为党员干部增长见识、茁壮心力、提高能力搭建了一个广阔的大舞台。[1]

"农村富不富,关键看支部;支部强不强,全靠领头羊。"好的村两委班子,是脱贫攻坚的强劲动力,是富民增收的根本保证。自从世界有了国家后,就有了政权。国家政权的构成是金字塔形,政权的最低处就是村委会这一基层组织。党和国家的方针、政策,都要通过村级组织来最终落实。基层干部是打通群众的最后一公里,在脱贫攻坚中有着诸多优势,没有基层组织这一级,国家精准脱贫战略就缺少了先进引领,脱贫成效也就没有了根本保障。基层干部是脱贫攻坚的排头兵,政府、社会各界倾力扶贫,只是外因,村干部和贫困村民一心

---

① 王彦龙:《习近平党的基层组织建设思想论析》,《吉林省社会主义学院学报》2019 年第1 期。

脱贫,这才是内因。当内外因同时作用,尤其当内因发挥主观能动性、形成先进引领时,脱贫攻坚自然会水到渠成。

作为与贫困群众联系最为紧密的广大基层干部在扶贫工作中以行动践诺言,敢闯敢干,积极发挥出了忠诚担当、自觉引领作用。尤其是在脱贫攻坚进入啃"硬骨头"、攻坚拔寨的冲刺期,如何攻克农村贫困"面宽、量大、程度深"这一难题,基层干部可谓是起到了关键作用,在关键时期当好了脱贫攻坚的"主力军"。广大基层干部敢闯敢干,坚持一切从贫困村实际和贫困户脱贫致富的迫切需求出发,坚持标本兼治,输血与造血相结合,以产业扶贫为核心,教育扶贫、医疗扶贫、政策兜底等多措并举,积极发挥出了基层干部"主力军"作用,充分调动广大群众积极性。同时,基层干部对党忠诚,有担当,始终坚持脱贫高标准。依托各帮扶单位行业优势,借力而行,使得各村集体扶贫工作取得了显著成效。在脱贫攻坚战面前,广大基层干部充分表现出了忠诚担当精神,为打通最后一公里做出了突出贡献。可以说,他们用攻坚克难的勇气和精准严实的作风坚决打赢打好了脱贫攻坚这场硬仗,向组织和群众交了一份满意答卷。一是充分发挥了基层党建作用,引领群众致富。党支部形成坚强的战斗堡垒,全体党员亮身份、讲奉献,充分发挥脱贫攻坚主力军作用,带领全村群众致富奔小康;二是利用本地资源优势,发展了特色产业。做大做强养殖、旅游、光伏发电等各类产业扶贫项目,通过产业带动,项目示范等途径让贫困群众彻底挖掉"穷"根子,甩掉"穷"帽子。三是推行乡村振兴战略,逐步建设起了美丽乡村。积极争取扶贫项目资金支持,加大人、财、物精准投入力度,完善基础设施建设,改善优化人居环境。

伟大的事业呼唤干事创业的人,广大的基层工作者是脱贫致富的中坚力量,是带领贫困群众脱离贫困的领路羊。在濮阳县,有立下愚公志、拔穷根开富路的邓迎香;有心系家乡、创新产业模式,带领老乡养羊脱贫的刘锦秀;有放弃城市高薪,坚守穷乡僻壤,让"空心村"

富裕的李君。这些长年奋战在脱贫攻坚第一线的优秀工作者扎根基层、吃苦耐劳、咬定目标不放松，一心一意带领群众脱贫致富。榜样的力量号召更多的基层工作者立下军令状，少说多干、埋头苦干，真抓实干。在贫困原因、对策上多下功夫，精准施策、靶向治疗；到基层多走走，和贫困群众多谈谈心、了解脱贫情况；扶贫扶志更扶智，激发贫困群众内生力；产业扶贫、教育扶贫、医疗扶贫、异地搬迁多线结合，让扶贫成果落在实处。

正如内黄县亳城镇赵七级党支部书记秦学印在访谈中提到，自2014年担任村支部书记以来，深感责任在肩，使命重大，每一年的工作付出，有所收获，农村工作千头万绪，喜怒哀乐、尽在其中。在镇党委、政府的正确领导下，在全体村民的积极配合下，紧紧围绕着村两委年初制定的工作思想、目标和任务，齐心协力，奋力拼搏，各项工作都取得比较圆满的成绩。首先是交通建设、基本农田建设、危房改造、电力设施等方面有着突出贡献。其次，在公共服务方面，一是为村里修建了文化大院，约800平方米，有文化活动室和村民图书室，图书室藏书能够满足村民发展生产的知识需求，村民也有了文体活动场所，内容非常丰富，有广场舞、唱歌、绘画、书法、梅花拳等，使村民身心得到了健康发展。二是为村里改善了信息化发展通道，全村都通了宽带，有条件的家里都买上了电脑，方便了生活。三是极大解决了孩子们的教育问题。学前三年教育入园率100%；义务教育入学率100%；高中阶段入学率100%，知识改变命运，家家户户的孩子都能有学上。四是切实提升了群众的医疗保障水平。村里有了标准化卫生室，有合格医生，新型农村合作医疗参合率稳定在100%，家门口就能看日常小病，生大病也不怕了。五是为特殊群体完善了社会保障。新型农村社会养老保险实现全覆盖；"五保户"得到全部供养；符合条件的贫困家庭全部纳入农村居民最低生活保障范围，应保尽保；特困户有切合实际的临时救助制度，救助资金按时足额发放。最后，在乡村文明方面,尤其在美化、绿化、量化、净化、村风上面下了大功夫,现在村里主要街道民房墙壁全部粉刷一新,有宣传画、有绿化、有路灯、有垃圾池、垃圾箱,村容村貌整洁,社会治安状况良好,无"黄、赌、毒"现象。

(二)积极探索,敢于开拓

在基层干部同志的共同努力下,濮阳县深度贫困村渠村乡大闵城村独自走出了一套"大闵城模式"。2018年5月份探索"大闵城模式"发展村集体经济以来,县委高度重视,大闵城村探索出了一条资源变资产、资产变资金、资金促产业的有效路径,取得了阶段性成效。2018年10月30日,时任河南省委常委、宣传部长的江凌到濮阳县调研改革工作时,对"大闵城模式"给予了充分认可,河南省委改革办予以专期刊发,并报送中央改革办。调研访谈时,濮阳县正以点带面,试点推进,"大闵城模式"试点村共有40个,30个村已注册集体公司,其中,17个村实现贷款,贷款资金780万元,13个村正在办理贷款手续,近期可实现贷款资金到位630万元。截至调研节点,已初步形成了以打造濮渠路沿线为主,兼顾其他乡镇的发展格局,共涉及渠村、海通乡、郎中乡、庆祖镇、子岸镇、五星乡、王称堌镇、梨园乡、白垩乡、习城乡、梁庄镇、户部寨镇、文留镇、柳屯镇等14个乡(镇),实现了由点到线,由线到面的拓展延伸,发展势头良好。

村两委的强战斗力是"大闵城模式"发展的基础条件。濮阳县大闵城村具备的有利条件,首先就是村两委班子战斗力强。村两委班子成员团结协作,带富能力强,有经济头脑,支书、村长都有多年市场经营经验,建有标准化规模化的养猪场,会计带头发展养鹅,村两委班子成员在群众中有影响力和号召力。其次,村内有产业基础。该村种植、养殖等产业基础扎实。近年来,积极发展养猪、养鹅,形成规模化,年出栏育肥猪5000余头、鸡鹅等15000只。同时,积极调整种植结构,大面积种植韭菜、菊花等,仅韭菜种植面积就达 200 余亩。三是干群思想解放。全村有 200 余名青壮年劳动力长期在北京、上海等地务工,把一些先进发展理念带到了农村,全村群众发展和致富愿望比较强烈,对新生事物接受能力强,对发展村级集体经济热情高涨,内生动力足。

"大闵城模式"发展村集体经济是农村改革发展的需要。党的十八大以来,党中央、国务院高度重视农村集体产权制度改革,党的十八届三中全会对农村集体产权制度改革提出了明确任务,党的十九大明确提出实施乡村振兴要深化农村集体产权制度改革,推动村集体经济发展是适应当前农村改革发展的迫切需要。"大闵城模式"发展村集体经济是推动乡村振兴战略的需要。实施乡村振兴战略,是党的十九大作出的重大决策部署,作为七大战略之一写入党章,是推进新时代"三农"工作的总抓手。发展村级集体经济,是强农业、美农村、富农民的重要举措,是实现乡村振兴的必由之路。"大闵城模式"发展村集体经济是实现群众对美好生活向往的需要。只有不断发展村级集体经济,村集体"无钱办事的难题才能迎刃而解,才能够不断完善各项基础设施,逐步解决群众就业、教育、就医、养老、住房等问题,切实提高群众的幸福感、获得感。"大闵城模式"发展村集体经济是脱贫攻坚的需要。脱贫攻坚是决胜全面建成小康社会三大攻坚战之一,当前脱贫攻坚是重大政治任务,村级集体经济是一大短板。发展壮大村级集体经济是实现贫困县摘帽、坚决打脱贫攻坚战的迫切需要。

濮阳县基层干部在借鉴外地发展村集体经济模式的基础上,积极探索,敢于开拓,围绕盘活资源做文章,充分利用村内的荒地、坑塘、机井等村集体资源,让资源活起来,探索出登记确权颁证、评估贷款上项目、公司化运作现代化企业管理三步曲运行的模式,着力打造 N+1"(N 即三步曲模式,1 即各具特色的项目)可复制可推广的成功经验。一是登记确权颁证,实现资源变资产。对村集体资源如坑塘、荒地等进行登记,摸清底子,清产核资,由相应的县直部门进行确权颁证,明确产权,实现资源变资产。如:资源型资产(主要是村坑塘、荒地等),由县国土局确权颁证;经营性资产(主要是农业生产设施,如机井及配套设施等),由县水利局确权颁证;非经营性资产(主要是村室、卫生室等),由县房产局确权颁证。二是评估贷款上项目,实现资产变资金助推发展。对可进行抵押贷款的集体资产由专业的评估机构免费进行科学评估,实现了资源由"死"到"活"的蝶变升级,资产价值得到体现。集体资产评估后,到县两权抵押贷款服务中心进行抵押贷款,按照不超过该村集体资产评估价值的 30%,给予公司贷款,实现资产变资金,破解村级集体经济发展缺少资金的瓶颈,为壮大集体经济创造条件。为助推村集体经济快速发展,进一步提高放贷额度,由村集体资产评估价值的 30%提高到 60%。并且,针对村集体经济发展中的粉条加工厂等产业项目进行二次资产评估,进一步盘活利用村集体资产,实现死资产变活,有效解决了启动资金不足的问题。该村充分利用贷款资金着力在调优农业种植结构上做文章,在种植红薯的同时,一二三产融合发展,积极发展粉条深加工、休闲项目建设,快速推动了经济发展。三是公司化运作现代化企业管理实现资金变效益。成立村集体性质的公司,由公司负责金融贷款和生产经营的管理。成立董事会、监事会,实行现代化企业管理模式;规范村级财务管理制度机制,加强村集体经济资金的使用和监管;聘请经济能人担任总经理,带领企业快速发展;鼓励村民入股,参与分红,增加农民收入;坚持实行"四议两公开"工作制度,集体经济收入服务村内公益事业建设,为集体经济持续健康发展提供有力保障。

三、贫困群众以奋斗奔小康

脱贫攻坚的伟大功绩,离不开扶贫干部的辛勤付出,也同样离不开广大群众自强不息、苦干实干的奋斗过程。啃脱贫攻坚的硬骨头，既需要广大基层干部真帮真扶，也需要贫困户自身去攻坚克难，切实通过自身的拼搏与奋斗解决自身贫困问题。贫困群众是扶贫工作的直接参与者和受益者。① 对于贫困群众来说，脱贫的主体是自己，所以想要摆脱贫困，关键还是要靠自己。只有厚植强烈的脱贫内生动力，涵养摆脱贫困，实现全面建成小康社会的内在自觉，才能迸发出强烈的脱贫驱动力量。因此，广大贫困群众大都牢固树立了"等不是办法，干才有希望"的坚定信念，从内心深处实现从"要我脱贫"向"我要脱贫"的观念转变，增强了脱贫信心，实现了自主脱贫。

在脱贫攻坚的实践中，广大贫困群众所表现出来的攻坚克难精神令人振奋。贫困群众有着自立自强、人穷志不穷的精气神，他们一方面在帮扶干部的帮助下，用足用好各项扶贫政策；另一方面又靠自身的努力，通过诚实劳动，奋起直追，用攻坚克难的精神打造属于自己的美好明天。在脱贫攻坚过程中，无数贫困群众靠着自己的双手，跟随国家扶贫脚步，一步步走出了贫困，走向了小康。多地脱贫群众深切地感受到扶贫政策给贫困村带来的巨大变化，在日子越来越好的同时，更加不忘党和政府的恩情，不忘广大干部的付出。

（一）67 岁的她撑起了整个家

20 年前儿子患病，17 年前丈夫患病，而 67 岁的刘秀言却撑起了整个家庭。内黄县六村乡薛村建档立卡贫困户郭俊生和妻子刘秀言正在自家的院子里晒辣椒。浓烈的辛辣味儿直冲鼻腔，但郭俊生夫妇一边晒辣椒一边聊天。他们对这种辣味已经习以为常。"我得过一场大病，都不能吃饭了。现在恢复得还不错。"郭俊生笑着说。原

---

① 万君、张琦：《"内外融合"：精准扶贫机制的发展转型与完善路径》，《南京农业大学学报（社会科学版）》2017 年第 17 期。

来，2003年年底，郭俊生突患脑梗死。"医生说是脑干有了问题，影响到了吞咽功能。在医院住了一个月，郭俊生就出院回家了，因为家里实在没钱治病。"刘秀言说。2000年，他们的儿子被医院诊断为患有精神疾病。为了给儿子看病，他们花光了家里的积蓄，儿子的病情还是时好时坏。儿媳走了，孙子留了下来。郭俊生住院时，家里已经欠了不少债。当时，刘秀言家有两个病人需要照顾，女儿需要上学，孙子需要抚养。当时，刘秀言全家靠着六七亩地的收成过活。亲戚朋友都借过几遍了，刘秀言不好意思再开口。"曾经家里只有5块钱，我们家就是靠着这5块钱，过了一个月。"刘秀言说起当时的辛酸，眼睛红了起来。在刘秀言的精心照顾下，郭俊生慢慢恢复了，能吃饭了能走路了。

丈夫慢慢恢复了，刘秀言要去挣钱。她说："不能只靠种庄稼，不然我们家一直都爬不出这个坑。我赶集时就看别人卖什么东西，我也学学。"刘秀言做起了小生意。农村集会多，她蹬着三轮车开始赶会。"我根据季节不同卖不同的商品。该种菜了我就卖种子，水果成熟了，我就卖水果；冬天到了我就卖手套、护膝等；到了腊月，我就开始卖年货。"刘秀言说，"除了赶会，我还去村里走街串巷。我一般都是快中午才去，因为这时候村民从地里赶回家吃饭，是做生意的好机会。"进货时，刘秀言自己去；卖货时，刘秀言就让儿子坐到三轮车上，既有人做伴，也可以照顾儿子。随着刘秀言的生意越来越好，她卖货时的脚蹬三轮车换成了电动三轮车。"卖货的地方越来越远，怕电动三轮车走着走着没电了，就又换成了机动三轮车。"刘秀言笑着说，家里的生活条件慢慢好了起来，虽然丈夫和儿子每天都需要吃药，但病情稳定了。丈夫能干一些力所能及的活儿，女儿考上了大学并顺利毕业，孙子也上了技校。

渐渐地，刘秀言发现自己的生意不好做了。她说："现在乡里有大超市，村里有小超市。传统生意越来越不好做了。我现在做起了电商,卖包和衣服。"刘秀言的电商之路离不开她的女儿。"现在,我女儿设计包的样式、服装的款式,我来加工,在网上卖得还不错。我女儿学的是服装设计,这还是受我的影响呢。"刘秀言自豪地说:"以前家里穷,我都是买了布头给家人缝衣服。我女儿从小就看我缝衣服,慢慢就学会了。后来,她喜欢上了这一行,在大学里学了服装设计专业。"

当问到今年67岁的刘秀言为什么要做电商时,刘秀言说:"穷怕了,5块钱过了一个月这种经历忘不掉。现在党和政府的扶贫政策这么好,我们自己没有理由不好好干。"扶贫干部一个月之前将刘秀言家的房顶修了,还修建了厨房、厕所、大门等。"我们家享受了企业带动扶贫资金600元、金融带动扶贫资金1200元,儿子有低保金残疾补贴,孙子上学有补贴。享受了这么多好政策,我更要好好干。"刘秀言说:"我做电商刚刚起步。卖包的网店一个月大约收入3000元钱、卖衣服的网店刚开张。我对网店的经营非常有信心,因为所有产品都是根据网友的个性化需要专门设计的,我们不卖大路货。"刘秀言兴致勃勃地说起了她的电商经营之道,对脱贫致富信心满满:"以前那么难我都坚持下来了,现在党和政府的政策这么好,我们家一定能脱贫致富奔小康。"

(二)贫困户打了一场漂亮的翻身仗

在内黄县东庄镇侯流村,贫困户侯永宁不再像以前那样低着头走路,而是笑容满面地和村民们打着招呼。"党和政府的扶贫政策让我们家有了希望,有了盼头,我们家不仅要脱贫,还要致富。"在大棚里,侯永宁深有感触地说。侯永宁家是建档立卡贫困户。他的父亲因病去世,弟弟患有精神疾病,属于二级残疾,母亲患有高血压、心脏病等,需要长期服药。为了看病,本就不富裕的家庭陷入了困境。因为需要照顾家人,侯永宁无法外出打工,只能在种地的同时在附近打零工。"母亲的病需要长期吃药,弟弟犯起病来也只有我能拉得住他。虽然我有的是力气,但是外出打工不现实,在家里,没有本钱也没有技术,不知道能干什么,只能在附近工地、大棚里打零工。"侯永宁说起之前的生活时话语低沉,"说实话,我都 30 多岁了还没有成家。但是,前几年家里就这种情况,没有哪个姑娘愿意嫁给我,当时我也觉得生活没有希望。"

　　侯永宁家的情况,扶贫干部看在眼里。扶贫先扶志,扶贫干部根据侯永宁家的具体情况,为他量身制订了脱贫方案。"侯永宁家病人多,无法外出打工,但是侯永宁的母亲以前种过大棚蔬菜,有种大棚蔬菜的技术。侯永宁 30 多岁,有力气。所以,我们就鼓励侯永宁通过种大棚蔬菜脱贫。"内黄县东庄镇侯流村党支部书记侯水军说,在扶贫干部的鼓励下,侯永宁燃起了追求美好生活的斗志,扶贫先扶志,志立再扶智! 看到侯永宁有了脱贫的志向,扶贫干部帮助侯永宁千方百计解决场地、资金、技术、管理等方面的问题。在哪里建大棚? 侯永宁家虽然有七八亩地,但是地块分散,不能建大棚。扶贫干部帮助侯永宁想办法流转其他村民的土地。有的村民不放心,不愿意将地流转给侯永宁。扶贫干部帮助侯永宁一家一家做工作,终于流转了 8 亩地。流转了土地,资金怎么办? 侯永宁拿出了家里仅有的一万元积蓄,但这远远不够,扶贫干部又帮助侯永宁申请了 5 万元"户贷户用"扶贫资金。有了资金和土地,侯永宁终于建起了两栋大棚。大棚建起来了,种植技术和管理技术怎么才能跟得上呢? 扶贫干部动员侯永宁参加蔬菜种植培训班,提高种植技术。扶贫干部还牵线搭桥,让侯永宁与蔬菜种植专家取得联系,以便随时向专家请教。

　　不怕吃苦的侯永宁一头扎进大棚里,尽情挥洒着汗水。辛勤的付出带来了丰厚的回报。春天种下的两亩西红柿收入五六万元,侯永宁随后种下了豆角和茄子,已经收入两万多元了。访谈时他还开心地告诉我们,他又流转了4亩多地,种了黄瓜、茄子等露地蔬菜,这些露地蔬菜已经可以拉到市场上卖钱了。"今年我算了算,估计能收入10万元,这是我以前想都不敢想的。这些都得益于党和政府的扶贫政策! 政府为我们安装了太阳能热水器,修建了厕所、院墙、大门等。"侯永宁感激地说:"咱不能光靠着政府,通过扶贫干部的帮助,我建起了大棚,有了不错的收入,脱贫致富有了头。"说起下一步的打算,侯永宁笑着说:"我要再建两栋大棚,不仅自己要脱贫,还要带动其他贫困户脱贫致富!"

(三)患先天性小儿麻痹的他硬挺了过来

刘明权是濮阳县王称堌镇村民,患有先天性小儿麻痹,小时候走路像鸭子,没少遭到同龄人的嘲笑和戏弄。小时候犯病后抽风,身体抽搐扭曲缩成一团,等到十几岁的时候,走路还不像样。刘明权出生后不久,他母亲发现了他这个病,就离家出走了,几十年都没有回来过。他父亲是既当爹又当娘,拉扯他长大,身体和精神都很累,营养又跟不上,眼睛出了问题,越来越看不清东西,直到现在视力只能看半米远。"小时候想过死,碰过汽车,触过电。"刘明权说道。2015年5月份,刘明权在县残联指导下,因为残疾人可以免费学习技术3个月,他就相继学会了按摩、针灸等技能。后来,回到村里,一边照顾父亲,一边跟镇卫生院大夫王要挺老师继续学习针灸、按摩、拔罐。2016年,刘明权家被后许棚村纳入建档立卡贫困户。2017年按照扶贫政策村里帮他们家修改了危房,砌好了院墙,改造好厕所等,凡是贫困户该享受的政策,一项也没落下。2018年,在乡镇领导和驻村第一书记的帮助下,刘明权在镇上开了一家按摩店,每月收入超过6000元。回顾其脱贫奋斗的历程时,刘明权坚定地说道:

2015年5月份我在县残联指导下,让我免费学习3个月技术。我感觉这是次脱贫致富的好机会,我积极报名参加,把目光瞄准了适合自己的谋生项目,相继学会了按摩、针灸等技能。对于一个只有小学 3 年级文化,一级残疾青年来说更不容易。别人听几遍就能记住,我得反反复复学习几十遍还记不住。到了晚上的时候,只有我的房间还亮着灯。由于小儿麻痹,站不稳,给我的学习带来很多困难,腿疼脚肿,我都咬牙坚持过来了。经过三个月的学习,结业考试同伴们都取得良好的成绩,我的成绩却不及格。对此我很苦恼,但我没有放弃,我相信别人能做到的事情,自己也会做好。暗暗下定决心,决不能半途而废,灰头土脸地回村里。但是继续学习,学费家里掏不起,怎么办? 左思右想,我就去找师傅,给师傅跪下,恳求师傅别撵我回家,我想继续和师傅学手艺,我愿意帮助师傅做家务,只求师傅能够留下我继续学习。我的这股子想要学习的劲头打动了师傅,最终留下我继续学习按摩。为学好手艺,我不但给别人按摩,同时在师傅的指导下也给自己按摩,一遍又一遍不厌其烦地练习;一天下来,常常累得饭都吃不下,头挨着枕头就进入了梦乡。后来,回到村里。我一边照顾父亲,一边跟镇卫生院大夫王要挺老师继续学习针灸、按摩、拔罐。2018 年,在乡镇领导和驻村第一书记的帮助下,我在镇上开了一家按摩店,每个月的收入有6000 元。

在问及刘明权脱贫之后有什么打算时,刘明权感激地说道:"人不能忘本,自己能有今天的好日子,都是党和政府给予的,不能忘党恩。所以我对家庭困难的村民,收费减半,特困户不收费,瘫痪老人免费按摩;只要是残疾人来学习按摩针灸我都会免费教,国家帮助了我,我也想给国家做点事。"

（四）因病致贫后的他决定放手一搏

家住濮阳县郎中乡的支国体，今年54岁，因患有小儿麻痹后遗症，所以无法干重体力活不能外出打工挣钱。他妻子患有骨结核病，右手失去正常能力，经过十几年的诊疗，勉强能走路，更不要说干活了，根本无法正常务农，只能在家做些简单的家务。女儿出生后，支国体开始为妻子治病。这十年来，支国体先后4次带妻子住院治疗，花费数万元，但妻子病情一直未见好转。家里老父亲年事已高，女儿在读大学，家庭的重担全都是他一个人扛。

在脱贫致富的过程中，支国体主要面临缺项目、缺资金和缺技术这些困难。在濮阳县扶贫政策的引导下，郎中乡政府及驻村第一书记、村委会干部一起研究帮扶，给支国体申请了小额扶贫贷款，还多方为他提供技术、信息、市场等服务。"我女儿上大学，驻村帮扶队员帮我们争取到每年2000元的教育资助，还办理了大病医疗保险。发展种植，享受到户增收政策8000元。这些都是实实在在的帮助。"支国体说道。"为寻找更为稳妥的挣钱道路，我先后数次自费到百里外的封丘县等地考察，我发现可以靠种植金银花来挣钱。但是我是一个门外汉，没有技术和经验，我就请教一些土专家，去村上的文化室借一些种植方面的书回来看，慢慢地掌握了一些诀窍。"访谈最后，支国体还表示："我决定再租村民6亩土地进行金银花种植，引导村民种植金银花，努力把支寨村打造成金银花种植基地，让更多的群众因此而致富。"

第七章

不负人民

打赢脱贫攻坚战,解决好贫困人口生产生活问题,满足贫困人口追求幸福的理想,既是我们党的目标,也是党的庄严承诺。在脱贫攻坚斗争中,数百万扶贫干部倾力奉献、苦干实干,同贫困群众想在一起、过在一起、干在一起,将最美的年华无私奉献给了脱贫事业,彰显了不负人民的高尚情怀。坚持扶贫为了人民、扶贫依靠人民、脱贫成效由人民检验。广大扶贫干部关注人民群众最关心的现实问题,舍小家为大家,困难面前豁得出,关键时候顶得上,把心血和汗水洒遍千山万水、千家万户。

一、一切为了人民

脱贫攻坚是"天大"的民生工程,农村是扶贫的主战场,村组是攻坚的"碉堡",基层干部是脱贫攻坚的"主力军",驻村干部是冲锋陷阵的"第一人"。全国上下选派驻村第一书记、驻村工作队、帮扶部门、帮扶责任人奔赴脱贫攻坚一线"浴血奋战",他们始终以人民为中心,坚守奉献,履行驻村职责,深入基层、无私无畏,为深度贫困地区提供了"智力保障"，是决胜扶贫脱贫的一股优势力量。广大驻村干部早已树立起与时间赛跑意识，只争朝夕、争分夺秒，竭力以最少的时间将扶贫工作做出最好的效果、最高的满意率。驻村干部凸显出了主人翁意识，用真心、真情尽快融入群众、服务群众，以抓铁有痕、踏石留印的决心落实好上级部门安排部署的每一项工作任务、每一项惠及民生的政策。精准扶贫贵在精准，广大驻村干部通过主动实地入村走访掌握贫困户最真实、最基本信息，及时更新贫困户信息，保证了帮扶措施精准、成效显著。思路决定出路、态度决定高度。广大驻村干部主动为村产业发展、基础设施建设想思路、找方法、出点子，团结村支两委、贫困群众，带领大家心往一处想、劲往一处使、拧成一股绳，形成合力脱贫攻坚。广大驻村干部坚守着中国共产党人的为民初心，扎根基层，无私无畏，皆为人民群众脱贫致富奔小康主动奉献自我。

（一）俯下身子只为人民

打赢脱贫攻坚战，对全面建成小康社会、实现"两个一百年"奋斗目标具有十分重要的意义。驻村干部奋战在脱贫一线，扎下身子只为脱贫。他们坚持精准扶贫、精准脱贫，坚持真扶贫、扶真贫、真脱贫，时不我待地参与和拟定所驻村的脱贫攻坚规划和计划，心无旁骛、聚精会神地做好驻村帮扶工作，尤为注重对所驻村特困户的精准帮扶。一方面，始终避免"眉毛胡子一把抓"，紧扣脱贫攻坚的工作重点，始终保持脱贫攻坚目标不变、"靶心不散"、"频道不换"。首先从思想上做到了扶真贫，真扶贫，真心实意为贫困户解决困难。另一方面，广大驻村干部立足扶贫一线，认真指导所驻村开展贫困人口的精准识别、精准帮扶、精准退出工作，严格避免"手榴弹炸跳蚤"，做到对症下药、精准滴灌、靶向治疗，因地制宜、因人因户因村施策，改进帮扶方式方法，提高扶贫措施的有效性，确保扶贫扶到点上、扶到根上。

同时,驻村干部还深入参与实施所驻村特色产业扶贫、劳务输出扶贫、易地搬迁扶贫、生态保护扶贫等精准扶贫工作,为加强交通扶贫、水利扶贫、金融扶贫、教育扶贫、健康扶贫等扶贫行动持续发力,努力推动社会保障等行业福利和专项扶贫政策措施落实到村到户。面对基层种种压力与困难,广大驻村干部无私无畏,切实加强了对所驻村扶贫资金的管理工作,努力优化了扶贫资金配置,切实提高了扶贫资金的使用效率,确保每一分钱都花在了刀刃上。

扎根基层,奉献基层。在濮阳县人民检察院工作的苏雄飞,2017年9月就开始驻村任第一书记。他在访谈中提到,当他告别亲人同事来到所驻村庄时,被眼前的一切惊呆了。村里交通闭塞,道路泥泞,房屋破旧不堪,家家户户守着一亩三分地过日子,年轻人娶媳妇连新房都盖不起,老人看病无论大病小病都要到3公里外的镇上拿药,孩子上学更是困难重重。苏雄飞深知肩上的担子有多重,当时就下定决心:不管再苦再难,也一定要俯下身子把工作干好,这个村子的面貌一定要改变。随后,他便带领驻村工作队一户户地走访,一户户地了解情况,根据每户不同情况,为每个贫困户制定了详细的帮扶措施,精准施策,做贫困户的贴心人。村贫困户孟新春一家3口,妻子因患有先天性精神病而丧失了劳动力,孩子上学正需要花钱,孟新春因照顾妻子无法外出打工,家徒四壁,几乎没有一样像样的家具。苏雄飞看到这一景象,沉默了许久,在与孟新春沟通后,他找到了努力的方向,他对村支书说:"像这样的家庭,村里有多少我们就帮多少,如果不能帮他们过上好日子,我这个书记都不干了。"正是这种精准、无畏的帮扶,才使得贫困户一个个脱贫,一家家致富。

自驻村工作队入村开展扶贫工作以来,在第一书记苏雄飞的带领下,他们深入群众,走访座谈,结合村情实际,认真贯彻省、市、县关于扶贫工作的一系列安排部署,全身心投入到扶贫工作中去,用真心扶真贫,用真情扶真困,为贫困群众做了许多实事、好事,工作中取得一定的成绩,得到了孟楼村群众的一致好评。据苏雄飞介绍,他们扎根基层,奉献基层的成绩格外突出。

首先,基础设施建设方面有十一个项目落实。一是修主街 13 条,胡同 11 条,全长 3400 米,共计 15000 余平方,每平方 150 元,共投资 240 余万元。二是打机井 17 眼,每眼 3000 元,共计 5.1 万元。三是安装路灯 35 盏,每盏 3000 元,共计 10.5 万元。四是修建生产桥梁 18 座,每座 4000 元,共计 7.2 万元。五是建设一座规范化农村文化活动广场及健身器械共投资 27 万元。六是在孟楼村小学建设一所少年宫,投资 20 万元。七是完成机井配套电网工程 4000 米,投资 20 万元。八是村美化墙的建设 1500 米,投资 6 万元。九是粉刷扶贫宣传标语 30 条,每条 200 元,共计 6000 元。十是为激发贫困户内生动力,改变贫困户生活习惯,让村贫困户用自己劳动来换取日常生活用品。濮阳县人民检察院号召本院全体干警及社会爱心人士慷慨解囊,捐款 23500 余元,在孟楼村建设爱心超市一座。十一是为解决孟楼村孩子上学难问题,在孟楼村东建设一所标准化幼儿园。

其次,通过扶贫项目的实施极大地改善了孟楼村的村容村貌。扶贫政策落实方面有十项政策落实。一是医疗帮扶。根据濮阳县扶贫政策,贫困户中新农合缴费每人减免 30 元并免费办理大病医疗保险、大病补充保险。濮阳县 2018 年上半年开始实施了贫困人口先就诊后付费、三免一减等医疗政策。二是教育帮扶。其中,2018 年春季帮扶全村贫困户 77 名学生申请教育资助,其中包括学前教育 13 人,小学教育 27 人,初中教育 13 人,高中教育 8 人,职业教育 8 人和大学 8 人。三是危房改造。仅 2018 年共危房改造 56 户,其中享受政策贫困户 30 户,低保户、残疾户 11 户,一般户 15 户。四是温馨家园、六改一增。仅 2018 年共为全村 64 户贫困户及低保户、残疾户进行六改一增政策,极大的提升了村民的户容户貌。五是光伏发电。平均每户拿到补助 3000 元。六是到户增收。全村享受到户增收补贴 55 户,其中 2015 年种植户 17 户、养殖户 6 户,2018 年水产养殖 27 户,入股家家宜米业 5 户,共计补贴 27 万余元。七是残疾人帮扶。八是享受最低生活保障。九是提供公益岗。十是金融帮扶。2018 年,苏雄飞还同工作队一起,积极落实各项扶贫政策,做到了危房改造、六改一增等重点工作的有效推进,产业扶贫、金融扶贫的全覆盖。这不仅为贫困户解决了家庭困难,增加了收入,还极大的改善了村民的户容户貌及生活习惯,得到了全村百姓的认可。

最后,在壮大村集体经济方面,苏雄飞积极探索村办集体经济建设,多次赴集体经济发展好的先进乡、村考察学习,认真揣摩、下地实践,最终找到了适合孟楼村发展的致富门路——在全村进行艾草的大规模种植。成立孟楼农业发展有限公司与河南中翔草药有限公司合作全村进行大规模艾草种植,并进行艾叶及艾根的深加工,大力发展了村集体经济,从根本上消除了本村的贫困。

把驻村当故乡,把村民当亲人。王兆利是高级工程师,安阳钢铁集团公司质量检测处副处长,于 2017 年 11 月担任内黄县豆公镇李大晁村第一书记、驻村工作队队长。上任以后,他把李大晁村当作自己的第二故乡,把村民当作自己的亲人,一心扑在扶贫工作上,扎根在基层一线,全身心地为村民办好事、办实事,带领村民脱贫致富,得到了广大村民的认可和好评。2018 年被评为内黄县优秀驻村第一书记、驻村工作队队长。谈及他扎根奉献的工作历程时,他记忆犹新。王兆利高度重视李大晁村党支部建设工作。他通过村两委干部换届选举,补强了两委班子。带领村两委干部外出学习考察,转变思想观念,启迪发展思路,提升素质能力。组织召开两委干部民主生活会,开展批评和自我批评,认真进行整改落实,转变工作作风。王兆利从返乡创业大学生、致富能人手中选拔优秀人才,培养了 3 名村后备干部。认真落实"三会一课"制度,开展党员量化积分管理、党员"亮身份、树形象"、党员先锋队、庆"七一"等系列活动,发展预备党员,不断提升党支部战斗力。修缮李大晁村党群服务中心,配备完善党建活动器材,建设党建文化长廊,营造浓厚的党建文化氛围。李大晁村被评为内黄县 2018 年"基层党建红旗村"。

王兆利提到:"要让村民脱贫致富,发展产业是关键。"经过和村两委干部认真研究,王兆利决定将打造精品无公害大桃基地作为产业发展方向。他积极扶持李大晁美佳果蔬合作社,帮助联系省市农科院专家开展技术指导培训,硬化桃园农田道路 19000 平方米,新栽种和嫁接新品种小桃树约 300 亩,全村种植大桃面积达到 2800 亩。利用"互联网+"模式,2018 年首次引进电商销售大桃,帮助引进外地天猫电商和内黄县美淘产业链等电商企业进行合作,实现无公害大桃的在线直销,收购价格高于市场价约 10%。同时,帮助电商进行产品包装,带动村民就业,实现了致富增收。仅 2018 年,通过电商网上销售鲜桃约 20 万斤,豆公无公害大桃发到了全国各地,提升了豆公无公害大桃的知名度。

王兆利坚持扶贫先扶志,不断激发贫困人员内生动力。他率先建立了李大晁"爱心超市",积极探索"爱心积分改变习惯,辛勤劳动改变生活"的超市运营模式。鼓励贫困群众带头参加村内环境整治等活动获得积分,来"爱心超市"免费领取生活物品,提升贫困群众精气神,实现勤劳致富。他还修订完善村规民约,制作展板在文化健身广场悬挂上墙,并把遵守村规民约情况作为评优评先的重要依据。组织开展"孝善之家""脱贫励志之星"等评选,充分发挥先进典型示范带动作用,弘扬新风正气。李大晁村张爱香家庭被评为内黄县 2018 年"最美枣乡人文明家庭"。

同时,王兆利还积极争取派出单位安钢集团支持。争取安钢集团 20 万元资金,用于村内环境整治和坑塘治理,不断提升李大晁村的人居环境面貌。争取安钢集团援助和运输 3000 吨钢渣,修建全长1500 米、宽 5 米的桃园生产路。邀请安钢总医院专家为 200 余名村民进行义诊体检和健康咨询。邀请安钢艺术团慰问演出,为2000余名村民奉献了精彩的文化盛宴。通过"送温暖"活动,把党组织的关心关怀送到每个贫困家庭。修建文化墙绘30余幅,助推乡风文明。

谈及扎根基层,为百姓脱贫服务时,王兆利深情地说道:

> 我们都是时刻关心困难群众,把群众的冷暖记在心上。贫困户李付安妻子周利碧是外省人,共同生活多年没有落户。我积极协调有关部门出具证明,开车带夫妻2人往返多次办理户籍手续,终于成功落户。贫困户李文革患上血液病,我积极带头进行捐款,并发动村民群众利用水滴筹平台进行救助,还帮助安排了公益岗位。
>
> 我自身患有高血糖病,每天需要打针吃药,有时工作一忙就忘记了。血糖不稳定时,常常是头晕眼花,大汗淋漓,也硬是咬牙坚持着。我的父母年岁已高且体弱多病,需要有人照料,更需要我去多尽孝,可我很少有时间回家探望双亲,偶尔回去一次也是匆匆来去。我的孩子在外地读高三,正是高考冲刺的关键阶段,需要家人在身边陪伴鼓励……虽然每每想到这些心里会很难过,但是我相信我的家人能够理解我。
>
> 谈到驻村扶贫的感受,我认为组织上选派我去帮助困难群众脱贫致富,我感到使命光荣、责任重大。这也是我义不容辞的责任。今后我将继续尽心尽力扶贫帮困,让更多的老百姓脱贫致富,过上好日子!

(二)真情真意献给人民

为打赢脱贫攻坚战,广大驻村干部把真情真意献给人民,坚持服务于乡村,服务于广大群众。偏远的山村,交通不便、产业缺乏、群众贫困,诸多的问题给村子戴上了"贫困"的帽子,驻村干部的派驻,给予了这片土地新的活力,这片土地就是驻村干部初心的起点。来自于对乡村和群众的热爱是驻村干部工作的动力,"每次听见群众那亲切的话语,闻到那泥土的芬芳,都会让人感到满满的温暖和幸福"。"当组织找我谈话,征求意见要成为驻村扶贫干部时,内心其实是很激动的,虽然充满紧张和未知,但心里总感觉是一件有意义的事情,当时没有想过退却,更多的是一种使命与荣耀。"一位驻村干部在回忆选派驻村之初时笑着说道。时刻想着服务农村、服务群众是驻村干部的初心使命,怎样服务好群众是工作的重中之重,广大驻村干部针对群众提出的实际困难、重点问题,不断完善服务体系,着力解决基层和群众最关心、最直接、最现实的利益问题,不仅用实际行动诠释了一名共产党员的初心与使命,更是在不断的努力奋斗中提高了群众的满意度,让群众真正得到了实惠,真正获得了群众的信任与爱戴,这份信任与爱戴是对广大驻村干部扎根基层,坚持奉献最好的回馈。

驻内黄县田氏镇汤西村任第一书记的秦启周,是安阳市公安局开发区分局副主任科员,他在组织上选派驻村干部时,毅然决然地报了名,面对周边亲朋好友投来的不同目光,他没有给出过多的解释,因为他知道,"在这个物欲横流的时代,去谈理想信念,他们不会相信,也不会相信一个在大城市工作的人民警察会去农村扶贫,但是我知道自己是为信仰而来的。"参了军,入了党,并立了功,考上了军校,后来又光荣地成为一名警察的秦启周,把他所得到的这一切都归功于党的教育和培养。同时,他在访谈中提到,能积极响应习近平总书记的号召,同全国人民一道共同打赢脱贫攻坚战是一生中使命光荣、责任重大的人生经历。正是抱着这样的信念,他才要到脱贫攻坚的最前沿,用男儿的一腔热血,发挥自己的能力和才智,运用国家的好政策好战略向贫穷开战,在脱贫攻坚的战场上奉献自己,建功立业。访谈中,秦启周说道:

作为一名党员就要真心为民、真诚付出。驻村工作以来,我始终以"精准帮扶"为目标,铆足绣花功夫精细开展工作。首先对全村农户反复走访,认真研判民情,找准穷根,并从中发现一些看似小问题,却关系大民生的问题,如:有的贫困户家中没有安全可靠的自来水,有的贫困户看似智障却没有进行残疾鉴定,有的贫困户常年有病却没有进行慢性病鉴定,有的贫困户家中还有人没有户口等大大小小几十处问题。就一一罗列出来,逐项进行解决,并将边缘户动态调整4户9人为新建档立卡贫困户,让更多真贫的村民享受到党的好政策。

在村里工作,我早就已经把自己当村里人,把村里人当自家人,把村里的事当自己的事来办。村民们有了大事小情总愿意说出来请我帮忙。有的村民打来电话:"秦书记,家门口的路灯坏了?"有的村民在微信里询问:"村北地里的生产路能不能修?何时修?"有的村民到办公室反映:"大路两边下雨时出水不畅。"有的村民在路上遇到直接求助:"我们在外打工的工程款如何要?"……我就将村民们在现实生活中遇到的问题记在心里,一件一件地解决。截至目前,共为村民解决各类问题40余件。

驻村以来,我根据汤西村的具体情况,结合产业扶贫,大力发展养殖业和加工业,充分发挥产业扶贫的"造血"功能和"管长远"作用。立足本村的蛋鸡养殖场,成立养殖合作社,带动全村新发展养鸡场12户、养鹅场5户、养猪场5户等。此外,通过招商引资建立了毛绒玩具厂,解决了周边100余人的就业问题,带动11户贫困户的就业,增加了贫困户的收入。

我认为:"贫困群众的事情无小事,看似一件件小事其实都是落实党的扶贫政策的大事,只有工作落实了,责任才能落实,扶贫政策也就随之落到了实处。"

脱贫攻坚以来,我付出了许多,也失去了很多,但我收获了百姓对我的称赞,他们说我是"亲民为民的亲书记",同时,我也被评为"2018年感动安阳脱贫攻坚年度人物",颁奖词为"村民大事小情总乐意给你说道,贫困群众最需要的时候,你总能出现在他们身边,在你的心中有对百姓的敬重,你在百姓心中留下一名党员的身影"。

在奉献基层当中,苏雄飞也说道:

在这方面,我们做到了一对一帮扶,我们单位为每户贫困户指定了帮扶责任人,帮扶责任人每周四都会到村所包户中了解情况,并及时反馈给第一书记,由第一书记根据国家扶贫政策制定一对一的帮扶措施,做到精准有效。

2018年孟楼村在我们驻村工作队的带领下,以每亩地800元的价格流转土地730亩,成立了孟楼农业发展有限公司与河南中翔草药有限公司,合力带动全村进行大规模艾草种植,孟楼村贫困户土地全部流转,贫困户流转土地获得了每亩800元的租金,增加了贫困户收入,也解放了劳动力,贫困户还可以在艾草地里进行打工,根据计工计时量发工资,每月还有1000至2000元收入。驻村工作队还计划2019年在村东建一座2000平方的艾草加工厂,进行艾叶及艾根的深加工,大力发展了村集体经济,采取合作入股方式,带动贫困户增收。

2018年经过孟楼村驻村工作队的努力,在孟楼村西建设了600平方米的就业扶贫工厂一座,并招商"都来"童车加工,现该就业扶贫点共计带动孟楼村20户贫困户就业,月收入2000元左右,让孟楼村百姓在家门口就可以打工挣钱。

贾艳杰是内黄县公共资源交易中心业务受理股的副股长。驻村

工作虽然辛苦,但他回想起真心真意对待贫困群众的种种细节,回想起为老百姓办的实事,不禁自豪地谈到:

刚开始闭门造车,南沟村后街难以获得发展,我们开拓思路,深入研究扶贫政策,巧抓机遇,多方协调,带领南沟村后街通过合作社大棚种植、生猪养殖项目、芦笋种植等实施"精准扶贫",对贫困户脱贫途径进行了针对性"分流"。2017 年 8 月,我和村两委经过考察,在南沟村后街成立了恒浩种植合作社,合作社通过资金入股、土地入股等方式吸纳贫困户加入,流转土地 50 余亩建设了高效大棚种植扶贫基地,大棚主要种植哈密瓜、茄子等瓜果蔬菜,每年收入 30 余万元,带动了 55 户贫困户增收。同年,引进了生猪养殖项目和芦笋种植项目、苗木种植项目,由卫菊养殖合作社投资 200 万元建成年出栏 1000 头生猪的就业扶贫点,由恒沿种植合作社投资 100 余万元种植 70 亩芦笋基地,50 亩苗木种植基地,组织有劳动能力的贫困户及农户到合作社务工,让他们不出家门就能就业,增加收入。此外,我们还在村内建设了 69 千瓦的光伏产业基地,带动 17 户贫困户脱贫。由此,南沟村后街 5 大产业扶贫项目成为群众增收的强大支撑。

"心系群众志智双扶,乡村文明成风尚。"我时刻牢记第一书记职责,以服务群众为宗旨。我认为富起来是起步,让群众有获得感、幸福感才是最终奋斗目标。我坚持五天四夜在村,将群众的家庭情况、家庭住址记在脑中、埋在心里,做到了底数清、情况明,在融洽党群、干群关系上狠下功夫。驻村以来,协助村支两委、镇干部排查矛盾 10 余件,化解矛盾 10 余起。为提升南沟村后街党组织凝聚力、战斗力和活力,我组织村民党员开展重温入党誓词,老党员为新党员"戴党徽、赠党章、送嘱托",邀请老师到村内讲党课等活动,结合文明村镇建设,牵头在村里建设了"爱心超市",深入推进"移风易俗",协调资金建设了"孝行天下"文化墙,举办五好家庭、孝老爱亲评选表彰、"九九重阳节"为80岁以上老人送蚕丝被等等活动。南沟村后街的文明风尚被引领起来,村民们对扶贫工作的满意度大大提升,南沟村后街由一个贫困村成为一个美丽、文明、富裕的新时代村庄。

樊宏杰在与群众接触过程中,有许多事情令他感动。在村里,经常有村民送来自种的时令蔬菜,自己磨的玉米糁,还有的村民直接送来做好的包子、卤面等等,他们不会说客套的语言,只会用这种朴实的做法,来表达对樊宏杰驻村工作的肯定。贫困户吴三,年老体弱多病,大儿子是五保户,二儿子双侧股骨头坏死,他们家享受到多项扶贫政策,感受到党和政府的温暖,自发在大门上写了一副对联,"党的干部来扶贫,党政党策暖民心",横批是"永记党恩",朴实无华的语言表达出了对党真挚的感情。樊宏杰同其他驻村队员和派驻第一书记一样,工作在平凡的岗位,没有黄继光胸膛堵枪眼的慷慨悲壮,没有董存瑞舍身炸碉堡的英雄壮举,所做的都是本职工作,都是平凡普通的点滴小事。习近平总书记说过:"人们对美好生活的向往,就是我们的奋斗目标。"樊宏杰说:"我会继续牢记誓言,践行初心,向着这个目标奋斗终身。"

(三)舍家奉献不负人民

驻村工作有张家长、李家短的家常小事,也有着轰轰烈烈的感人事迹与震撼人心的动人场面。脱贫攻坚毕竟是一场硬仗,在脱贫战线上,不少驻村干部甚至为扶贫事业献出了生命,感天动地,催人泪下。

有一种付出,是敢作敢当的勇气,在贫困堡垒的攻坚之地,做贫穷的掘墓者,当百姓的知心人;有一种奉献,是痴心无悔的坚守,在大山重重的偏远之地,向死而生,扛起脱贫攻坚的重任;有一种牺牲,是关键时刻冲锋在前,电光火石般用生命照亮脚下的贫瘠之地。从西北边陲到云贵高原,从大别山区到乌蒙山区,他们不辱使命,淬炼成钢,身殒为民,书写壮烈,是"全面建成小康社会,一个不能少"这一铿锵承诺忠实的履行者。正是他们无私无畏的奉献精神,彰显出了共产党员的职责与使命,为脱贫攻坚事业注入了伟大的灵魂,给人民群众留下了勇于拼搏、无私无畏的巨大精神财富。

2017年11月担任内黄县豆公镇李大晁村第一书记、驻村工作队队长的王兆利,是一名高级工程师,也是安阳钢铁集团公司质量检测处的副处长,自身患有高血糖病,每天需要打针吃药,有时工作一忙就忘记了。他在访谈中提到,血糖不稳定时,常常是头晕眼花,大汗淋漓,也硬是咬牙坚持着。王兆利的父母年岁已高且体弱多病,需要有人照料,更需要他去多尽孝,可他很少有时间回家探望双亲,偶尔回去一次也是匆匆来去。他的孩子在外地读高三,正是高考冲刺的关键阶段,需要家人在身边陪伴鼓励……这些都被他抛在了脑后。对此,王兆利说道:"在处理事业与家庭的关系上,我知道哪头的责任更重。"在谈到驻村扶贫的感受时,王兆利说道:"组织上选派我去帮助困难群众脱贫致富,我感到使命光荣、责任重大,这也是我义不容辞的责任。今后我将继续尽心尽力扶贫帮困,让更多的老百姓脱贫致富,过上好日子!"

安阳市公安局开发区分局副主任科员秦启周,驻村担任内黄县田氏镇汤西村第一书记。他也说道:

> 作为一名党员就要舍小家,顾大家,以大局为重。记得在我离开家前的那顿晚餐,我告诉家人我要去当驻村干部,母亲听后就"唠叨着"把一切能想到的全都嘱咐一遍,爸爸若有所思地抽着烟,一支接一支,烟雾缭绕,女儿提出抗议,我扯扯女儿的衣

服,女儿似乎明白了我的意思,不再说话。妻子一言不发,只顾往我的盘子里夹菜。那天晚上我和妻子谁都没有合眼,尽管她一再催促我:"睡吧,明天还要赶路!"第二天我没有打扰父母、女儿,只对妻子说一句"拜托了!"便匆匆离开家门,没有回头。

内黄县田氏镇汤西村,也叫汤王庙村,那是位于两省三县交界,是距离我的家乡100多公里外的村庄,属于省级贫困村,商汤祈雨的故事在这里世代流传,村西头的汤王庙及光绪年间的石碑,见证了该村世代为耕、靠天吃饭的贫困面貌。对于农村生活的艰辛,来之前我做好一切准备,而令我始料未及的事还是发生了。记得有一天深夜,我睡得正酣,手机骤然响起,我一看是妻子的电话,忙问出什么事了?是爸爸病严重了,还是妈妈夜间摔倒了?因为我父亲患癌症于一年前刚做过手术,母亲年迈行动不便,接电话的是女儿,女儿说"奶奶病了,妈妈不让我告诉你,妈妈去了医院,把手机丢在家了,我睡醒一觉一个人害怕了才给你打了电话",我看了看表,是深夜两点,那天晚上我再也没有入睡,我在默默为母亲祈祷,愿她平安无事。

王志奎的派出单位是内黄县政府法制办,他在2016年5月被派驻到长庆路办事处司马村任第一书记。说起驻村扶贫工作时,他满怀激情地说道:

驻村工作很忙,我刚驻村时我的儿子还没有满周岁,因为驻村我周末才能回家见孩子一面,驻村这三年来,正是孩子需要父母陪的关键时刻,但我却很少有时间陪孩子,难得过次周末有时也要在村里加班。虽然这几年对家庭有愧疚,但是作为第一书记,我觉得就要有"舍小家为大家"的精神。

贫困户支建昌,全家5口人,上有80岁行动不便的母亲,下有两个上学的孩子需要妻子看护照顾。由于母亲年纪大无劳动能力,两个上学的孩子又要前往县城读书,支建昌的妻子只好陪读,无法分身工作,一家人的生计全靠支建昌一人务工维持,生活拮据难耐。我帮其申请了5万元的贴息贷款,2018年5月,支建昌盖了一座大棚种植西红柿、黄瓜、甜瓜,一年收入3万元,实现了稳定脱贫。

樊宏杰于2014年9月任内黄县高堤乡南街村驻村工作队长,同年11月兼任第一书记。他也说道:

> 驻村期间,我严守工作纪律,坚持吃住在村,工作经常是"5+2""白+黑",陪伴父母和老婆孩子的时间少之又少。2017年5月份,77岁高龄的父亲突发脑梗,当了23年兵有57年党龄的父亲为了不影响我的工作,执意要在县里做手术。治疗期间,我只请了两个半天加晚上的假。父母有病不能床前尽孝,孩子中考考试不能身旁鼓励,让我觉得很愧对他们。亲人对我的理解和支持令我感动,我无以回报,只能将父亲对我"不贪不占,不跑不要,踏实工作,老实做人"的教诲继续坚持下去,做一个正直的人,一个无愧誓言的共产党员。

也正如杨国升在访谈中说的一样,他们倾力脱贫攻坚,自己却成了"亏心人"。

> 我们是贫困群众的幸福使者,我们是时代的追梦人,自古忠孝难两全。驻村扶贫这三年,也是孩子上高中的时间,和家人聚少离多,缺少了对孩子家人的关爱交流,2018年高考时,正是脱贫攻坚整改核查关键时期,更是缺少了对孩子的陪护。年迈的

母亲因脑梗晕倒在院子角落四个小时,是邻居帮忙送到了医院ICU,而自己却在村室开会传达上级工作安排……

　　脱贫攻坚时不我待,只争朝夕,带着一份勤恳,怀着一份执着,看着卧室里的一面面锦旗,品着节假日送的包子、饺子、蔬菜包裹的火腿,激励着感动着我,幸福都是奋斗出来的,让我们撸起袖子加油干,群众不脱贫,工作队坚决不撤。在宣布脱贫攻坚战役胜利的时候,也有我们浓浓的一笔。当我们回首往事的时候,不因虚度年华而悔恨,也不因碌碌无为而羞愧,用自己的勤奋努力为濮阳的脱贫攻坚工作锦上添花!

二、为了人民的一切

(一)基础设施更齐全

交通农田危房电力,时刻想民之所想,做民之所盼。秦学印是内黄县亳城镇赵七级的党支部书记。自2014年担任村支部书记以来,深感责任在肩,使命重大,每一年的工作付出,都有所收获。农村工作千头万绪,喜怒哀乐尽在其中。在镇党委、政府的正确领导下,在全体村民的积极配合下,紧紧围绕着村支两委年初制定的工作思想、目标和任务,齐心协力,奋力拼搏,各项工作都取得比较圆满的成绩。一是交通建设。原来的村里都是土路,一到了雨雪天,满是泥泞,坑坑洼洼的。经过大力扶贫,现在所有村的街道路面实现硬化,再也不怕下雨下雪了。从前村里脏乱差,现在经过整治,道路干净平整,没有垃圾,处处鸟语花香。二是基本农田建设。原来浇地全靠农户自己提水,来来回回耗时耗力,现在地里修建了水渠,有效灌溉面积达100%,实在是太方便了。三是危房改造。以前是外边下大雨,屋里下小雨。村两委挨家挨户去排查危房,并第一时间向上级报告,现在村内危房得到全部改造,无危房户。四是电力设施。原来村里一到夏天或者雨雪恶劣天气就会停电，一停就是好几天，还要点蜡。如今农村电网得到改造，家家都不怕停电了。

内黄县 63 个贫困村通班车。开往县城的班车出现在马上乡李石村旅客乘坐点，几个村民结伴坐上班车准备去县城购物。"去年，我们村不管是主街道还是背街小巷都修好了，通往村外的路也修好了，周末班车也开通了，我们村的群众出行更加便利了。"马上乡李石村党支部书记刘关社说。像马上乡李石村一样，2017 年，六村乡郭桑村、后河镇元方村、城关镇真武庙村等贫困村都开通了客运班车。至此，内黄县 63 个贫困村全部开通了客运班车。

内黄县道路运输管理局局长刘海波介绍，通班车是指客运班车或者公交化运营车辆通达行政村；距离客运班车或者公交化运营车辆运行起点、终点或中途停靠站点在两公里以内的行政村，视为行政村通班车。"根据相关要求，班车可以采用开行隔日班、周班、节日或赶集班、学生班、电话预约班、网络预约班、按需灵活发班等固定或者非固定的模式。我们县依据经济发展水平和客流情况，开通了周末班。"刘海波说。县道路运输管理局为每个贫困村建立档案，对没有开通班车的贫困村进行详细的前期调查。"调查内容有贫困村的人数、人口结构、人口流量，该贫困村离主要干线道路的距离，与现行城乡公交运行线路的距离等。"刘海波说："根据前期调查，针对没有开通班车的贫困村采取不同的方案。比如，经过调整线路，六村多郭桑村、后河镇元方村、东庄镇大故县村、城乡陈流村开通了班车。城关镇真武庙村、马上乡李石村等则新开辟运营线路，有些贫困村地理位置较偏，客流量严重不足，周末客运班车出现亏损。"县道路运输管理局为确保新开通的贫困村客运班车"开得通、留得住、有效益、保安全、管长远"，积极与客运公司协调解决此事。"我们通过 GPS 运行图监督通往贫困村的班车，还在每个贫困村周末班车的停靠站点留有监督电话，便于群众监督。"刘海波说。

扶贫路修到了家门口。随着连接中召乡尚寨村、徐砦村的道路建成使用,内黄县532个行政村都有了通畅的硬化道路,群众高兴地说:"扶贫路修到了家门口"。2018年的秋收时节,对内黄县中召乡尚寨村、徐村、北召村、马寨村的村民来说,最高兴的不是地里的收成,而是盼了很多年的路终于修通了。"以前不管是麦收还是秋收我们都害怕,因为都是土路,一下雨根本就没法走,地里的庄稼、水果都运不出去。"10月12日,中召乡尚寨村党支部书记车相安说起村民对这条硬化路的期盼来滔滔不绝,"就是平常不下雨,外地客商也不愿意来。村民想卖苹果,只能将苹果拉出去。土路上都是大坑,一路颠簸,到了市场上,磕磕碰碰避免不了,苹果也卖不了好价钱。"中召乡徐砦村党支部委员陈同柱说:"村民赶集、走亲戚宁可绕道走濮阳市的道路,也不愿意走咱这里的土路。我们这几个村的村干部去乡里开会,为了走快点,也只能绕道走濮阳市的道路。"让村民无比期盼的是吴黄线至尚寨项目,全长3.74公里,投资249.5万元。该路连接徐岩村、尚寨村、北召村、马寨村。在这条路修建期间,这4个村的村干部、党员、群众成了义务监督员,他们非常珍惜这条扶贫路。正是有了这条路,今年秋收,村民的花生、苹果等都能卖上好价钱。徐砦村村民陈乃中的苹果园紧邻这条路。陈乃中说:"以前路不好,把苹果拉到市场上,费工费时不说,价格还不好,现在路好了,客商能直接到地头来拉苹果了,卖的价格还高。"无独有偶,2018年7月3日,X015中鹤线公路中召段建成通车。这段路连接中召乡西曹庄村、东曹庄村、滹沱村、西街村,全长2.74公里。这段路通车后,村民奔走相告:"以后卖葡萄、卖苹果可以少跑十几里路了。"西曹庄村是省级贫困村,该村党支部书记赵俊杰深有感触地说:"这条路20多年没修了,路上都是大坑,经常有车侧翻。今年,扶贫路修到了家门口,我们脱贫致富有了信心和底气。"西曹庄村村民丁国法在路边开了一家早餐店。"这条路修好后,每天车流、人流不断。人多了,我的生意也好了。"丁国法笑着说。X015中鹤线公路梁庄段于2017年8月建成通车。这段路连接省道213,中召乡西曹庄村、刘大吴村、王大吴村,梁庄镇段村、长均赛村、梁庄村,全长3.6公里。中召乡刘大吴村村民王永轩的葡萄园紧挨着这条路,他高兴地说:"这条路修通后,我们去市场上卖葡萄能少走十几里路。路修好了,客商的车也能开进来了,我们在地头就能卖个好价钱。"梁庄镇段村村民晁卫芳的苹果园也紧邻这条路,晁卫芳说:"以前路不好,苹果卖不上价钱,现在不管是我拉去市场卖苹果还是客商来收苹果,都能获得不错的收益。"

据统计,从2015年至2018年,像吴黄线至尚寨项目、X015中线公路中召段项目、X015中线公路梁庄段项目一样的农村道路建设项目已有313个。2015年至2018年,内黄县进行农村公路建设541986公里,重点投资在贫困村出口路、贫困村之间连接路、贫困村到产业基地之间的道路、贫困村到主干道之间的道路以及不通畅行政村的出口路。"我们把工程质量作为农村公路建设的生命线,严格落实规范化管理和道路建设标准,真正把有限的资金用到农村公路建设上,发挥有限资金的最大经济效益和社会效益,把一条条农村公路建设成百姓信赖的'放心路'。"内黄县农村公路管理所所长王小斌说。

扶贫路修到了家门口,以前的土路变成了现在的水泥路。之前地里的蔬菜、水果丰收了却运不出去,现在,外地客商可以直接来到田间地头,把丰收的蔬菜、水果装车外运。目前,内黄县532个行政村都有了通畅的硬化道路,脱贫致富驶向了快车道。"下一步我们将重点建设农村公路路网,让脱贫致富的道路越走越宽阔。"王小斌说。

(二)教育医疗有保障

织密健康扶贫网,让贫困户看病不再难。调研中有一个情景,在内黄县马上卫生院爱心病房内,该乡赵信村贫困户吕郭留一边输液一边享用卫生院提供的免费午餐。70岁的吕郭留患有高血压、糖尿病、脑梗等疾病，两天前，他突然感觉腿不听使唤，走不成路了，就赶快到乡卫生院就医，并于当天入院治疗。"如今党和国家的扶贫政策真好，贫困户住院不仅不用交押金，看病也不用花钱，还一日三餐全免费，俺再也不用为看病住院发愁了！"吕郭留感慨地说。马上乡卫生院院长申国海介绍，他们对建档立卡贫困人员免除全部住院自付费用和住院期间的生活费用。同时，医院爱心病房内配有暖水壶、洗脸盆、毛巾、香皂、牙具、饮水机、便民服务箱等生活用品，还有足浴盆和足浴桶为贫困户就医提供生活方便。此外，医院还开展了为贫困户洗头、洗脚、救护车免费接送病人、对贫困人员门诊慢性病鉴定提供免费辅助检查等服务，让贫困户真正得到了实惠。

自2018年7月31日起，内黄县对农村贫困人员在乡（镇）卫生院住院不设起付线，医保报销后剩余自费部分的医疗费用由卫生院免收，药品费用由卫生院酌情适当减免。东庄镇卫生院、马上乡卫生院等10余家乡（镇）卫生院为建档立卡贫困户实行兜底保障，自费部分全免。这是内黄县破解因病致贫、因病返贫难题的一项惠民举措。据统计，在全县建档立卡贫困户中，因病致贫的贫困户约占46%。该县坚持政府主导、多部门联动，把健康扶贫作为推进全面脱贫攻坚的重要战场，在贫困户看病费用和大病救治等方面构建了一套健全完善、多层次的医疗保障体系。

内黄县构筑起基本医疗保险、大病保险、困难群众大病补充医疗保险、医疗保障补助、民政医疗救助"五道防线"，大大减轻了贫困人员的医疗负担，有效解决了贫困人员因病致贫、因病返贫问题。该县对贫困人员2018年度医保缴费实行全额资助，确保贫困人员应保尽保。2018年，大病保险专门针对贫困人员报销起付线降为7500元。医疗保障补助方面，2018年调整为县内外统一补助比例90%。2018年5月，内黄县在安阳市25个门诊慢性病病种基础上增加了15个普通门诊慢性病病种,县、乡(镇)医疗机构免费为申报人提供相关辅助检查,辅助检查结果作为普通门诊慢性病鉴定依据;将建档立卡贫困人员慢性病的报销比例提高到 85%;对贫困人员门诊慢性病实行按月申报,10 个工作日完成鉴定审批,次月享受门诊慢性病待遇;对行动不便、不能参加现场鉴定的贫困人员,组织专家上门入户进行现场鉴定,为贫困人员提供全方位服务。截至目前,内黄县共有 5124 名建档立卡贫困群众通过慢性病鉴定,减轻了贫困人员的看病压力。

内黄县多措并举织密健康扶贫网,大大减轻了贫困群众的医疗负担,增强了他们的获得感,有效解决了他们因病致贫、因病返贫问题。

内黄县脱贫群众崔智全,家里共有 7 口人,他的身体不好,患有高血压。母亲 80 多岁,年老体弱并且患有慢性病,需要长期吃药;妻子韩翠君患有慢性病,不能干体力活儿。大儿子在郑州学习厨艺,二儿子和三儿子正在上学,四儿子还小,需要照顾。他和妻子文化程度低,思想比较保守。家里的经济收入主要靠种植一般性的粮食作物。2015 年,被纳入建档立卡贫困户。"三四年前,我们家的生活过得很艰难。但今年,我种的两亩多大棚西瓜已经收获。我不仅将自家剩余的 7 亩多地种上了大葱,还流转了其他人的 5 亩地种大葱。现在,大葱马上就要收获,有很多外地的客商前来收购。"崔智全说道。"这都要感谢党,感谢国家,感谢我们的扶贫干部同志啊,才让我们脱了贫,致了富啊"。说到这里,崔智全还特意提高了嗓门:"现在,我觉得日子越来越有奔头了,这要感谢党和政府的好政策,感谢各级干部的全力帮扶。我愿意和政府一起帮助其他贫困户脱贫致富。我认为,缺什么也不能缺了志气,少什么也不能少了勇气,只有经常抬头看路,你才能明确方向,少走弯路,不偏不倚地抵达目的地。如果只是一味埋头苦干,不懂得抬头看路,最终往往'竹篮打水一场空'。而且,在脱贫致富的过程中,我们还要进行不断的学习积累。脱贫致富之路很艰辛，在这过程中，我平时喜欢的电视剧和综艺节目再也不看了，只看新闻联播，了解和掌握国家政策。同时，我还积极参加各类创业培训，提高自身经营水平。认真开展市场调研，理清自己的发展思路。虽然我们有政府帮扶，但也只是解决了目前的困难，我们还是要靠自己的双手去奋斗才能真正富裕。"

内黄县田氏镇汤西村的申保莲一家共有 6 口人。申保莲 66 岁，患有高血脂。老伴朱风云 62 岁，患有高血压病。儿子申献军，患有高血压病、肾病、心脏病等。在 2014 年，他们家被确定为内黄县建档立卡贫困户，但在 2016 年的时候，在扶贫政策的帮助下，他们家摘掉了贫困户的帽子。对于这个脱贫历程，申保莲记忆犹新。

我儿子申献军一直说啊，"因为有了党和国家的扶贫政策，我们的这两个盼望都实现了。"说起之前家里的生活，我的老伴总是忍不住抹眼泪呀，以前的日子真是难啊！天天想着怎么去借钱、贷钱，拿什么还钱。刚开始，我们向亲戚朋友、街坊邻居借钱，一直借钱，我们都不好意思了，后来我们就去民间借贷，实在没有办法呀！申盼盼初中还没毕业就不愿意上学了。孩子懂事，知道家里没有钱，她不上学了，去一家网吧当网管，为家里挣钱。家里人都不同意，但是我们都劝不了她，多亏了秦书记，孩子又去上学了。

我们村的支部书记秦启周在走访贫困户的过程中，得知了我们家盼盼的情况。秦书记就亲自找到了她，让盼盼继续念书。但盼盼刚开始听不进去。后来秦书记想着没有从盼盼这了解到什么，干脆就去问问盼盼的朋友吧，这才终于弄清楚了原因，原来申盼盼想当一名幼师。秦书记与当地教育部门联系，为盼盼联系了内黄县职业技术教育中心，并协调让盼盼进入幼儿教育专业进行学习。

我们一家六口人，能干活的人不多，能干重活的人没有，怎么办？秦书记考虑让我们从事来料加工之类的工作，没有什么技术含量也不是重体力活儿。后来，秦书记想方设法联系了一家插花公司的来料加工工作。现在，我们一家人在家里做手工就能挣到钱了。我的儿子申献军本应是家中的顶梁柱，但从小就体弱多病不能干重活，也没有一技之长，为了增加收入，秦书记给他申请了公益性岗位。

我的儿媳妇刘娜娜和我的小孙女没有户口。在扶贫干部和当地公安部门的努力下，他们都上了户口。秦书记带着我儿媳妇申请残疾鉴定，被鉴定为二级残疾。现在，我们家享受了光伏带动扶贫资金、企业带动扶贫资金、金融带动扶贫资金，有残疾人补贴，两个孙女上学都有教育补贴，儿子有公益性岗位。我们家的橱柜、煤气灶、电磁炉都是扶贫干部送的。我们在家里做手工插花，一个月也能收入五六百块钱。前一段时间我去银行取钱了，感觉像做梦一样，以前都是想方设法借钱、还钱，从来没有去银行取过自己的钱呀！

今天，盼盼在电话里对秦书记也表达了感激之情，要不是秦书记帮助，我们一家早就去要饭了。以前我家连盐都买不起，我连超市都不敢进，也买不起新衣服。现在好了，我不仅有了新衣服，手中还有零花钱，全靠党和政府的好政策呀。

濮阳县庆祖镇村民潘高俊，身高不足 1.2 米，四级残疾，家里 5 口人，媳妇智障二级残疾，常年卧床。两个女儿还在上学，二女儿又不幸遗传"侏儒症"，还在北京住院。母亲年纪大了，身体也不怎么好，常年吃药。这几年，爷爷、奶奶、父亲也因病相继去世。给女儿治疗和分摊老人看病医药费，这些大额开支，不仅让他前几年攒下的一点积蓄全花完了，还让他一下子欠下近五万元的外债。"我 18 岁的时候,学了一门电器维修的手艺。毕业后,回村,租了邻居临街两间房,开了个小电器维修门市。因为地处偏远的农村,没什么生意,小打小闹仅够维持生计而已。2016 年,村两委和驻村第一书记根据我家的情况,我家被纳入了建档立卡贫困户。"潘高俊说道。他首先通过申请残疾补贴、子女教育补贴、办理低保、办理会员入股享受 8000 元到户增收等一系列对接帮扶,缓解了家里的经济情况。在 2017 年,驻村工作队为潘高俊在村头靠大路规划出一片适合经营的宽敞门市场地,帮助他申请了一笔一年期的 4 万元贴息贷款。又根据潘高俊修理家电熟悉行情的特长,给他出谋划策,让他修理家电的同时,再销售一些小家电。2018 年,村里的潘金星、潘德战两位"村委"担保,又帮他贷款,一下子建起了"高俊家电制冷""TCL 专卖""五金电料"门市。从濮阳、郑州等地,购入各类大小家电、抽水机等农具,库存达 20 多万元。"如果没有国家健康医疗和教育扶贫的好政策,哪有现在我的一些收入呢!"潘高俊感慨道。

(三)经济收入能稳定

种下摇钱树,结出脱贫果。内黄县地处豫北黄河故道,是多种果树的天然适生区。近年,内黄县林果业快速发展,产自这里的苹果、桃、梨、杏、李子、葡萄等畅销全国各地,有的还漂洋过海,进入国外市场。林果业已成为该县农业经济新的增长点,成为农民脱贫增收的重要渠道。在内黄县中召乡时砦村温棚杏生产基地,果农边修剪杏枝,一边谈论着今年的收成。从果农时银兰爽朗的笑声中可以听出他的喜悦:"一亩大棚杏能收入 24000 多元,俺有 3 个大棚,能收入十几万元。"前段时间,时砦村温棚杏生产基地异常繁忙,不少果农忙不过来,就花钱雇人摘杏。中召乡时砦村干部李改付告诉我们,该村温杏生产基地有 200 多亩,有很多人来温棚杏生产基地打工,其中不少是附近村庄的贫困户。

中召乡时砦村温棚杏生产基地是内黄县大力发展温棚果树的一个缩影。2018 年 5 月份的统计显示,全县温棚果树面积已达 5050 亩,年产量 840 万公斤,产值 7500 万元,内黄县成为豫北最大的温棚果树生产基地。而且温棚果树只是其中一部分,内黄县果树面积还有 46 万亩,产量 24.9 万吨,产值 5.2 亿元。其中,农枣间作 30 万亩,产量 12 万吨,产值 2.4 亿元。主要分布在后河镇、中召乡、梁庄(镇)、六村乡等乡镇;种植各种果树 16 万亩,产量 12.9 万吨,产值 2.8 亿元。由于内黄县果树品种多、种植面积大,先后被命名为"中国名特优经济林红枣之乡""中国红枣产业龙头县"等,豆公镇、中召乡、梁庄镇、田氏镇、城镇等 5 个乡(镇)先后被评为我市"林果特色乡镇"。

就业加入股,脱贫有渠道。在内黄县桑间濮上冬枣园产业扶贫基地,后河镇西也固村的贫困户王竹正在大棚内忙着。大棚内,一行行冬枣树长势喜人,在这些冬枣树之间,大棚西瓜已经成熟。王西竹家因为老伴儿王中学的病陷入困境。7 年前,王中学在医院查出双腿静脉曲张,3 年前病情加重,失去了劳动能力。说起来产业扶贫基地打工,王西竹的话里充满感激:"俺 70 岁了,去外边给人家打工,人家不要。来这里打工,一个月能有 1500 元的收入。"和王西竹一样,在桑间濮上冬枣园产业扶贫基地打工的贫困户还有 6 人。"我们优先安排贫困户就业,每年可安排用工 10 个月,月工资大约 1500 元。除了在基地务工,我们还采取土地入股的形式进行带贫,实现了贫困户脱贫和企业发展双赢的局面。"桑间濮上冬枣园产业扶贫基地负责人王记峰说。无独有偶。在内黄县庭源种植合作社产业扶贫基地,后河镇小徐村贫困户苏运刚正在苹果树下锄草。苏运刚 4 年前查出患有肺病,不能干重活,无法外出打工。"因为俺是贫困户,党和政府安排俺来这里打工,离家近,一个月能收入 1500 多元。"苏运刚感激地说。该基地通过"公司 + 农户(贫困户)"的管理模式,采取贫困户入股分红、土地流转和吸收有劳动能力的贫困人口就业等形式,有效解决贫困户自身发展能力不足和就业难的问题。后河镇小徐村党支部书记苏端杰介绍,2016年,该基地吸收6户贫困户的土地流转,安排贫困人口30人就业;2017年吸收100户贫困户入股,并建立了利益联结机制,签订了入股带贫协议,确保贫困户稳定收入。截至2018年5月,内黄县共建设林业产业扶贫基地17个,充分发挥产业扶贫的带动作用,促进贫困人口稳定脱贫。

科技推动,服务助力。内黄县马上乡店集村贫困户孙社娇经常在内黄县林海生庄园为桃树疏果。脱贫攻坚战打响以来,内黄县先后引进果树新品种100多个,选育出的兴农红桃2号通过了河南省林定委员会审定。从2015年开始内黄县收集内黄大枣、九月青等26个品种进行品种选育,对其中优异的品种进行检测,筛选出优良品种进行推广。内黄县在豆公镇实施无公害苹果树、桃树标准化管理,在东庄镇实施无公害梨树标准化管理,通过标准化管理提升水果品质,提高经济效益。内黄县在贫困村和贫困户中认真宣传国家、省、市、县出台的关于林业发展的政策措施,对适宜发展林果业的贫困村和贫困户提供技术帮扶,鼓励其发展经济林,同时在经济林发展基础较好的村增加林果业种植面积,提高林果品质,增加林果业效益。"下一步,我们将引进新品种、新技术,并加快科技推广,不断提高果农的管理水平,大力发展设施栽培,提高林果业经济效益,拓展果树产业发展空间,加快全县贫困人口的脱贫步伐。"内黄县林业局相关负责人说。

扶贫车间让群众在家门口就业。在内黄县井店镇小集村的扶贫车间——内黄县三和制盒厂,工人们正在岗位上忙碌着,一个个精美的首饰盒很快被制作出来。"这些首饰盒通过外贸公司出口到国外。我们这个扶贫车间有100多名工人,其中有贫困户13名。"内黄县三和制盒厂负责人赵军平说。家住井店镇张王尉村的工人刘爱军是

2015年脱贫户。她的丈夫王现田是建档立卡贫困户户主。"我十几年前右腿受伤了，一直不能干重活儿。家里只有两亩多地，家里缺地、缺劳力，生活比较困难。"刘爱军说，"在党和政府的扶贫政策帮扶下，我们家2015年脱贫了。现在我在这个扶贫车间上班，一个月能拿到2000多元钱。"工人王建生也是2015年脱贫户。井店镇小集村的王建生是建立卡贫困户户主。"我们家是因病致贫，我需要长期吃药，家庭比较困难。在党和国家各项扶贫政策和扶贫干部的帮扶下，我在2015年脱贫了。现在我在扶贫车间上班，一个月能拿2000多块钱。在家门口都能挣钱，比去外面打工好多了。"王建生说。

二安镇观寨村的赵军平是内黄县三和制盒厂的负责人。1980年出生的赵军平高中毕业后就和几名同学一起去广东省东莞市打工，在外打工3年后，2011年，赵军平和两个朋友一起回家创业。"当时设备简陋，也没有合适的厂房，生产出来产品后，我们就带着这些产品跑市场。"赵军平说，经过这几年的发展，设备升级了，产品的销路也打开了。他们的产品通过外贸公司出口到韩国、新加坡等。2016年，赵军平将内黄县三和制盒厂搬进了小集村的扶贫车间。"扶贫车间在2017年11月底投入使用。我们厂的工人都来自附近村庄，人均工资约2500元，高的能拿到4000多元。"赵军平说，"目前我们的订单非常充足，厂里的设备也不断更新换代，搬进扶贫车间后，经营也越来越规范、高效。随着生产能力的扩大，我们还将在附近村庄招收更多工人。"

温室大棚撑起了贫困残疾人创业蓝天。访谈中，我们看到内黄县马上乡赵信村村民白健有在自家的大棚里摘甜瓜。"头茬甜瓜卖得差不多了，已经收入两万多元了，今年有望收入6万多元。"白健有高兴地说。白健有双手的手指和双脚的脚趾天生畸形，属二级残疾，妻子王志岭智力残疾，没有劳动能力。白健有一双儿女，儿子16岁，正在上初中，女儿10岁正在上小学。之前，白健有靠种地和打零工养家糊口。"家里的地少，种小麦、玉米卖不了多少钱。农闲的时候，我跟着建筑队打零工，也挣不了多少钱。"白健有说。

被确定为建档立卡贫困户后，扶贫干部鼓励白健有建大棚增加收入。"我之前也想通过建大棚多挣点钱，但没有资金，没有技术，不敢建大棚。"白健有说，通过党和政府的扶贫政策，他获得了5000元的到户增收资金和6000元的无息贷款。有了这两笔钱，再拿出自家的积蓄，又向亲戚朋友借了一些钱，白健有于2016年年底建起了一个占地3亩的大棚。"这3亩大棚有一部分是我家的承包地，有一部分是我流转其他村民的地。"白健有说，建起大棚后，他跟着村里的技术员学习种植甜瓜的技术。2017年，白健有的大棚甜瓜喜获丰收，一季甜瓜下来，收入3万多元。白健有当时就把贷款和借款都还了。当年，他又种了一季圆椒，收入1万多元。2017年，一个大棚一年收入4万多元。2017年年底，他又流转了其他村民的一些土地，建起了第二个大棚。2018年，白健有的两个大棚甜瓜丰收，头茬甜瓜的销售非常喜人。"有时候大棚里太忙了，我就雇人一起干活儿。"白健有说，"今年两个大棚的甜瓜能收入4万多元，随后我再种上圆椒，还能再收入2万多元。说心里话，真的非常感谢党和政府的扶贫政策，感谢各级扶贫干部。两个孩子上学有教育补贴，家里的院墙和厨房也都改建了。"白健有感激地说，"我知道脱贫不能光靠党和政府，自己也要努力，我相信我们家的经济会越来越好！"

产业旺了，腰包鼓了。内黄县六村乡郭桑村党支部书记李保林来到该村脱贫户郭玲钢的家。之前，郭玲钢家房子的墙体出现几处裂痕。"就是那边有点裂缝，不严重，村里专门派人修了，现在修好了，看不见了。"郭玲钢指着修好的墙体对李保林说。"修好了就行，有困难及时给我说，我再去其他贫困户家看看。"李保林说。走在郭桑村的街道上，可以清晰看到，村里的主干道和背街小巷都已硬化，街道两侧的树木郁郁葱葱，墙体粉刷一新。"我们村是省级贫困村，以前道路年久失修，群众出行不便。我们先后争取资金 1000 余万元，完成整村推进、通村公路、文化广场、产业基地、道路等重点扶贫建设项目，村容村貌焕然一新。"李保林说，"我们修整了村里的 3 纵 9 横主干道以及背街小巷共计 5 万余平方米的道路，安装太阳能路灯 112 盏、LED 灯 100 盏，栽种各种树木 1904 棵，铺设路沿石 10145 米、花砖 16029 平方米，修建 U 型沟 111 米，粉刷外墙 76680 平方米，建成高标准文化广场和公厕数个，硬化产业基地道路 1400 米，让村民喝上了净水、用上了天然气。"2017 年，郭桑村退出贫困村序列。郭国锁的伯父郭德印是该村建档立卡贫困户。郭德印得了帕金森综合征，生活不能自理，30 多年来，一直由郭国锁照料。郭国锁有 14 亩大棚，春季种西瓜秋季种尖椒和茄子。"今年，西瓜、尖椒和茄子的价格都不错，每亩大棚收入 1 万多元。"郭国锁笑着对李保林说。

郭国锁的大棚不是一枝独秀。目前，郭桑村已发展大棚 500 多亩，其中 200 多亩是高标准钢架大棚。2014 年以前，该村的大棚比较少，在李保林和其他村"两委"干部的积极引导下，村民开始建大棚种瓜菜。为了培育、推广郭桑村的西瓜品牌，该村举办了两届郭桑村西瓜文化节。如今，郭桑村成了大棚瓜菜种植产业基地，村民的腰包渐渐鼓了起来。今年，该村发展蒜椒套种 500 亩。"虽然今年大蒜的价格比往年低，尖椒的产量也比往年低，但通过蒜椒套种，村民一亩地能增收两三千元。"李保林笑着告诉我们。除了大瓜菜种植产业基地和蒜套种产业基地，郭桑村还建成占地 200 多亩的密植冬枣产业基地。李保林组建了内黄县丰润农业种植专业合作社并任理事长，为村民提供购买农资、教授种植技术、销售农产品等服务。该合作社与外地客商签订合同发展定单农业，带动全村农业经济进一步向市场化、规模化方向发展。说起下一步的打算，李保林干劲十足地说："我们村硬件设施建好了，村民的精神面貌非常好，大家都想着怎样发家致富，把主要精力放在产业发展上。产业发展了，不仅能实现稳定脱贫,还能让我们村奔小康。"

废弃鱼塘上建起了扶贫车间。在位于后河镇李庄村的内黄县祥友箱包厂的扶贫车间内,30多位来自本村和附近村庄的村民正在熟练而迅速地缝制着箱包。这是个在废弃的鱼塘上建起来的扶贫车间,有7户建档立卡贫困户在这里工作,有着稳定的收入。负责缝制箱包的工人是樊素彦,她的公公李景義是李庄村建档立卡贫困户户主。两年前,樊素彦的丈夫李军修得了白血病,家里拿出全部的积蓄,并向亲戚朋友借了钱给李军修治病。李军修需要人照顾,家里还有3岁的孩子。樊素彦的公公李景義已经56岁了,患有高血压病,需要经常吃药。即使这样,李景義还经常外出打工。内黄县祥友箱包厂的扶贫车间建成后,樊素彦就成了这里的工人。"我现在一个月最少能拿1500块钱,多的时候能拿2000多块钱。以后技术提高了,我还能拿更多的钱,有了这笔钱,我就可以补贴家用了!"樊素彦说。

在这个扶贫车间里,王翠玲需要经常请假,去接送孩子上下学。王翠玲的丈夫李文学患有高血压病、心脏病、胃病等,是李庄村建档立卡贫困户户主。他们家负担比较重。以前,王翠玲需要照顾两位老人和3个孩子,因为精心照顾公公、婆婆,她还被村里评为好媳妇。公公、婆婆去世后,王翠玲既要照顾患病的丈夫还要抚养3个孩子。"以前也想打零工,但我需要接送孩子,很难找到合适的工作。我来到这个扶贫车间说了我的情况,就被录用了。"王翠玲说,"这里的老板知道了我们家的情况后,特意对我说,我情况特殊,可以晚来一会儿,早走一会儿,家里如果有啥情况,随时都可以请假回家。就算经常请假,我现在一个月也能拿到1500块钱工资。"王翠玲说。

和王翠玲一样,需要经常请假的工人还有燕素霞。燕素霞的丈夫王双秋是后河村的建档立卡贫困户户主。他们有一个孩子因出生时缺氧而残疾,还有一个孩子正在上小学。王双秋外出打工,燕素霞在家里照顾两个孩子。"我既要照顾残疾的孩子,又要接送另一个上下学。以前很难找到打零工的地方。在这里,我一个月工资高的时候能拿到 2000 多块钱。"燕素霞说。该扶贫车间里有一个年龄大的工人,她就是已经 66 岁的安凤娥。安凤娥的老伴儿李根成是李庄村建档立卡贫困户户主。"3 年前,我儿子得了重病,积蓄花光了,借了不少钱,也没有留住儿子。后来,儿媳妇将两个孩子都带走了,只剩下我们老两口。我老伴儿跟着侄子去打工了,我也不会其他的,来到这里整理箱包,一个月能拿到 1000 多块钱。日常花一部分,留下一部分还债。"安凤娥说。

在内黄县祥友箱包厂的扶贫车间内,7 户建档立卡贫困户在这里找到了工作,有了稳定的收入。内黄县祥友箱包厂的负责人是出生于 1990 年的王晓聪。她被村民们称为回乡创业的"90 后"打工妹。王晓聪初中毕业就跟着父亲去浙江省金华市打工,随后又跟着父亲去福建省泉州市打工。王晓聪刚开始在一家箱包厂工作,学了技术后,在父亲的支持下开始做生意。2017 年春节,王晓聪从外地回家过年。"我听说,村里的孩子因为父母不在家,回到家没有人管,完不成老师布置的作业,学习成绩不好。我小时候就是回到家没人管,初中毕业就外出打工了。"王晓聪说,"我还听说,我们李庄村也有贫困户没法外出打工,在家乡又找不到工作。我突然有了个想法,回家创办箱包厂,让村民既能上班又能照顾孩子。我特意问了问村里的婶婶们,如果在家门口一个月能挣到 2000 多块钱,做不? 婶婶们都说,如果有这样的工作,她们肯定去。"

王晓聪的想法得到了父亲的大力支持。填平一个废弃的鱼塘,2017 年 6 月,王晓聪的内黄县祥友箱包厂建起来了。培训、招收工人,有劳动能力的贫困户优先。王晓聪手把手培训附近的村民。"白天培训工人,有时候工人不小心把机器用坏了,我晚上就加班将机器修好。"王晓聪说,"我们现在能生产 20 多种箱包,有些简单的包,我们一天就能生产一万件。现在的订单很多,下一步,我们将再建一个厂房,再上些机器设备,扩大规模,让附近更多的贫困户和村民来我们这里上班。"

(四)生活自信有希望

扶贫政策帮助贫困户渡过了难关。在内黄县城关镇李小汪村,2017年脱贫的贫困户张现甫正在打扫不久前利用"六改一增"工程扶贫项目资金建好的院落。"这几年,我们家确实很困难。在孩子要结婚的时候,我爱人得了癌症需要治疗。党和政府的扶贫政策帮我们渡过难关。家里的房子翻新了,孙子、孙女出生了,我和儿子外出打工,儿媳有了工作。我们脱贫了,往后的日子有了奔头。"张现甫感激地说。张现甫家的大门、院子、院墙、堂屋、厨房、厕所都是新建的。"我们家的院子以前比路面要低很多。一下大雨,院子里都是水,好几天都排不出去。这是以前的院墙,当时两米多高,你看现在只有一米多了。"张现甫指着院墙说,"我们家大变样,这都是党和政府的扶贫政策好啊。"在利用危房改造项目新建的3间堂屋内,今年53岁的张现甫讲述了这几年他们家遇到的难关。2013年,本该是他们家高兴的一年。那一年,张现甫的儿子订婚了,年底就要结婚。但是,当年10月,张现甫的妻子在医院查出患了癌症。当时,张现甫的母亲已经75岁,身患脑血管疾病,身体不好,需要常年吃药。在那一年,张现甫的母亲被纳入农村低保。经过手术、化疗,张现甫的妻子病情时稳定了。给妻子治病张现甫一共花费5万多元,通过新农合报销了1万多元。妻子出院后,张现甫张罗儿子的婚礼,解决了家里的一件大事。2014年、2015年,张现甫的孙子、孙女相继出生。2015年,妻子的癌症复发并转移到肝部。张现甫再次陪着妻子住院治疗。"以前,我一直外出打工,妻子癌症复发后,我陪着去医院治疗,家里的积蓄花光了,还要借亲戚的钱才能去看病。"张现甫说。

村干部和村民都知道张现甫家的情况。"张现甫两口子都非常能干,张现甫外出打工,他爱人在家照顾老人、种花生,日子过得不错。他爱人生病后,张现甫不能出去打工了。他们家是因病致贫。"李小汪村村委会主任李献坤说,在 2016 年,张现甫家被确定为建档立卡贫困户。2016 年,张现甫妻子的癌症再次复发并转移到头部,张现甫陪着妻子再一次住院治疗。"2016 年,看病一共花了 7.8 万元,新农合、大病保险等一共报销了 4 万多元。帮扶人和村干部对我说,我可以利用危房改造项目建新房。"张现甫说,他在陪妻子看病间隙,将老房子推倒重建了。贫困户张现甫一家享受到多种帮扶补贴:孙子上了幼儿园,每年有 1000 元的教育补贴;母亲低保年金 1584元;拿到了企业带动股金分红 1200 元。张现甫在帮扶人的建议下买了花生摘果机,在花生收获季,利用花生摘果机收入一万多元。2017年,张现甫妻子的病情恶化,并于 8 月去世。"2011 年,政府帮我们家交了新农合保险、大病保险等。我妻子看病花了 3 万多元,现在已经报销了近 2 万元,还能再报销。有党和政府专门针对贫困户的五重医疗保障,我们自己只需要承担很少一部分医疗费。"张现甫说,办完妻子的丧事,他又外出打工了。在帮扶人的介绍下,张现甫的儿子去广东打工。张现甫算了一笔账:"2017 年,自己外出打工收入 6000多元;儿子打工挣了一万多元;通过种花生和蔬菜,收入一万多元;在花生收获季,利用花生摘果机收入一万多元;儿媳成了村里的打字员,一年收入大约 4000 元;母亲的低保金有 1704 元;孙子的教育补贴有 1000 元;企业带动股金分红 400 元;金融带动资金 2000 元;脱贫励志扶持 200 元……帮扶人经常来我们家,过年的时候还给我们送米、面、油等。"张现甫说。

张现甫外出打工回家后,新建了厨房、大门和过道。2017 年年底,张现甫脱贫了。"党和政府的扶贫政策不仅帮我们渡过了难关,还让我们家变了模样。我们家现在有稳定的打工收入和地里高效作物的收入,有了这些收入,我们以后的日子会越来越好。"张现甫说。

扶贫让他们重拾生活信心。在内黄县井店镇东江村,2017年脱贫的贫困户杜建国和妻子任贵粉正在院子里的彩钢棚下挑拣辣椒。"这些辣椒马上就能卖钱了。今年卖辣椒收入能有1万多块钱。这个彩钢棚是利用六改一增工程扶贫项目资金建设的,包括我们家的院墙、地面,还有我们家的房顶和衣橱都是六改一增工程扶贫项目资金建设的。"杜建国说。说起前几年的生活,杜建国说:"当时真没有生活的信心。"7年前,杜建国的儿子因病去世,儿媳不知去向,留下一个孙子和一个孙女。5年前,杜建国在医院查出患有帕金森综合征。妻子任贵粉患有脑溢血、风湿病等。女儿还在上学。"当时地也不种了,承包给了别人,一年一亩地给我们三四百块钱。我也没法出门打工感觉生活没有希望。"杜建国说,"帮扶人和驻村第一书记来我们家帮助我们、鼓励我们,扶贫干部唤起我们生活的信心。我去外面打工,地里也种上了辣椒。2017年,我们家脱贫了。"杜建国说。

帮扶人和驻村第一书记为杜建国的女儿买了一台笔记本电脑。杜建国的女儿在新乡医学院上学,课余时间利用电脑做起了平面设计,每月可以拿到1000多元的勤工俭学收入。在帮扶人和驻村第一书记的鼓励和帮助下,杜建国在附近工厂打工。"扶贫干部帮我找了不累的工作,在一家工厂里看看大门、干点杂活儿,刚开始一个月能拿四五百块钱,现在一个月能拿到1000多块钱。"杜建国说,他还当上了村里的网格员,一年收入4500元。"帮扶人和驻村第一书记不仅实实在在地帮助我们家,还不停地给我们鼓劲儿,给我们出主意、想办法,为我们增加收入。我们也不能光等着依靠政府。我们把承包出去的地要了回来,种了4亩辣椒,一年收入一万多块钱。"杜建国说。

2017年,杜建国因病住院。"党和国家的扶贫政策好,我在医院住院的钱大部分都给报了,自己没花多少钱。"杜建国说,他算了一笔细账,除了打工收入、当网格员的收入、种辣椒的收入以外,女儿上大学每年有 4000 元的助学金,孙子、孙女的教育补贴一年分别有 950 元,光伏产业带动一年 1200 元,金融带动资金 1200 元,脱贫励志奖 2000 元,城乡居民医疗保险补贴 900 元,大病保障及意外伤害险补贴 400 元,耕地补贴 895 元……"2017 年,我们家脱贫了。更重要的是,我们全家重拾了生活的信心。今年,我的女儿也要大学毕业参加工作。现在我们家有稳定的打工收入、地里高效作物的收入、扶贫产业的收入,不光稳定脱贫没有问题,我们家的生活会越来越好。"杜建国的妻子任贵粉说道。

当上了"带头脱贫标兵"。在内黄县二安镇召开的年度脱贫攻坚总结暨表彰大会上,脱贫户任社玲身披写有"带头脱贫标兵"字样的绶带,胸前戴着大红花,脸上洋溢着灿烂的笑容,和其他获奖脱贫户一起上台领奖。作为脱贫户代表,任社玲还在大会上发言:"俺当上了带头脱贫标兵,要感谢党的好政策。我脱贫了,我感到很自豪,我现在过得很开心,也很有希望,党有好的帮扶政策,我也通过自己的双手辛勤劳动,我相信,我的生活会越过越好!"参加完当天的表彰大会后,任社玲骑着电动自行车返回二安镇观寨村的家中,特意放好"带头脱贫标兵"荣誉证书,她说:"带头脱贫标兵是一份荣誉,这份荣誉也属于帮扶人和驻村第一书记。"随后,任社玲坐在板凳上开始工作。"现在地里没有活儿,我除了接送孙子、孙女上学外就是回家串珠子。这些绳子和珠子都是人家送过来的,串好珠子以后,人家再来收。我这个活儿也算是来料加工。"任社玲一边工作一边说,"以前家里非常困难,孩子没有工作,家里没有稳定的收入,多亏了党的扶贫政策好,我们家现在 3 个人都有工作了。"

1999 年,任社玲的丈夫因病不幸去世。任社玲做过甲状腺手术,不仅无法从事重体力劳动,还需要长期吃药。任社玲的大儿子已经结婚。以前是大车司机的大儿子因高血压病无法继续当司机只能在家照顾孙子和孙女。二儿子也没有工作。"我吃药花销大,大儿子也有高血压病,家里没有稳定的收入,就靠着家里的 5 亩半地,生活非常困难。"任社玲说。2015 年 10 月,任社玲被确定为建档立卡贫困户。帮扶人、驻村第一书记为任社玲制订了帮扶规划和计划。2016 年,在帮扶人的建议和介绍下,任社玲的大儿子在县城开了一间修理电动车的门市部。2017 年 4 月,在帮扶人的介绍下,任社玲的大儿子将修车铺从县城搬到了井店镇镇区。"原先在县城经营,房租比较贵,离家比较远,搬到井店后,房租低了,离家也近了。大儿子现在一个月收入 2000 块钱左右。"任社玲说,她的二儿子还没有结婚,在帮扶人和驻村第一书记的建议和介绍下,二儿子在郑州一家公司做快递员,每个月收入 3000 元左右。"儿媳妇在二安镇的一家超市打工,一个月能收入 1500 块钱。"任社玲说,"感谢帮扶人和驻村第一书记,在他们的鼓励和帮助下,我们家有了稳定的收入和增收渠道"。"光伏产业一年 1200 块钱、金融带动一年 1200 块钱、孙女和孙子的贫困家庭学生补贴一共 1950 块钱、脱贫励志奖 2000 块钱……"任社玲扳着指头在那里细数享受到的扶贫政策,"党的扶贫政策好,帮扶人、驻村第一书记帮助我们家把党的扶贫政策全部都落实了,我在家里照顾好孙子、孙女的同时,种好 5 亩半地,做点来料加工挣钱。我感到很知足、很开心"!

盖起新房子,生活有奔头。内黄县高乡袁庄村袁东生夫妇刚从新疆回来。"我们去新疆摘棉花了,一共 46 天,我们夫妇挣了 7000 多块钱。"袁东生的妻子任林芳笑着说。去新疆摘棉花前,袁东生夫妇每个月都要带患有过敏性紫癜肾炎的小女儿任雯清去郑州复查。"孩子的病现在处于康复期,需要两个月复查一次。"任林芳说,2015 年冬天,小女儿任雯清腿部出现红点。经医生诊断,孩子患上了过敏性紫癜肾炎。小女儿的病让这个原本就困难的家庭雪上加霜。袁东生的母亲 70 多岁了,患有心脏病、气管炎、肺气肿等病,需要常年吃药。袁东生的妻子任林芳患有甲亢病,还有正在上小学的儿子,家里只有 4 亩耕地,种植小麦、玉米等常规农作物。袁东生农闲时贩卖瓜菜贴补家用。小女儿患病后,每月几千元的医疗费压得袁东生夫妇喘不过气来。"多亏了党和政府的扶贫政策,在扶贫干部的帮扶下,我们家走出了困境。"任林芳说,小女儿每个月在郑州复查后需要购买昂贵的药物。帮扶人员因户施策,与高堤乡卫生院协调解决了原来只能自费在郑州购买的药品,小女儿的医疗费用大大降低。"扶贫干部还帮助我们家修房子。原来我们家的房子漏雨,扶贫干部帮我们修了房顶、新盖了厨房。以前我们家的院子地势低,下雨后雨水排不出去,扶贫干部帮我们将院子地面垫高,还修了院墙和大门。儿子上学还有教育补贴。"袁东生感激地说。"政府这么帮咱,咱也得好好干,才能对得起大家的关心。"袁东生说,"我们夫妇俩由衷地感谢国家的扶贫政策,我们的心态也由原来得过且过混日子转变成找事干、要挣钱"。在帮扶人的联系下,袁东生夫妇在高堤乡北街村某食品厂就了业。食品厂的生产有季节性,食品厂停产期间,袁东生就外出打工。在家的时候,袁东生一天也不舍得休息,一有空闲就跑到建筑队打零工。妻子任林芳也没有闲着,她打算给亲戚的超市送货,正在考驾照。

小女儿的病情日渐好转,袁东生夫妇的日子也越来越有奔头。袁东生夫妇盖起了新房。"以前家里困难,虽然想着要盖新房,但是手里没钱,心里没底。有党和政府的好政策、有扶贫干部的帮扶,我家脱贫了。"任林芳说,"脱贫不是我们的目标,我们还要追求更好的生活。我们建起了 5 间新房,要致富奔小康"。

农特产品搭上电商快车。2018 年 4 月,河南省农业品牌发展峰会暨兴农扶贫河南站启动仪式在内黄县电商产业园举行。河南省是全国首个启动与阿里巴巴集团兴农扶贫全面合作和对接的省份。阿里巴巴集团在 2018 年 4 月 10 日启动"抢空河南原产地"活动,为河南省农特产品上行、品牌打造强势助力。

为了更好地促进农村电商发展,服务农产品上行,助力脱贫攻坚,2015 年 4 月,河南省商务厅携手阿里巴巴集团,在河南省正式启动阿里农村淘宝项目。截至启动仪式前,全省农村淘宝累计落地 45 个县,建设 2422 个村级服务站、2292 个淘帮手站点,直接带动就业 4714 人。郑州、南阳、洛阳、许昌、安阳等 5 个市有淘宝村 33 个。郑州、安阳等市(县)已开设 11 个阿里县域特色中国馆。阿里巴巴集团把河南省作为全国首批开通阿里巴巴集团"兴农扶贫频道"的省份,在电商扶贫领域再次深度合作,共同举办"买空河南原产地"活动,共促县域发展,共谋乡村振兴。阿里巴巴集团负责人表示,河南省是农业大省,目前,首批 24 个县域的近 50 余个品类已经上线到兴农扶贫专区,阿里巴巴集团将投入聚划算、淘抢购、手淘等强力资源给予支持,助力各县(市)特别是贫困县农产品上行、农业转型升级,实现精准脱贫。就在启动仪式当天,省商务厅与阿里巴巴集团签署《乡村振兴合作备忘录》将进一步完善全省各县(市)的新型农村商业服务体系、新型农产品电商服务体系、新型乡村生态服务体系,建立双方的项目合作推进机制、项目平稳运营机制、项目专人对接机制、平台数据开放机制,助力河南省电子商务发展,深化供给侧结构性改革,促进乡村振兴、精准脱贫。安阳市商务局相关负责人表示,安阳市将以这次启动仪式为契机,充分利用"兴农扶贫频道"平台优势,服务好本市农特产品上行,助力脱贫攻坚,全面提升我市电商扶贫工作水平。内黄农村淘宝项目在当天启动。全县 20 家新型天猫优品体验店也将投入运行。该县依托阿里巴巴集团的服务体系,将极大地拓宽内黄大枣、内黄尖椒、内黄花生、内黄果蔬等农特产品的销售渠道,提高品牌价值,增加农民收入,为助力精准脱贫和乡村振兴提供强有力的支持。

　　幸福是奋斗出来的。内黄县东庄镇东街村建档立卡贫困户郑海明正在大棚里采摘西红柿。长期的劳作,让 55 岁的郑海明看起来有些苍老。妻子王合梅跟在郑海明的身后,和丈夫一起采摘西红柿。在内黄县东庄镇东街村,村民都知道贫困户郑海明非常能干,也都羡慕郑海明、王合梅夫妇教子有方。郑海明、王合梅夫妇的三个孩子大学毕业后,都在郑州找到了好工作,买了房子,两个儿子都已成家。谁能想到,几年前,郑海明、王合梅夫妇想去亲朋友家借点钱,借了好几家才借了50元。"我们当时非常困难,大家不借钱,主要是怕我们家还不起。"王合梅说起当时借不到钱的窘境已经释然。王合梅说,家里负担确实比较重。她嫁给郑海明不久,公公就去世了,婆婆患有高血压,没有劳动能力,三个小姑子还没有出嫁。等郑海明、王合梅夫妇为三个妹妹办好婚事后,三个孩子上学也正需要钱。"家里负担重,我们夫妇俩就起早贪黑地挣钱养家。"王合梅说,当时家里花钱的地方多,三个孩子要上学、但家里早已经没钱了。孩子们对王合梅说,家里如果没钱了,就不上学了,回家打工挣钱。"再穷也不能耽误孩子们上学,我对孩子们说,钱的事不用操心,你们好好上学就行了。"王合梅说,她跟着丈夫有时候在大棚里劳作到深夜甚至到第二天凌晨,村里最后一个关灯的大棚很多时候是他们家的,凌晨最早亮灯的大棚很多时候也是他们家的。

王合梅非常感激扶贫干部的帮助和支持。"前几年孩子上学,党和政府每年都给钱资助,扶贫干部还帮我们找脱贫致富的门路,帮助我们申请资金。"王合梅说,之前他们家有一栋5亩的蔬菜大棚,去年,在扶贫干部的帮助下,他们申请了5万元贷款,建起了第二栋5亩的大棚。"大棚里主要种西瓜和西红柿,我大致算了算,今年就可以把所有的贷款和外债都还上。"王合梅笑着说。看着他们夫妇忙碌的身影,不禁使我们想起了王合梅说的话:"我们对脱贫致富非常有信心,以后都是幸福的日子了。我们家的经历用一句话总结就是幸福是奋斗出来的!"

扶贫永远在路上

　　面对贫困这个人类社会的顽疾，党和人民披荆斩棘、栉风沐雨，不仅完成了消除绝对贫困的艰巨任务，创造了又一个彪炳史册的人间奇迹，而且锻造形成了脱贫攻坚精神。在这场声势浩大的脱贫攻坚人民战争中，数百万扶贫干部倾力奉献、苦干实干，同贫困群众想在一起、过在一起、干在一起；广大脱贫群众激发了奋发向上的精气神，努力用自己的双手创造幸福生活；社会各界关爱贫困群众、关心减贫事业、投身脱贫行动，弘扬和衷共济、团结互助美德，生动彰显了脱贫攻坚精神。

　　脱贫攻坚战的全面胜利，标志着我们党在团结带领人民创造美好生活、实现共同富裕的道路上迈出了坚实的一大步。"脱贫攻坚取得举世瞩目的成就，靠的是党的坚强领导"，在 2021 年 2 月 25 日召开的全国脱贫攻坚总结表彰大会上，习近平总书记深刻总结我国脱贫攻坚重要经验和认识，指出"坚持党的领导，为脱贫攻坚提供坚强政治和组织保证"。在党的坚强领导下，数百万扶贫干部前赴后继，无数共产党员攻坚克难，带领人民不断奋斗，绘制出一幅山乡巨变、山河锦绣的时代画卷，谱写了一首沧海桑田、波澜壮阔的民族史诗。

与此同时，征途漫漫，任务重大、使命艰巨，惟有奋斗。瞭望前方征途，我们站在实现"两个一百年"奋斗目标的历史交汇点上，更需要大力弘扬扶贫精神，坚定斗争意识，以越是困难越是向前的气魄奋勇拼搏、尽锐出战、迎难而上、真抓实干，克服一切艰难险阻，使之转化为全面建成小康社会，推进中国特色社会主义现代化建设不断前进，实现中华民族伟大复兴的强大力量。凭着这样的精神，在以习近平同志为核心的党中央的坚强领导下，万众一心，砥砺奋进，就没有任何力量能够阻挡中国人民实现梦想，没有任何力量能够阻挡中华民族走向伟大复兴。

一、党的领导与脱贫攻坚精神

　　沧海横流显砥柱，万山磅礴看主峰。在波澜壮阔的脱贫攻坚进程中，以习近平同志为核心的党中央坚持对脱贫攻坚的集中统一领导，把脱贫攻坚纳入"五位一体"总体布局、"四个全面"战略布局，统筹谋划，强力推进。习近平总书记亲自指挥、亲自部署、亲自督战，提出一系列新思路新观点，作出一系列新决策新部署，为脱贫攻坚提供了根本遵循和科学指引。党的十八大以来，习近平总书记先后 7 次主持召开中央扶贫工作座谈会，50 多次调研扶贫工作，走遍 14 个集中连片特困地区，坚持看真贫，坚持了解真扶贫、扶真贫、脱真贫的实际情况，面对面同贫困群众聊家常、算细账，亲身感受脱贫攻坚带来的巨大变化。2012 年年底，党的十八大召开后不久，习近平总书记就到河北阜平考察扶贫，了解困难群众生产生活情况。2013 年 11 月，习近平总书记在湖南湘西州十八洞村考察时，首次提出精准扶贫。2015 年，在扶贫开发工作会议上，习近平总书记提出要解决好"扶持谁""谁来扶""怎么扶"的问题，发出了打赢脱贫攻坚战的总攻令。2017 年，党的十九大把精准脱贫作为三大攻坚战之一进行全面部署。2020 年,在决战决胜脱贫攻坚座谈会上,习近平总书记强调脱贫攻坚目标"必须如期实现,没有任何退路和弹性",激励着全党全国以更大的决心、更强的力度,做好"加试题"、打好收官战,信心百倍向着脱贫攻坚的最后胜利进军。脱贫攻坚战打响以来,以习近平同志为核心的党中央把脱贫攻坚摆在治国理政的突出位置,立足我国国情,把握减贫规律,走出了一条中国特色减贫道路。

中国共产党是中国工人阶级先锋队,是中国人民和中华民族的先锋队,是中国社会主义事业的领导核心,党的宗旨就是全心全意为人民服务。正是因为有中国共产党的坚强领导,我国脱贫攻坚才取得前所未有的成就。脱贫攻坚精神充分体现着中国共产党的性质宗旨。

脱贫攻坚精神充分有力彰显了党作为中国工人阶级的先锋队、中国人民和中华民族的先锋队作用。中国共产党除了工人阶级和最广大人民群众的利益,没有自己特殊的利益。基于此,中国共产党把消除贫困、改善民生作为重要使命,敢于向贫困宣战。摆脱贫困作为世界性难题,其他各国不可能如中国共产党一般团结带领全国各族人民打出这样一场脱贫攻坚战,正是因为我们党始终代表着中国最广大人民的根本利益,必须解决掉贫困人口脱贫问题,这是我们党的性质所决定的。正如习近平总书记所讲:"如果贫困地区长期贫困,面貌长期得不到改变,群众生活水平长期得不到明显提高,那就没有体现我国社会主义制度的优越性,那也不是社会主义。"①

脱贫攻坚精神集中体现出了党作为中国社会主义事业的领导核心。党的领导地位是在长期的革命、建设和改革中形成的。历史表明,只有中国共产党才能带领中国人民走上国家富强与民族振兴的

---

① 习近平:《在全国脱贫攻坚总结表彰大会上的讲话》,北京:人民出版社 2021 年版,第 4 页。

正确道路,只有中国共产党才能团结和领导全国各族人民进行艰苦卓绝的斗争,取得一次又一次的伟大胜利。打赢脱贫攻坚战亦是如此,中国共产党团结带领全国各族人民共同向贫困宣战,打出了一场令全世界瞩目的脱贫攻坚战,成为世界减贫史上的一个奇迹。党的十八大以来,在以习近平同志为核心的党中央领导下,构建起五级书记抓扶贫、全党动员促攻坚的局面,夯实农村基层党组织同脱贫攻坚有机结合起来,下决心解决软弱涣散基层班子的问题,下大力气选优配强村党组织带头人队伍,加强后备力量储备,打造出一支"不走的扶贫工作队"。脱贫攻坚战打响以来,党中央集中精锐力量投向脱贫攻坚主战场,全国累计选派25.5万个驻村工作队、300多万名第一书记和驻村干部,将组织力量直接充实到脱贫攻坚一线。通过发展壮大村级集体经济等方式,基层党组织带领群众找到致富路子,促进了农民持续增收,实现了贫困村稳定脱贫,真正带领乡亲们过上了好日子。

脱贫攻坚精神充分展现出了我们党全心全意为人民服务的宗旨要求。脱贫攻坚战中,我们党始终坚持人民主体地位,一切为了人民,为了人民的一切,逐步实现全体人民的共同富裕。正如习近平总书记指出:"我们搞社会主义就是要让人民群众过上幸福美好的生活,全面建成小康社会一个民族、一个家庭、一个人都不能少。我们党从诞生之日起,就以为民族求解放、为人民谋幸福为己任。让人民群众脱贫致富是共产党人始终不渝的奋斗目标。"[1]在脱贫攻坚战中,数百万扶贫干部倾力奉献、苦干实干,他们舍小家为大家,同贫困群众结对子、认亲戚,常年加班加点、任劳任怨,困难面前豁得出,关键时候顶得上,把心血和汗水洒遍千山万水、千家万户。

---

[1]《记习近平总书记看望四川凉山地区群众并主持召开打好精准脱贫攻坚战座谈会》,人民日报,2018-02-15。

脱贫攻坚精神体现着中国人民的意志品质，是中华民族精神的生动写照。习近平总书记指出，脱贫攻坚取得举世瞩目的成就，靠的是党的坚强领导，靠的是中华民族自力更生、艰苦奋斗的精神品质，靠的是新中国成立以来特别是改革开放以来积累的坚实物质基础，靠的是一任接着一任干的坚守执着，靠的是全党全国各族人民的团结奋斗。

事实充分证明，中国共产党具有无比坚强的领导力、组织力、执行力，是团结带领人民攻坚克难、开拓前进最可靠的领导力量。只要我们始终不渝坚持党的领导，就一定能够战胜前进道路上的艰难险阻，不断赢得新的更大胜利！

二、大力弘扬脱贫攻坚精神

人无精神则不立，国无精神则不强。在脱贫攻坚伟大斗争中，全国上下以共同意志、共同行动，完成了这项对中华民族、对整个人类都具有重大意义的伟业，极大增强了全党全国各族人民的自信心和自豪感、凝聚力和向心力。"上下同心、尽锐出战、精准务实、开拓创新、攻坚克难、不负人民"，习近平总书记对脱贫攻坚精神的精辟概括，深刻阐明了我们党团结带领全国各族人民进行脱贫攻坚伟大斗争的精神实质，深刻揭示了脱贫攻坚战取得全面胜利的力量源泉。正如习近平总书记深刻指出的："脱贫攻坚精神，是中国共产党性质宗旨、中国人民意志品质、中华民族精神的生动写照，是爱国主义、集体主义、社会主义思想的集中体现，是中国精神、中国价值、中国力量的充分彰显，赓续传承了伟大民族精神和时代精神。"在中华民族伟大复兴的征程上，脱贫攻坚精神筑起一座新的精神丰碑，必将成为推动新时代中国发展进步、战胜一切风险挑战的重要精神动力。

坚持在乡村振兴中弘扬脱贫攻坚精神。民族要复兴，乡村必振兴。全面实施乡村振兴战略的深度、广度、难度都不亚于脱贫攻坚。要切实做好巩固拓展脱贫攻坚成果同乡村振兴有效衔接，各级各部门要认真落实中央和省委决策部署，冷静分析形势、辩证地看，着眼长远发展、科学地谋，继续保持定力、务实地干。要着力巩固拓展脱贫攻坚成果，抓好用好5年过渡期保持主要帮扶政策总体稳定这一重大利好，严格落实"四个不摘"，调整优化对已脱贫地区和已脱贫人口的扶持政策，确保脱贫成果经得起历史和人民检验。要加强对易返贫致贫人口的监测，做到早发现、早干预、早帮扶，坚决守住不发生规模性返贫的底线；要加强对脱贫地区产业的长期培育和支持，促进已脱贫人口持续稳定增收；要加强对易地扶贫搬迁群众的后续扶持，确保稳得住、有就业、逐步能致富。要全面推进乡村振兴，按照乡村振兴"产业兴旺、生态宜居、乡风文明、治理有效、生活富裕"20字方针，准确把握"三农"工作的阶段性特征，立足新发展阶段、贯彻新发展理念、融入新发展格局，深度构建现代乡村产业体系，大力实施乡村建设行动，加强农村生态文明建设，稳步推进农业农村改革，加强和改进乡村治理，促进农业高质高效、乡村宜居宜业、农民富裕富足，让广大人民群众获得感、幸福感、安全感更加充实、更有保障、更可持续。

一切伟大成就都是接续奋斗的结果，一切伟大事业都需要在继往开来中推进。脱贫摘帽不是终点，而是新生活、新奋斗的起点。以"上下同心、尽锐出战、精准务实、开拓创新、攻坚克难、不负人民"的脱贫攻坚精神，咬定青山不放松，立足本职工作岗位，勤于创造、奋发有为，在巩固拓展脱贫攻坚成果、全面推进乡村振兴的事业中接续奋斗、再立新功。只有一年接着一年干，一件事情接着一件事情办，我们才能绘就乡村振兴的壮美画卷，朝着共同富裕的目标稳步前行，书写中国发展更加辉煌的新篇章。征途漫漫，惟有奋斗。面对全面建设社会主义现代化的新征程、新任务、新要求，我们要更加紧密地团结在以习近平同志为核心的党中央周围，大力弘扬伟大脱贫攻坚精神，上下同心、开拓创新，以永不懈怠的精神状态、一往无前的奋斗姿态，真抓实干、埋头苦干，向着实现第二个百年奋斗目标奋勇前进。

弘扬脱贫攻坚精神续写复兴路。弘扬脱贫攻坚精神坚定"信念路"。"理想信念就是共产党人精神上的'钙'，没有理想信念，理想信念不坚定，精神上就会'缺钙'，就会得'软骨病'"。新时代的党员干部要坚定理想信念，树牢"主心骨"，拧紧"总开关"，经常给自己"充充电"，给思想"除除尘"，对党和人民有"赤诚心"，对事业有"进取心"，对法纪有"敬畏心"，自觉在思想上、政治上、行动上同党中央保持高度一致，把理想信念的力量转化为坚定不移为党和人民事业不懈奋斗的动力，在干事创业之路上行稳致远。弘扬脱贫攻坚精神走好"实干路"。幸福是奋斗出来的，好日子是干出来的。脱贫攻坚工作虽然取得胜利，但群众工作任重而道远，新时代的党员干部要永葆奉献、实干、坚守的脱贫攻坚韧劲，"扎根"基层一线，迈开步子摸实情，俯下身子抓落实，把精准务实的脱贫攻坚精神发扬在乡村振兴、基层治理、环境整治等工作上来，练就"能干事、干实事"的"真本领"，以"面对面"走访、"心贴心"交流了解群众所思所盼，全力办好群众期盼的"关键小事"，切实为群众办好事、办实事。弘扬脱贫攻坚精神开拓"创新路"。创新是引领发展的第一动力，脱贫攻坚取得胜利，是广大干部群众开拓创新、锐意进取、默默奉献的结果。习近平总书记强调，"要大力发扬为民服务孺子牛、创新发展拓荒牛、艰苦奋斗老黄牛的精神"，党员干部要弘扬与时俱进、勤于探索、勇于实践的改革创新精神，在面对繁重工作任务时保持清醒的头脑，不畏难、敢克难，明确时间节点、列出责任清单，因地制宜开拓思路、创新方法、分条缕析、稳扎稳打，做到心中有谱、手里有活、脚下有路。

当前，亟须我们立足新发展阶段，贯彻新发展理念，构建新发展格局，面对新形势、新要求，更加需要我们大力弘扬脱贫攻坚精神。

我们解决发展不平衡不充分问题、缩小城乡区域发展差距、实现人的全面发展和全体人民共同富裕仍然任重道远,要继续大力弘扬脱贫攻坚精神,锐意进取、奋发有为,乘势而上、再接再厉、接续奋斗。展望未来,为圆满实现全面建设社会主义现代化国家的历史宏愿,只要我们大力弘扬脱贫攻坚精神,就一定能够办成更多像脱贫攻坚这样的大事难事,不断从胜利走向新的胜利,在新时代创造新的历史辉煌,开创新的伟大奇迹。

后 记

　　中华从来重精神。回首百年路，中国共产党的精神之花一路盛开，形成了包括红船精神、井冈山精神、长征精神、延安精神、抗战精神、"两弹一星"精神、航天精神、抗疫精神等在内的中国共产党人的精神谱系，为救国、兴国、富国、强国提供了源源不断的精神力量。脱贫攻坚精神这笔弥足珍贵的精神财富，已汇入中国精神的时代洪流，把民族精神的内涵拓展到新的疆界，成为新时代伟大中国实践的精神体现。

　　在本课题研究过程中，承蒙河南濮阳、内黄两县的县委县政府、扶贫开发办公室、乡镇党委、政府和有关部门的大力支持和热情帮助，特别要感谢时任河南省濮阳市濮阳县县委书记张宏义、县长孙庆伟、县扶贫办主任常正领和内黄县县委书记王建国、县长王晖、副县长高红亮等的大力支持，感谢调研访谈过程中所遇到的扶贫干部们、脱贫群众们等相关人员的倾情付出与真情流露，在此表示最诚挚的谢意。同时，要感谢我的学生们，特别是张鹏启、杨小珍、龙启航、胡军以及黎彦、汪春燕、姚瑶等，我们亦师亦友，经常与我一起就脱贫攻坚问题、农村基层社会治理及党组织建设问题、共同富裕问题等进行调研，这是一群有理想、有追求、有责任感的青年学生，他们坚持把

"论文写在祖国的大地上",他们付出了汗水,也收获了成长。

　　需要特别说明的是。一方面,课题组于 2019 年 3 月 1 日始,分别对濮阳县、内黄县展开调研,调研时间为期半年。书中有关扶贫脱贫的数据,其截止日期大多为 2019 年 3 月份。因涉及数据量较为庞大,后期撰书当中对数据的再次核验相对困难,故而统一使用当时调研时所得一手数据,如有差异之处,还请读者朋友予以谅解。另一方面,由于我们研究水平和研究能力有限,加上对脱贫攻坚实际战场的体会和感悟不够深、不够透,对脱贫攻坚精神在一线战场的实践与彰显尚待进一步深化,对脱贫攻坚精神的时代价值和实践意义的认识还不够系统,存在一定疏漏、瑕疵乃至讹误在所难免,敬请各位读者不吝赐教。同时,本书在编写过程中,参考了两地政府提供的相关资料和公开发表在媒体的部分报道,在此不再一一列举并表示感谢。希望该书出版后,能起到抛砖引玉的作用,能够吸引更多的人参与到脱贫攻坚精神的研究中来,以便更好地弘扬与传承脱贫攻坚精神。

图书在版编目(CIP)数据

脱贫攻坚精神:基于对濮阳、内黄两县的访谈/岳奎著.—上海:上海三联书店,2023.7
(中国共产党精神谱系研究)
ISBN 978-7-5426-7697-9

Ⅰ.①脱… Ⅱ.①岳… Ⅲ.①扶贫-成就-濮阳县 ②扶贫-成就-内黄县 Ⅳ.①F127.614

中国版本图书馆 CIP 数据核字(2022)第 042829 号

脱贫攻坚精神——基于对濮阳、内黄两县的访谈

著　　者 / 岳　奎

责任编辑 / 郑秀艳
装帧设计 / 一本好书
监　　制 / 姚　军
责任校对 / 王凌霄

出版发行 / 上海三联书店
　　　　　 (200030)中国上海市漕溪北路 331 号 A 座 6 楼
邮　　箱 / sdxsanlian@sina.com
邮购电话 / 021-22895540
印　　刷 / 上海惠敦印务科技有限公司

版　　次 / 2023 年 7 月第 1 版
印　　次 / 2023 年 7 月第 1 次印刷
开　　本 / 890mm×1240mm　1/32
字　　数 / 180 千字
印　　张 / 7.875
书　　号 / ISBN 978-7-5426-7697-9/F·860
定　　价 / 68.00 元

敬启读者,如发现本书有印装质量问题,请与印刷厂联系 021-63779028